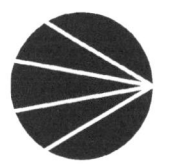

Zu diesem Buch

Voller Wut zerstört Piet, sechs, die Sandburg seines Freundes.

Nadine, vier, bringt ihre Mutter mit ihren morgendlichen Trödeleien zur Verzweiflung.

Dirk, sieben, zeigt seiner Mutter den „Stinkefinger", als sie ihn an die Hausaufgaben gemahnt.

Geschwister überbieten einander mit Schimpfkanonaden.

Carolin, sieben, wendet ihre Aggressionen gegen sich selbst.

Und der gerade zweijährige Jannik nervt seine Mutter mit seinem Immer-Nein bis zum Geht-nicht-mehr.

Kindliche Aggressionen machen Eltern oft rat- und hilflos. Und nicht selten ziehen sie Befürchtungen und Sorgen nach sich.

Viele Eltern fühlen sich verunsichert, weil die Medien voller Meldungen über Gewalt von Kindern und Jugendlichen sind.

Dieses Buch hilft genauer hinzusehen, und es rückt die Maßstäbe zurecht.

Die Autorin zeigt, daß es neben der Sorgen machenden destruktiven die konstruktive Aggression gibt, die hinter Neugier und Forschen, Lernen, Bauen, Konstruieren und Erfinden steckt und ohne die die Entwicklung des Kindes ganz und gar unmöglich wäre.

In vielen Beispielen zeigt sie, wie Eltern sinnvoll mit kindlichen Aggressionen umgehen, wie wichtig das Einüben von Regeln beim Balgen unter den Kindern oder auch mit dem Vater ist. Und wie das Einüben von Regeln geht.

Sie zeigt, was Kindern hilft, mit Eifersucht und Zorn umzugehen.

Sie zeigt, was zu tun ist, wenn Kinder Spielzeug-Waffen wollen.

Und sie geht auch auf die schwierigen Situationen ein: wenn Kinder zu Unfällen neigen oder sich verletzen oder um „Watschen" betteln.

Alle Eltern wollen „gute Eltern" sein. Und dennoch geraten sie gelegentlich in Wut und verlieren die Kontrolle. Die Autorin erzählt Geschichten, aus denen Mütter lernen, auch mit solch schwierigen Situationen umgehen.

Barbara Friedrich, Jahrgang 1944, verheiratet, zwei Kinder (Jg. 1967 und 1970), erst Lehrerin an Grund- und Hauptschulen, dann Analytische Kinder- und Jugendlichen-Psychotherapeutin, Dozentin und Kontrollanalytikerin am Psychoanalytischen Institut „Stuttgarter Gruppe" e.V., Supervision für Sozialpädagogen, Beiträge für den Rundfunk, u. a. für den legendären „Grünen Punkt" und den „Eckpunkt" (SWR), für Bücher und Fachzeitschriften. Sie lebt in Stuttgart.

Foto: Schlaglicht

Barbara Friedrich

Zornmichel, Triezliese und Co

Umgang mit kindlichen Aggressionen

NEUER ELTERNRAT

text-◉-phon

Dies ist ein Buch aus der Reihe

NEUER ELTERNRAT

text-◉-phon

herausgegeben von Horst Speichert

In dieser Reihe erscheinen Bücher und Tonträger, deren Autorinnen und Autoren die Bedürfnisse und Interessen von Kindern und Eltern gleich wichtig nehmen. Sie wissen um die Kompetenz der Kinder. Sie wollen helfen, dass Mütter und Väter die Kinder und sich selbst nicht überfordern. Denn überforderte Eltern können keine guten Eltern sein. Und überforderte Kinder sind bisweilen unerträglich.
Wir freuen uns, wenn Sie uns Ihre Erfahrungen mit unseren Büchern und Kassetten, Anregungen und Kritik zukommen lassen.

Schreiben Sie an:
text-o-phon Verlag GmbH, Teutonenstr. 32 b, 65187 Wiesbaden,
email: speichert@t-online.de

Umschlag: GAMB, Frankfurt
unter Verwendung einer Zeichnung von Christine Krebber

Bildnachweis: Zeichnungen von Christine Krebber, Wiesbaden
Herstellung: Königsdorfer Medienhaus, Frechen

Originalausgabe
Die Autorin hat in diesem Buch einige Manuskripte verwendet, die sie für den Saarländischen Rundfunk geschrieben hat.

Gesamtherstellung: FVA, Fulda
Printed in Germany
ISBN 3-927018-26-0

Inhaltsverzeichnis

Vorwort des Herausgebers

Liebe Leserin, lieber Leser,

seit fast dreißig Jahren mache ich Bücher für Eltern.
Mein erstes hieß „Umgang mit der Schule" und erschien 1974 im Rowohlt Verlag.
Ende der Siebziger Jahre habe ich für denselben Verlag die Reihe „Elternrat" (später: „Mit Kindern leben") entwickelt und dort fast 25 Jahre lang herausgegeben.
Nun setze ich diese Arbeit mit der Reihe „Neuer Elternrat" im text-o-phon Verlag fort.
Es geht mir heute noch genau um dasselbe wie damals: einen Beitrag dazu zu leisten, dass Kinder zu autonomen Persönlichkeiten heranwachsen, die für ihr Wohlbefinden, Gesundheit und Glück sorgen und Verantwortung für sich und ihre Umgebung übernehmen können.
Alle Bücher, die in dieser Reihe erscheinen, sind dieser Philosophie verpflichtet.
Auf Seite 4 dieses Buches ist sie in Kurzform formuliert:
„In dieser Reihe erscheinen Bücher und Tonträger, deren Autorinnen und Autoren die Bedürfnisse und Interessen von Kindern und Eltern gleich wichtig nehmen. Sie wissen um die Kompetenz der Kinder. Sie wollen helfen, dass Mütter und Väter die Kinder und sich selbst nicht überfordern. Denn überforderte Eltern können keine guten Eltern sein. Und überforderte Kinder sind bisweilen unerträglich."

Als Herausgeber veröffentliche ich in der Reihe „Neuer Elternrat" nur Manuskripte von AutorInnen, die sich diesen Ideen verpflichtet fühlen.
Denn so, wie Kinder ein ständiges Hü und Hott, Hin und Her nicht vertragen, vertragen auch Eltern nicht, wenn in diesem Buch einer Reihe Einfühlen, Verstehen, Diskussion und Interessensausgleich empfohlen werden und im nächsten Buch derselben Reihe zweifelhafte Ratschläge gegeben werden wie der, einem „zu lange" telefonierenden Kind den Stecker herauszuziehen.
Auch Eltern brauchen Klarheit und Sicherheit.
Sie müssen wissen: Wenn außen „partnerschaftliche Erziehung" drauf steht, dann ist auch partnerschaftliche Erziehung drin. Zuverlässig. Und genau das ist bei der Reihe „Neuer Elternrat" der Fall, die ich 1999 begründet habe und für die Barbara Friedrich dieses Buch geschrieben hat, das ich Ihnen mit Freude und Stolz vorlege.

Schreiben Sie mir oder der Autorin, wenn Sie Kritik, Verbesserungsvorschläge oder auch Fragen haben.
Die Adresse für solche Post finden Sie auf der Seite 4.

Viel Vergnügen mit und Erkenntnisgewinn aus diesem Buch wünscht Ihnen
Wiesbaden, im Oktober 2001   Horst Speichert

Ein Wort zuvor

Das böse Bärbel

Das kleine Mädchen, vielleicht drei Jahre alt, war manchmal „bös": bockig, trotzig, eigensinnig, widerborstig und alles, was einem sonst noch einfällt. Ab und zu wusste es schon im Aufwachen, dass dies ein schwarzer Tag werden würde, ein Tag voller Missverständnisse, Unglücklichsein und Tränen. Ein Tag, den der Nikolaus in sein großes Buch eintragen würde, schwer seufzend über das Kind, das seinen Eltern so viel Kummer bereitet. An einem solchen Tag schälte sich das Kind nur zögernd aus der warmen Betthülle. Keiner außer ihm schien zu ahnen, was bevorstand. Die ersten Ungeschicklichkeiten wirkten noch zufällig, das Kämmen ziepte zu sehr . „Jetzt halt doch still, wie soll ich dich kämmen!" Der Wollpullover kratzte scheußlich, und die Strumpfbänder verloren im Kampf mit den zappeligen Fingern diese dämlichen Gumminippel, mit denen es die Strümpfe festmachen sollte. „Kannst du denn nicht aufpassen – sei doch wenigstens nicht so ungeduldig, wenn du es schon unbedingt selber machen musst!"

Die Mutter glaubte vielleicht noch, der Tag ließe sich nur ein wenig dumm an, aber das Kind war erfahren mit diesen frühen Anzeichen. Es wusste, es werde ihm später unmöglich sein, sich an den Namen dieser Frau zu erinnern, die zu Besuch kam und die es nicht mochte, weil sie so komisch roch, und vor deren aufdringlicher Nähe es dem Kind ekelte. Und weil es den Namen nicht sagen konnte, wollte es keinen Knicks machen, überhaupt nicht die Hand geben, sondern lieber fort sein, gar nicht da sein, was am ehesten ging, wenn das Kind schwieg und wegschaute, sich aus dem Haus wünschte und durch verbissenes Schweigen Nicht-Existenz vortäuschte. „Du sagst jetzt sofort guten Tag, hörst du! Sofort! – Los!"

An einem solchen Tag schmeckte auch das Essen nicht, und der Trick der Mutter, mit dem sie das Kind zum Essen überlistete, verletzte es tief. Bis zum Nachmittag hatte es ein paar Schläge eingesteckt, mit grimmig-ergebener Genugtuung, weil nicht nur das Kind litt, sondern auch die Mutter. „Das tut mir mindestens so weh wie dir, aber du willst ja nicht hören."

Am schlimmsten war, wenn der Vater mit zurückgehaltenem Zorn zu dem Kind sagte: „Jetzt bring mal das böse Bärbel raus und komm erst wieder, wenn du die liebe Bärbel mitbringst." Dann verließ das Kind ratlos das Zimmer. Es hatte das Gefühl, dass es doch ganz sei und heil, dass es keine zwei Bärbels in seiner einen Haut gab. Dass es selbst ganz sicher und allein „das böse Bärbel" war und dass es da niemand anderen mehr gab in seinem Körper, denn alle die bösen Gefühle und zornigen, eigensinnigen Gedanken waren doch seine, des Kindes, Gefühle und Gedanken. Wie sollte das Kind sich selbst wegschaffen, draußen vor der Tür lassen und in jene „liebe Bärbel" verwandeln, die es bestenfalls spielen konnte, aber die es doch nicht war! Oder war es vielleicht nur ein So-Tun-als-ob? Dabei schien es doch manchmal tatsächlich die liebe Bärbel zu *sein*, wenn es nur erst wieder eine Weile im Zimmer bei den Eltern war und deren Augen wieder freundlich wurden.

Das Kind mühte sich vergeblich, die Zweiteilung in der Einheit seiner kleinen Person zu begreifen. Es gelang ihm nicht, das Rätsel seiner inneren Verwandlungen zu lösen. Es flüchtete in Phantasien; es erzählte sich selbst Geschichten, stellte sich vor, dass es tot sei und malte sich aus, wie die Eltern weinend an seinem Grab stünden, voller Schuldgefühle und Reue und sehr allein. Später, als es endlich lesen konnte, floh das Kind in die Welten der Bücher, tauchte selbstvergessen ab in die Erzählstränge fremder Leben. Und: es malte. Aber seine Bilder stießen auf Ratlosigkeit und manchmal Schrecken.

Diese frühen Versuche, das „Böse-Sein" zu verstehen, waren wahrscheinlich der erste Anstoß für meine lebenslange Auseinandersetzung mit dem Thema Aggression.

„Kinder sollen es besser haben als ich!" Der Wunsch, Kindern zu helfen, sich selbst in ihrer Welt besser zu verstehen und weniger an ihrem Kindsein zu leiden als „das Bärbel", war sicher ein Grund, warum ich Lehrerin werden wollte. Ich stellte mir vor, eine „liebe" Lehrerin zu werden, eine Erwachsene, die kein Kind „ärgert" oder „quält". Frustriert zu werden ist unangenehm, außerdem ärgert es einen und macht wütend. Frust, so glaubte ich, sei die Wurzel allen Übels, und so kam ich zu der festen Überzeugung, man dürfe Kinder nicht frustrieren. Als Pädagogikstudentin war ich begeistert von meinem Tatendrang, die Welt zum Besseren zu verändern. Vom *Alltag* mit Kindern war ich noch sehr weit entfernt. Die ersten Unterrichtserfahrungen machte ich in Musterklassen, die gewohnt waren, von Studenten unterrichtet zu werden. Außerdem war immer mindestens ein „richtiger" Lehrer anwesend, sodass ich „mit Netz und doppeltem Boden" vor der Klasse stand.

Meine erste Stelle war der „Praxisschock": ein Raum voller bewegungshungriger Zweitklässler. In meinen Übungsklassen hatte ein „wir machen einen Sitzkreis" genügt, und dann saßen nach zwei Minuten die Kinder geordnet im Kreis. Ich hatte mir nie Gedanken darüber gemacht, wie das zustande kam, dass achtundzwanzig Kinder sich gleichzeitig von ihren Stühlen erheben, ihre Stühle um den Tisch herum nach vorn tragen und einen Kreis bilden konnten. Jetzt, in meiner Klasse, bewirkte der Satz „wir machen einen Sitzkreis" lärmendes Chaos. Die Kinder rannten, ihre Stühle in der Hand, schreiend nach vorn. Jeder wollte erster sein. Möbel polterten. Die Kinder kämpften um die besten Plätze, beschimpften einander, und erst nach langem Wüten landeten sie erschöpft auf ihren Stühlen.

Ich begann zu begreifen, dass Aggression allgegenwärtig ist: auf dem Sportplatz Regelbrüche und Foulspiel, auf dem Schulhof Verfolgungsjagden und Rempeleien, in der Pausenhalle Gerangel um die Plätze, wo der Hausmeister Getränke verkaufte, und in meinem Klassenzimmer Wettkämpfe ums Drankommen („Ich! Ich!!") oder vorne Sitzen. Ich wollte eine „liebe" Lehrerin sein. Und je mehr ich das wollte, um so „schwieriger" wurden die Kinder. Sie wurden widerborstig und forderten mich heraus. Hatte ich mich einmal („och bitte!!") breitschlagen lassen, nach der Hälfte der

Sportstunde zur Belohnung Völkerball zu spielen, so verlangten sie beim nächsten Mal bereits nach einer Viertelstunde ihr Völkerballspiel und stimmten, falls ich (böse!) ablehnte, ein Protestgeheul an. Meine Auffassung, ich müsse nur allen Frust vermeiden, dann würden die Kinder von allein das tun, was sie sinnvollerweise tun sollten, geriet in heftiges Wanken.

Endgültig entpuppte sich meine Frust-Vermeidungs-Überzeugung bei meinen eigenen Kindern als unhaltbar. „Mama, wieso darf ich *nie* so lange aufbleiben wie du?" Die Frage traf mich nach einem langen und, wie ich fand, ermüdenden Mutteralltag, als ich nach dem Sandmännchen den Fernseher ausschaltete – mit dem Gedanken, ihn später wieder einzuschalten, um beim Spielfilm die Beine hochzulegen. „Weil auch eine Mama noch eine Stunde Feierabend haben will vor'm Schlafengehen!" – „Ooooch Mensch – das is gemein!"

Die Kinder zu frustrieren war mir unangenehm, weil ich Geschrei, Gebrüll und Wut, die oft darauf folgten, schlecht ertragen konnte. Aber ich musste mich schützen und meinen Feierabend verteidigen. Dazu musste ich den kleinen Plagegeistern meine Grenzen aufzeigen. So halfen mir meine Kinder, die notwendige Lektion „Egoismus für Fortgeschrittene" zu lernen, die ich damals noch nicht beherrschte.

„Mama – der kann besser rechnen als ich. Und wenn ich ihm sage, dass ich aber besser lesen kann als er – dann sagt der einfach: ‚du bist ja auch größer'." – „Mama – der lässt sich von mir verprügeln – und heult nicht mal!!"

Mit ihren geschwisterlichen Rivalitäten und Eifersüchteleien stießen mich meine Kinder erneut auf das Thema. Sie wetteiferten mit Gerissenheit und Gewitztheit. Sie maßen ihre Kräfte, rauften und hauten einander, und manchmal fragte ich mich bang, wohin so viel geschwisterliche Aggression wohl noch führen mochte.

„Ich musste schon die Mandeln rauskriegen – aber der gaaaaar nicht", beklagte sich meine Tochter. Bis der kleine Bruder doch einmal operiert werden musste: „Und dann ist er endlich mal im Krankenhaus – und du guckst dauernd nach ihm!" Die Eifersucht war offensichtlich, und der Vorwurf „Rabenmutter!", schwang deutlich mit. Alle meine Versuche, die Geschwister „gleich" zu behandeln, konnten nichts ausrichten gegen das *Gefühl* meines Kindes, dass ich es „immer", auf jeden Fall gerade jetzt schwer vernachlässigte. „Du bist gemein!", bekam ich an den Kopf. „Du hast den viel lieber als mich!" Geheul, Türenschlagen und ein entschiedenes „Ich mag dich gar nicht mehr!" Ein solcher Anfall irritierte die „liebe" Mutter, die ich so gerne sein wollte. Er verletzte mich und zwang mich schließlich zum Ansehen meiner wütend-hilflosen Mutterseite. Es war niederschmetternd! Ich war enttäuscht darüber, dass ich keine fortdauernde Harmonie schaffen konnte, wie ich es mir so dringend wünschte.

Ein paar Jahre später. In meiner psychotherapeutischen Ausbildung sprachen wir in Seminaren über aggressive Verhaltensweisen von Kindern und darüber, wie sie jeweils zustande gekommen waren – unsere eigene Aggressivität kam jedoch eher zurückhaltend zur Sprache. Ich bemerkte nicht nur bei anderen Studierenden eine Art Scheu

vor Gefühlen wie Ärger oder gar Wut, ich empfand diese Befangenheit selbst. Wenn
ich mich einmal ärgerte („den könnt ich an die Wand klatschen!"), hätte ich das Gefühl
am liebsten ausgeblendet, denn schließlich, so empfand ich es, ist eine Therapeutin
doch „hilfreich", „lieb", „gut".

Einmal erzählte ich einem erfahrenen Dozenten, zu dem ich großes Vertrauen hatte,
wie es mir mit einem neunjährigen Patienten ging, der schon mehrmals am Schluss
seiner Therapiestunde ein Spiel aus dem Regal gerissen, den Deckel abgehoben und
den Inhalt ins Zimmer geschmissen hatte – danach war er grußlos aus dem Raum
gerannt, hinaus aus dem Haus, und hatte es mir überlassen, alles wieder zu sortieren:
Monopoly-Kärtchen und Geldscheine, Männchen, Häuser und Hotels. „Was geht
Ihnen durch den Kopf, wenn Sie auf dem Boden sitzen mit dem ganzen Mist?", fragte mich der Dozent. Es war mir peinlich, aber ich gab zu: „Ich würde am liebsten hin-
terherrennen und ihm den Hintern versohlen! Ich komme mir vor wie Aschenputtel
mit den verdammten Linsen. Ich bin so was von stinksauer! Weil der Kerl mir meine
zehn Minuten Pause klaut und weil er einfach weg ist und ich ihm nicht einmal meine
Wut ins Gesicht schreien kann." – „Ist ja wohl auch verständlich und normal – oder?
Wenn's anders wäre, würde ich mich fragen, was bei Frau Friedrich nicht stimmt",
sagte mein Gegenüber. Ich hatte mit diesem Satz von diesem Mann in dieser Situation
schneller und besser als durch einen Vortrag oder die Lektüre eines Buches etwas begriffen: meine gereizten, ärgerlichen, wütenden Seiten verschwinden nicht durch das
Therapeutin-Sein. Nach und nach lernte ich auch, dass meine Wut oft genug notwendig ist, um ein Kind besser zu verstehen. Sie ist nötig, damit ein Kind erleben kann,
dass ich sie auch kenne und *wie* ich mit ihr umgehe.
Einmal nervte mich ein Sechsjähriger in einer Therapiestunde mit mutwillig angerich-
tetem Chaos. Er hatte im Sandkasten etwas aufgebaut, dann hatte ihn irgendetwas geärgert, das ich gesagt oder getan hatte. Nun griff er in die nasse Sandpampe und wog die
Ladung in der Hand. Er blickte mich boshaft-provozierend an. Ich sagte: „Ich glaub',
du würdest mich jetzt am liebsten auch noch damit beschmeißen – und dann sehen,
wie ich eine Stinkwut kriege und platze!" – „Ja!", sagte er, ein tief befriedigtes und er-
leichtertes „Ja". Er grinste. In dem Augenblick war ich entgeistert und hilflos. Ich hatte
auf die Schnelle nicht die mindeste Idee, wie ich diese Situation bewältigen könnte.
Ich hatte Angst davor, dass er mir tatsächlich die Ladung ins Gesicht schmeißen könnte. Ich fürchtete aber auch, dass ich dann einen Koller kriegen würde, und das wollte
ich mit Sicherheit genauso wenig. Wir sahen uns nur an, maßen einander mit Blicken.
Dann klatschte er die Pampe zurück in den Kasten und fuhr mit Manschen fort. Irgendwann sagte er zu mir: „Gott hat gemacht, dass die Menschen gut *und* böse sind."
Später erzählte mir seine Mutter, dass er aus einer Therapiestunde gekommen ist und
gesagt hat: „Gell, Mama, du magst mich auch, wenn ich bös bin!" – „Sicher", hat sie
geantwortet, „ich bin ja auch manchmal wüst zu dir, und du magst mich trotzdem. Das
gehört dazu, dass man mal zofft. Das geht gar nicht anders. Aber mögen tut man sich
trotzdem."

Kapitel 1

Was ist Aggression?

Frau Moser füttert Sarah, ihre dreieinhalb Monate alte Tochter. Vorsichtig führt sie den vollen Löffel zu Sarahs Mund. Die rudert kräftig mit den Ärmchen.
Die Breiladung ist auf dem Lätzchen gelandet. Die Mutter seufzt. Schon wieder Nachschub für die Wäsche! „So'n kleines Biest", schießt es ihr durch den Kopf, „schlägt doch tatsächlich nach dem Löffel!" Und dann: „Wie Bernd." Vetter Bernd ist geradezu „berüchtigt" wegen seiner Aggressivität. Schon im Kindergarten ist er durch Raufereien und wildes Protestgehabe aufgefallen.

Vorsichtig bringt die Mutter den nächsten Löffel auf den Weg. Dabei schaut sie in Sarahs entwaffnend fröhliches Gesichtchen. Und da spürt sie, dass Sarahs „Nach-dem-Löffel-Hauen" mit den Raufereien ihres Vetters Bernd nichts gemein hat.
Wieder rudert Sarah mit den Ärmchen. Aber diesmal schafft es die Mutter, die Breiladung aus der Gefahrenzone herauszuhalten. Und dabei spürt sie, dass Sarah etwas Wichtiges „arbeitet", dass sie nämlich versucht, aktiv am Gefüttertwerden teilzuhaben und dabei mitzumachen. Und doch war es richtig, dass Frau Moser der Begriff Aggression in den Sinn kam, als Sarah den Breilöffel traf.

Die konstruktive Aggression

Baby Sarah hat längst – schon bald nach der Geburt – begonnen, seine Umwelt großäugig schauend mit den Augen, grabschend und greifend mit den Händchen und saugend-kauend mit dem Mund zu erkunden und sie sich so zu Eigen zu machen. In diesem Tun zeigt sich eine der beiden Hauptformen von Aggression, und zwar jene, die vom ersten Tag unseres Lebens an eine wichtige Antriebskraft für unsere Entwicklung ist.
Der Begriff Aggression kommt von lateinisch „aggredi". Das heißt „an etwas herangehen", und zwar ganz ohne jede böse Bedeutung. Diese Form der Aggression steckt in allem Tun, das zur Selbstbehauptung und Selbstentfaltung gehört. Sie hilft dem kleinsten wie dem großen Kind, sie ist der Motor, um Schwierigkeiten zu meistern und Fähigkeiten zu erwerben; sie ist die Kraft, die das Kind dazu bringt, in vielen kleinen Schritten selbständig zu werden und seine Wünsche oder Forderungen anzumelden. Weil durch diese Form der Aggression so vieles entsteht, nenne ich sie gemeinsam mit vielen Psychologen *konstruktive Aggression*. Die konstruktive Aggression ist Teil der Vitalität, die ein Kind mitbringt, wenn es auf die Welt kommt, und im Laufe des Heranwachsens entwickelt sie sich immer weiter. Sie hilft dem Kind, sich an die Umwelt und ihre Anforderungen anzupassen. Und die konstruktive Aggression ist auch der Motor der Reifung aller im Kind angelegten Fähigkeiten.
Die konstruktive Aggression ist bei der Arbeit, wenn der sechs Wochen alte Björn wach ist, sich wohlfühlt und sich interessiert den Dingen seiner Umgebung zuwendet, wenn Sarah mit aller Kraft viele Minuten lang ein Spielzeug mit den Blicken fixiert und mit dem Rudern ihrer Ärmchen den Löffel zu erreichen sucht, wenn der siebenjährige Thomas seinen erweiterten Lebensraum „erobert", indem er auf dem Schulweg neugierig in eine Nebengasse geht und sich an einer Schaufensterscheibe die Nase platt drückt, wenn ein Kind beglückt erlebt, dass es etwas bewirkt .

Die Haferflocken-Verwandlung. Oder: Lenas Stolz
Lena, drei, sitzt vergnügt am Frühstückstisch. Als die Mutter nach einem Telefongespräch zurückkommt, ist alles weißlich gesprenkelt: der Tisch, der Teppichboden. Die Mutter muss sehr tief atmen, bevor sie leidlich gefasst sagt: „Lena, ich mag wirklich nicht sehr gern sauber machen. Lass bitte die Haferflocken in der Dose."

Was war bloß in Lena gefahren? Hatte sie der Mutter die Abwesenheit „heimzahlen" wollen? War das Ganze ein bösartiger Angriff auf Mutters Bemühungen um ein Minimum an Ordnung? Nein. Lena hatte sich Haferflocken nachfüllen wollen. Dabei waren einige neben den Teller gerieselt, und auf der blauen Tischdecke hatte das so fröhlich ausgesehen.

Völlig versunken und selbstvergessen hatte Lena weiter gestreut. Die Haferflocken machen ein leises Geräusch in der Blechdose, wenn Lena sie schüttelt. Und oben kommt etwas wie Staub heraus! Den Staub kann sie schmecken. Er schmeckt nach Haferflocken. Wie sich der Boden verändert! Und wie sie von oben herab eine Flöckchen-Linie auf den Teppichboden streuen kann!

Lena betrachtet die Verwandlung: Das alles hat sie ganz allein gemacht!

Sie ist fasziniert von ihrer Entdeckung, dass sie mit Haferflocken Spuren hinterlassen kann – bislang kannte sie die Spur eines Wachsstifts auf Papier oder die nasse Spur ihres Fingers auf dem beschlagenen Spiegel.

Lena fühlt sich wie einer jener Menschen, die an Mauern und Wänden, auf Tischen oder Bänken Zeichen setzen und ihre Spuren auf dieser Welt hinterlassen: „McKilroy was here". Das Geräusch in der Blechdose, der Haferflockengeschmack des Staubs erweitern ihr Weltbild ebenso wie Kuchenteigkneten oder das Hantieren mit Vaters Hammer. All dies sind Äußerungen der konstruktiven Aggression, die Lenas Großwerden unterstützen.

Sie ist stolz, stolz wie der Vater war, als er im Kinderzimmer den Teppichboden mit dem lustigen Muster verlegt hatte. Da war das Kinderzimmer ganz verwandelt. Das ist ja alles wie Zaubern! Lena kann zaubern!

Sich selbst als Urheber erleben

Etwas in Bewegung setzen, etwas bewirken, sich selbst als Ursache von etwas erleben – das ist ein menschliches Grundbedürfnis. Wissenschaftler haben gezeigt, dass schon Babys dieses Grundbedürfnis haben. Die Forscher ließen bei vier Monate alten Babys Lichter aufblitzen, immer wieder ein paar Sekunden lang. Anfangs schauten die Babys neugierig hin: Sie zeigten Interesse für das Spektakel. Mit der Zeit ließ ihre Aufmerksamkeit nach. Es geschah ja nichts Neues, es gab nur immer wieder diese Blitze. Nun hatten die Wissenschaftler es so eingerichtet, dass die Babys die Lichtblitze *selbst* auslösen konnten: Wenn ein Baby dreimal hintereinander seinen Kopf auf die Seite drehte, blitzte es.

Die Babys hatten sehr schnell heraus, dass sie die Lichtblitze hervorrufen konnten. Nun drehten sie immer wieder den Kopf zur Seite, und man sah deutlich, dass sie sich freuten. Am erstaunlichsten war für die Wissenschaftler, dass es den Babys mit dem Interesse am „Anknipsen" anders erging als mit ihrem Interesse an den Lichtblitzen. Das Interesse am *Machen* ließ nämlich *nicht* nach! Im Gegenteil: Die Babys „erzeugten" mit ihren Kopfbewegungen immer häufiger die Blitze! Dabei schienen sie gar nicht so sehr die Blitze zu beachten, viel mehr schienen sie sich darüber zu freuen, dass sie etwas vollbringen konnten! Die Säuglinge verschafften sich auf diese Weise die fröhliche Befriedigung: „Ich hab was *gemacht! *Ich hab was *angestellt!*" (Papu?ec und Papu?ec referiert nach J. D. Lichtenberg, 1991) Diese Freude am Hervorbringen, am Vollbringen, am „Urheber-Sein" ist vielleicht eine der spannendsten und erstaunlichsten Facetten der konstruktiven Aggression, die uns sozusagen vom ersten Lebenstag – wenn nicht schon lange vorher – in unserem Werden voranbringt.

Die konstruktive Aggression und die Grundbedürfnisse

Die konstruktive Aggression treibt den fünfjährigen Sven an, wenn er sich bemüht, auf einen Baum zu klettern. Und auch die kleine Ilka, wenn sie immer und immer wieder auf ihr Kinderfahrrad steigt, um das Fahren zu üben. Diese Aggression zeigt sich in allem Neugierverhalten, im Forscherdrang und im Bestreben, sich der Welt zu bemächtigen (s. Kapitel „Die kleinen Forscherinnen und Forscher", S. 25).
Diese Aggression ist die Kraft des Kindes, auf dem Spielplatz seine Interessen anzumelden: „Geh mal runter von der Schaukel, ich will jetzt drauf!"
Sie ermöglicht dem Kind, sich zu verteidigen: „Wenn der mich an den Haaren ziehen will, schieb ich ihn einfach weg", sagt der vierjährige Sascha über seinen brüderlichen Umgang mit dem Baby Björn.
Die konstruktive Aggression ist die Energie, mit der das Kind auf sich und seine Bedürfnisse aufmerksam machen kann: Der vier Monate alte Björn schreit, wenn er Hunger hat oder Gesellschaft haben möchte: Björn „klagt" seine Milchflasche ein oder verlangt lautstark nach einer frischen Windel, wenn es ihm unbehaglich nass ist, und um Saschas Gesellschaft „anzufordern" hat er sogar einen ganz anderen „Ton".
Und sie ist die Antriebskraft, mit deren Hilfe das Kind sich selbst ein Bedürfnis befriedigt: Björn streckt sich ganz lang, bis er endlich den Bauklotz ergreifen kann, der am Rand seiner Decke liegt. Diese Form der Aggression ist eine positive Kraft, sie ist „gut" für das Kind; sie hilft ihm, groß zu werden in seiner Welt, und sie gewährleistet, dass seine Grundbedürfnisse befriedigt werden.

Zu den Grundbedürfnisse zählen jedoch nicht nur Essen, Trinken und Schlafen. Zu den Grundbedürfnissen gehören auch Reize für alle fünf Sinne:
• Sehen,
• Tasten,
• Hören,
• Riechen und
• Schmecken.
Alle diese Sinne brauchen „Nahrung", um nicht zu verkümmern, und auch dies ist ein Grundbedürfnis.

Außerdem gehört die Liebe eines vertrauten Menschen dazu, seine Zärtlichkeit, Streicheln und Knuddeln, Wärme, liebevolles Gehaltenwerden – alles, was der Begriff „Hautkontakt" zusammenfasst. Und was leicht vergessen wird: „Unterhaltung" in einem weiten Sinn: Beziehungen zu anderen Menschen, Ansprache, Zwiesprache, Schauen, Spielen und Lernen, auch das in einem umfassenden Sinn.

Jedes Baby bringt einen beträchtlichen „Reizhunger" mit auf die Welt. Sie kennen die Begriffe „Erlebnishunger", „Lebenshunger", „Wissensdurst" und den überaus wichtigen „Bewegungshunger". Die Weisheit der Sprache zeigt es an: Ohne die Befriedigung dieser Hunger- und Durstgefühle müssten Babys seelisch verhungern oder verdursten. „Reizhunger" ist das dringende Bedürfnis, „etwas zu erleben", „etwas zu lernen" – das bedeutet für die Babys Sarah und Björn beispielsweise, Dinge zu betrachten, die unterschiedlichsten Gegenstände anzufassen, ihre Beschaffenheit zu erspüren, Geräusche und Töne zu hören usw.

Viele Reize finden Sarah und Björn vor, sie sind bereits vorhanden, in ihnen selbst, wie das Kollern in Sarahs Bauch oder Björns Atemgeräusch, und in ihrer Welt: Die Babys betrachten die Licht- und Schattenspiele an der Wand, Björn befühlt seine Decke mit den Händen, Sarah spürt die Spuckwindel an der Wange; sie hören die Geräusche in der Wohnung, das Telefonläuten, das Gerumpel der Waschmaschine, Mutters Singen ... Sie freuen sich, wenn es *neue* Dinge zu erfahren gibt, ja, sie haben schon in den ersten zwei Wochen versucht, mit großer Anstrengung ihr Köpfchen neuen Geräuschen oder Gestalten zuzuwenden, die in ihrer Nähe auftauchten. Schon das Neugeborene wird aktiv, um „etwas zu erleben", ja, es kann sogar schon lernen, sich selbst solche Reize zu verschaffen.

Neugeborene saugen nicht nur, wenn sie gefüttert werden, sondern sie saugen unabhängig vom Trinken einfach „nur so". Sie können die Muskelbewegungen, die zum Saugen nötig sind, sehr gut kontrollieren, d. h. sie saugen nicht reflexartig, sondern sie können willkürlich langsamer, schneller, fester oder weniger fest saugen – wie es ihnen gerade gefällt. Nun haben Forscher den Säuglingen präparierte Schnullis in den Mund gesteckt, in denen eine winzige Vorrichtung verborgen war, die ein Bilderkarussell in Gang setzen konnte. Wenn der Säugling mit einer bestimmten Stärke und in einem bestimmten Rhythmus (also etwa zweimal lang und fest, einmal kurz und schwächer) saugte, schaltete sich das Bilderkarussell ein: Im Blickfeld des Babys erschienen Bilder, und das Baby betrachtete sie mit Vergnügen. Wenn das Karussell nach einer Weile stoppte, konnte der Säugling es durch das Saugen wieder in Gang setzen – und das tat er auch immer wieder. (Daniel N. Stern, 1992, S. 64)

Ich finde es phantastisch, mit welcher Energie die gerade erst auf die Welt gekommenen Babys sich in diesem Versuch „etwas zu gucken" verschafft haben! Ihr Kind hätte als Baby genauso reagiert, denn die konstruktive Aggression, die die Forscher mit den geschilderten Versuchen in ihrem Wirken studieren konnten, ist allen Neugeborenen eigen. Sie ist vom Beginn des Lebens an wirksam. Sie ist die Triebfeder für das Tun des Kindes und für das Vorwärts! in seiner Entwicklung. Ich nenne diese unentbehrliche Energie darum „Lebenskraft Aggression".

Die konstruktive Aggression sichert und schützt unsere Bedürfnisse, unser Eigentum und unsere Rechte. Sie ist der Motor für Sarahs Anstrengung, sich „mitzufüttern", für das Einschalten des Bilderkarussells und für Lenas schöpferische Streu-Aktion, bei der sie sich stolz als Urheber einer verblüffenden Veränderung erlebt. Ebenso ist die konstruktive Aggression die treibende Kraft bei den Bemühungen eines Teenagers, ein tifteliges Problem zu lösen („Wie komme ich pünktlich zu meiner Verabredung, wenn mein Fahrrad einen Platten hat, mein Bruder mir sein Rad nicht leihen will und Mutter mich nicht fährt, weil ich die Hausis noch nicht gemacht habe?") oder etwas in Bewegung zu setzen, „damit endlich etwas geschieht".

Teufelskreise

Sarah, die zweite

Betrachten Sie noch einmal die Szene am Anfang des Kapitels, als Sarah mit ihrem Ärmchen auf den Löffel schlägt: Die Mutter ärgert sich über die Kleckerei und zugleich geht ihr die Frage durch den Kopf, ob Sarah womöglich genauso aggressiv sei wie ihr Vetter Bernd. Frau Moser hat sich durch die fröhlichen Augen ihres Kindes eines Besseren belehren lassen.

Aber die Geschichte kann auch so weitergehen: Die Mutter befürchtet, dass ihr kleines Mädchen mit dem Schlag bereits rabaukenhafte Züge zeigt: Angst steigt in ihr hoch, sie könne tatsächlich so werden wie ihr schlimmer Vetter. So lässt sie Sarah ihren Ärger spüren und stoppt mit einem aufgebrachten „Nein!" Sarahs Bemühungen. Wie jedes Kind, das sich gebremst sieht, verstärkt Sarah erst einmal ihre Anstrengungen. Dann jedoch quengelt und weint sie, brüllt wütend los und schlägt am Ende womöglich um sich. Die konstruktive Aggression ist im Handumdrehen umgeschlagen; Enttäuschung, Ärger, Entrüstung, Feindseligkeit und Wut beherrschen die Szene – die andere Form der Aggression regiert: Die *feindselige* Aggression.

Lena, die zweite

Auch für Lenas Haferflockengeschichte ist eine Fortsetzung denkbar, die in feindseliger Aggression endet.

Die Mutter steht unter Stress. Sie erlebt Lenas Tun als „böse", sie fühlt sich durch das staubige Treiben ihrer Tochter provoziert. Dieser ganze „Dreck" auf dem Teppich macht sie zornig, und sie herrscht ihre Tochter an: „Ja spinnst du denn?! Das kannst du doch nicht machen!" Und damit setzt sie einen Teufelskreis von Zorn und Wider-Zorn in Gang – *feindselige* Aggression auf beiden Seiten.

Und noch ein Beispiel dafür, wie die konstruktive Aggression umschlagen kann.

Sophia zermatscht eine Raupe

Knapp ein halbes Jahr alt ist Sophia ein beharrliches Persönchen, und wenn die Mutter ihr etwas Verbotenes aus der Hand nimmt, einen Filzstift etwa oder die Nagelschere –

was immer Sophia unbedingt mit Lippen, Mund und Händen erkunden will – stimmt sie nicht nur ein Protestgeheul an, sondern schlägt auch nach Mamas „böser" Hand, die ihr die interessanten Dinge fortnimmt. Die Mutter fühlt sich sehr schlecht dabei. Sie erlebt Sophias Geheul und ihren Zorn als ein Ungestüm, das sie schmerzlich an ihren jähzornigen Vater erinnert, mit dem sie schreckliche Szenen erlebt hat. Sie hat Angst, dass Sophia seine Unbeherrschtheit und Heftigkeit geerbt hat, und dem will sie von vorn herein Einhalt gebieten. Streng ist sie mit Sophia. Nichts lässt sie ihr mehr durchgehen, wenn sie energisch nach etwas verlangt: „Nein! Du bist bös!" Und wenn Sophia dann, wie die meisten kleinen Kinder, enttäuscht und wütend brüllt, fährt die Mutter sie an: „Du jähzorniges kleines Biest!"

Als Sophia drei Jahre alt ist, sieht sie auf dem Gartenweg eine dicke haarige Raupe. Sie betrachtet sie, dann hebt sie den Fuß, zerquetscht die Raupe unter ihrem Schuh und betrachtet den zermatschten Rest mit offensichtlichem Vergnügen. Diese Art des neugierigen Untersuchens ist für ein Kind in diesem Alter normal. Dass Mütter eine zermatschte Raupe eklig finden, ist eine andere Sache. Zwei Jahre später wissen Kinder schon mehr über „lebendig sein" und „tot machen" sowie „tot sein", damit hören derlei Erkundungen allmählich auf. Sophias Mutter ist jedoch entsetzt. Sie hält Sophia für ein sadistisches kleines Monster und macht aus ihrem Abscheu keinen Hehl: „Bist du des Teufels? Stell dir vor, jemand täte das mit dir!"

Die Mutter ist so beeindruckt und erschrocken, dass ihr die Szene nicht aus dem Kopf geht. Sie hat als Kind unter ihrem unbeherrscht cholerischen Vater sehr gelitten. Nun fürchtet sie, dass bei Sophia diese schlimmen Eigenschaften durchschlagen. Das macht ihr Angst, und sie will es unbedingt verhindern. Sie möchte aus ihrem Kind ein sensibles Wesen machen, das alles Lebendige achtet und schützt. Deswegen erinnert sie ihre Tochter bei jeder passenden und unpassenden Gelegenheit an das Raupen-Erlebnis und wiederholt ihre Vorwürfe: „Du bist des Teufels!" „Du bist bös!" „Du bist aggressiv!"

Sie tut das in bester Absicht und ahnt nicht, was sie damit über die Jahre in Wirklichkeit erreicht, oder man muss schon sagen: bei ihrem Kind anrichtet. Aus Sophia wird nämlich bis zur Einschulung ein unfrohes Mädchen, „bös" und feindselig, das blitzartig ausflippen und zuschlagen kann. „Wie mein Vater!" denkt die Mutter entsetzt. Sie weiß nicht, dass das Elend, ein so „böses" Kind zu haben, hausgemacht ist. Was ist geschehen?

Eine Prophezeiung, die sich selbst erfüllt

Ein Kind spürt normalerweise die zärtlichen, liebevollen Blicke der Eltern, es hört ihre aufmunternden und lobenden Worte. Es erlebt, dass die Eltern sich über ihr Kind freuen und gern mit ihm beisammen sind. Das ist natürlich nicht immer so, nicht durchgängig, vierundzwanzig Stunden an sieben Tagen in der Woche. Aber so ist die Grundstimmung, und das reicht.

Für das Kind sind die Eltern wie ein Spiegel. Wenn es mit Papa oder Mama zusammen ist, wenn es „in diesen Spiegel blickt", spürt das Kind: „Papa ist entzückt, wenn er mich sieht. Mama strahlt und lobt mich. Sie haben mich sehr lieb!"
Auf diese Weise „sieht" das Kind, „wie es ist": nämlich liebenswert, rundum „toll". Es sonnt sich im Blick der Eltern. Der Blick wirft ihm wie ein Spiegel seine Wirkung zurück, und das Kind spürt: „Ich bin liebenswert. Ich bin tüchtig. Ich bin gut so, wie ich bin."
Das Kind „weiß" dies alles nicht bewusst. Es könnte das, was es spürt und erlebt, nicht in Worten wiedergeben. Dieses „Wissen" setzt sich fest als sein Selbstwertgefühl, als Selbstsicherheit und Selbstvertrauen.
Hört nun ein Kind über lange Zeit immer wieder, es sei schlimm, aggressiv und böse, bekommt es ein sehr schlechtes Bild von sich.
So ergeht es Sophia.
Die Mutter meint immer wieder, Eigenschaften ihres Vaters aufblitzen zu sehen: Wenn Sophia sehr stürmisch ist, wenn sie im Überschwang kindlicher Neugier zu forsch mit ihrer Schere hantiert und versehentlich etwas zerschneidet, deutet die Mutter Sophias konstruktive, „gute" Aggression um, bezeichnet sie als schlimm, gefährlich oder bösartig: „Lass das! Musst du denn alles kaputt machen!" – „Sei doch nicht so grob!" – „Das ist schrecklich mit dir. Egal was ich dich machen lasse, alles machst du kaputt!"
Sophia beeindrucken nicht nur die Worte. Es erschreckt sie genauso, wenn sie Angst oder Entsetzen über Mutters Gesicht huschen sieht, wenn Mutters Augen misstrauisch-schmal werden, wenn sie sie erschrocken aufreißt oder wenn die Mimik der Mutter plötzlich erstarrt. Sophia speichert „das Schlimme", das sie gespiegelt bekommt, in ihrem Selbstbild ab.
Sie kann sich anstrengen und bemühen so viel sie will – immer wieder wird das schlechte Bild aufgefrischt. Irgendwann sind Mut und lebendige Fröhlichkeit weitgehend aufgebraucht, das Kind wird mürrisch, unzufrieden, unlustig, widersetzlich. Manchmal entlädt sich blitzartig angestaute Wut oder ein Übermaß an Unwohlsein.
Und nun entspricht Sophia immer mehr dem schlechten Zerrbild, das die Mutter in ihrer Angst vor möglicher Ähnlichkeit mit dem Vater zu entwerfen begonnen hatte.
Das Urteil „Du bist bös" oder „Du bist aggressiv" ist immer häufiger keine falsche Zuschreibung mehr, sondern traurige Realität.
Die Fehlinterpretationen und ungerechtfertigten Zuschreibungen haben Sophia zu dem werden lassen, was sie nun ist. Dieser Vorgang heißt „self-fullfilling prophecy", das bedeutet: eine sich selbst erfüllende Prophezeiung. Durch das rigide Einschränken der konstruktiven Aggression und das Benennen als „böse" wurde Sophia tatsächlich unberechenbar und unverträglich. Am Ende waren beide, Mutter und Kind, unglücklich in einer Spirale der Feindseligkeit und Aggression gefangen.
In dem Kapitel „Frust – eine Sache mit zwei Gesichtern" (S. 82) finden Sie noch andere Beispiele dafür, wie sich aus konstruktiver Aggression ihr Gegenteil entwickeln kann. Oder eben auch etwas völlig anderes.

Wie man merkt, dass etwas schief läuft

Verstehen Sie bitte recht: in der Geschichte von Sophia geht es nicht um gelegentliche Ärgerreaktionen der Mutter, die völlig normal und angemessen sind (s. „Wie gut müssen gute Eltern sein?" S. 173), sondern hier geht es darum, dass Sophias Mutter bestimmte Vorkommnisse grundsätzlich in einer Weise missdeutet und dadurch Sophia als „böse" und „schlecht" kennzeichnet. Das hat nichts mit vorübergehender Belastung zu tun („Mama hat heute Stress und ist ungeduldig") oder mit gelegentlicher Unbeherrschtheit, wie sie im Alltag vorkommen kann! Diese Mutter nimmt bestimmte Ausschnitte der Realität fast immer falsch wahr, weil sie noch zu sehr von der Furcht vor ihrem eigenen Vater und dessen Unberechenbarkeit und Härte beherrscht wird.

Praxis-Tipp

Wenn Sie von anderen Müttern oder Ihren Freundinnen häufiger Sätze zu hören bekommen wie „Du bist aber streng!" Oder: „Das hat (Ihr Kind) doch bestimmt nicht böse gemeint!", wenn Sie sich immer wieder dabei ertappen, dass Sie mit Sorge über mögliche Ähnlichkeiten Ihres Kindes mit ungeliebten Vorfahren oder anderen Familienangehörigen nachdenken, dann kann es für Sie und für Ihr Kind hilfreich sein, wenn Sie zu einer Beratungsstelle gehen und dort über Ihre Ängste zu sprechen. Eine Beraterin oder ein Berater können als Außenstehende leichter erkennen, wenn ein Elternteil so sehr in eigene Besorgnis verstrickt ist, dass das Kind darunter leidet. Sie können eher unterscheiden, was bei einem Kind gesund und normal ist und was nicht, und Ihnen Wege zeigen, wie Sie aus Ihrer ungünstigen Wahrnehmung herausfinden.

Sophias Mutter hat sich nach einigen Beratungsgesprächen entschieden, eine Psychotherapie zu machen. Nach ein paar Einzelsitzungen ging sie in eine Gruppentherapie. Dort hat ihr das Feedback der anderen Gruppenteilnehmer geholfen, sich und Sophia anders wahrzunehmen. Am meisten hat sie davon profitiert, dass der Therapeut mit sehr viel Humor schwierige Situationen in der Gruppe auflösen konnte. Manches hat sie später zu Hause ähnlich gemacht.

Am Ende ihrer Therapie waren nicht nur ihre alten „Seelen-Knoten" aufgelöst, sie hatte dazu noch ein gutes Polster von Humor erworben, das ihr half, mit mehr Gleichmut einfach mal zu warten, wie sich denn Sophia weiter entwickelt, welche Gaben, welche Stärken und welche Schwächen und welche familiären Ähnlichkeiten sich denn nun tatsächlich zeigen.

Die feindselige oder „destruktive" Aggression

Die destruktive oder feindselige Aggression ist bekannt als hässliches, verletzendes Benehmen in Zorn, Wut und Hass. Sie steckt in der Rachsucht und äußert sich als Tyrannisieren und Quälen, wie es zum Beispiel in dem Bilderbuch „Juul" erschütternd aus der Sicht des Opfers dargestellt ist (s. S. 218).
Juul hat rote Haare. Seine Haare sind nur das äußere Zeichen dafür, dass die anderen Juul als grundlegend „anders" wahrnehmen, ihn ausschließen, verspotten, ächten, quälen und ihn trotz aller Anpassungsversuche, aller Bemühungen, sich „passend" zu machen, in die Selbstaufgabe treiben. Seine Selbstdemontage endet erst, als fast nichts mehr von ihm übrig ist.
Feindselige Aggression ist wütendes, feindseliges Verhalten *als Folge* von Schmerz, qualvoller Überforderung oder auch allzu großem Frust, wie der allgemeine Sprachgebrauch Frustrationen verkürzt nennt. Damit sind Erlebnisse von Enttäuschungen und Versagungen gemeint, auch erzwungener Verzicht auf etwas Begehrtes.
Schmerz und qualvolle Überforderung – dabei denke ich an weinende Kinder, die wütend oder auch mit kläglichem Gesicht nach ihrem Peiniger schlagen.

Wie feindselige Aggression entsteht

Am Anfang dieses Abschnitts habe ich erzählt, wie in den Geschichten von Sarah und Lena konstruktive in destruktive Aggression umschlagen kann.
Destruktiver Aggression kann auch anders entstehen. Voraussetzung dafür sind, unerträgliche Frustration, gefühlsmäßige Überforderung und übermäßiges Unbehagen (s. „exzessives Unbehagen", S. 93), mit anderen Worten: großer Schmerz, was in den folgenden Geschichten deutlich wird.

Daniel verteidigt seinen Sandkasten
Daniel ist drei. Er sitzt in seinem kleinen Sandkasten und spielt, da gesellt sich die große Schwester zu ihm und zwängt sich ebenfalls in den kleinen Kasten. Daniel will sie nicht bei sich dulden, es ist sein Sandkasten, und er verteidigt ihn. Er versucht, die große Schwester hinauszudrücken – aber das gelingt nicht. Sein Unmut wächst, er quengelt, schubst, und schließlich schlägt er wild um sich, um die große Schwester zu vertreiben.
Bei genauem Betrachten dieser Szene fällt zunächst die *konstruktive Aggression* ins Auge: Daniel tritt für seine Bedürfnisse und Rechte ein. Da er sich jedoch gegen die wesentlich stärkere Schwester nicht durchsetzen kann, wächst sein Ärger. Daniel empfindet zunehmend seine Wehrlosigkeit gegenüber der großen Schwester, seine Hilflosigkeit ist wie ein heftiger Schmerz, der ihn quält. Die Gefühlstönung der Aggression, die zunächst dem Wahren seiner Interessen gilt, wandelt sich, schließlich wird es für ihn unerträglich, und die *konstruktive* schlägt um in *feindselige* Aggression.

Wenn Weinen nicht möglich ist – feindselige Aggression als letztes Ventil ...

Piet zerstört eine Sandburg
Der sechsjährige Piet steuert an einem sonnigen Nachmittag auf dem Spielplatz ziel-
strebig Vincenz' Sandburg an, und mit hochbefriedigtem Gesicht tritt er kräftig hinein.
Woher kommt dieser Ausbruch feindseliger Aggression?

Nun, die Zerstörung der Sandburg hatte eine Vorgeschichte: Piet und Vincenz hatten
ein paar Tage zuvor miteinander bei Vincenz daheim gespielt und die Holzeisenbahn
aufgebaut. Die Buben hatten Streit bekommen, und Vincenz, dieser aufbrausende
kleine Hitzkopf, hatte kurz entschlossen den von Piet aufgebauten Teil der Anlage auseinander genommen und weggepackt nach dem Motto: „So – wenn du das nicht so
machst, wie ich es will, dann packe ich es eben ein. Ist ja sowieso meins." Piet war
sehr verletzt heimgegangen. Am liebsten hätte er geweint, aber er konnte nicht. Er
fürchtete Vincenz' Spott, und er wollte keinesfalls riskieren, dass er später womöglich
als „Heulsuse" gehandelt würde. Seiner Mutter mochte er auch nichts erzählen, weil
nämlich gerade die Großeltern zu Besuch waren. Und bei denen konnte er nicht einschätzen, wie sie reagieren würden. Da hielt er lieber den Mund und unterdrückte seinen Schmerz, bis sich ihm die Gelegenheit bot, seine aufgestaute Energie mit einem
Tritt in die Sandburg loszuwerden. (Aber am Ende ging die Geschichte doch noch gut
aus, s. Kap. „Balgen, kloppen, keilen oder: Ohne Regeln geht es nicht", S. 68.)

Warum es wichtig ist, zwischen destruktiver und konstruktiver Aggression zu unterscheiden

Die Unterscheidung zwischen destruktiver und konstruktiver Aggression hilft uns,
anders hinzusehen und damit auch auf das Verhalten der Kinder anders zu reagieren.
Wenn Eltern unterscheiden können, ob konstruktive oder destruktive Aggression ein
Verhalten bestimmt, wenn sie die Motive und inneren Gründe aggressiven Tuns kennen, können sie ihren Kindern helfen, angemessen damit umzugehen.
Sarahs Mutter kann den Schlag auf den Löffel anders beantworten, wenn sie weiß,
dass eine positive Kraft hinter dieser Aggression steckt und nicht etwa Böswilligkeit
und der Wunsch, die Mutter zu kränken. So kann sie eine Eskalation vermeiden. Das
heißt natürlich nicht, dass sie Sarah keine Grenzen setzt! (S. Kap. 10, S. 136)
Zu wissen, dass nicht alles Aggressive „böse" ist, kann dem Teufelskreis einer sich
selbst erfüllenden Prophezeiung vorbeugen. Das intellektuelle Wissen reicht nicht
immer aus: Sophias Mutter hat erst in ihrer Therapie dazu gefunden, sich von Sophias
Aggression nicht mehr an die Gespenster ihrer Vergangenheit erinnern und dadurch
ängstigen zu lassen.

Angst vor der Aggression

Kinder stellen die *feindselige Aggression*, wenn sie ihnen „passiert" ist, manchmal als unkontrollierbaren Vulkanausbruch dar: Unmut, Groll, Beschimpfungen, Wut, Explodieren ... also all das, was im schlimmen Fall zwischen Sarah, Lena, Sophia und ihren Müttern an wütendem Aus-der-Haut-Fahren geschehen könnte oder auch tatsächlich geschieht. Diese Seite der Aggression macht Angst, und mit ihr umzugehen ist so schwierig! Vielleicht ist es ja gerade die Furcht, die einen dazu bringt, beim Auftauchen des Wortes „Aggression" diese vorschnell mit Destruktivität und „Bösem" gleichzusetzen.

Hierher gehört auch, dass es früher üblich war, Aggression mit Aggression zu bekämpfen. Viele Erwachsene haben als Kinder nicht schlecht Watschen, Prügel oder Ähnliches bezogen, wenn sie mal feindselig destruktiv wurden. Durch eine solche Dressur werden Gefühle wie Zorn oder Wut mit Angst verknüpft. Eine solche Dressur nennt man wissenschaftlich Konditionierung. Das geht zurück auf den russischen Forscher Pawlow. Der „Pawlowsche Hund" ist als Wort für ein Wesen, das reflexaertig auf bestimmte Reize reagiert, in die Alltagssprache eingegangen. Pawlow hatte herausgefunden, dass einem Hund bei einem Klingelzeichen das Wasser im Mund zusammenläuft, nachdem er eine Zeit lang sein Fressen zuverlässig beim Ertönen des Klingelzeichens bekommen hatte. Ähnlich ist es, wenn Eltern ihre Kinder durch Aggression von Aggression „befreien" wollen und brüllen oder zuschlagen, wenn das Kind „böse" ist. Spürt ein so dressiertes Kind nun in sich Zorn aufsteigen, dann steigt gleichzeitig auch Angst in ihm auf. Diese Gleichzeitigkeit der Gefühle kann ein Kind völlig lähmen. Das kann so weit gehen, dass die Angst es nicht zulässt, dass das Kind seine Wut auch nur ansatzweise spürt. Das ist eine typische Situation, in der Kinder krank werden oder zur Autoaggression neigen wie z. B. Nägelkauen etc..

Die Gleichzeitigkeit von Angst und Wut macht handlungsunfähig. Und sie verhindert, dass Menschen einen sozial akzeptablen Umgang mit ihren „bösen" Gefühlen erlernen und praktizieren können. Das gilt für viele Erwachsene in unserer Gesellschaft, und es ist kein Wunder, dass sie Schwierigkeiten haben, ihren Kindern auf dem Weg von einer kindlichen „Aggressionskultur" zu einer reifen „Streitkultur" zu helfen.

Es muss nicht immer Schreien oder Prügel sein, auch andere negative Erfahrungen, die Eltern in ihrer Kinderzeit gemacht haben, schüren ihre Ängste vor jedweder Aggression: nicht nur vor der eigenen, sondern auch vor der der Kinder. Als Kinder durften sie nicht „böse" sein. So musste „das böse Bärbel" (S. 8) verschwinden, und nur das liebe Kind durfte bleiben. Vermutlich hat jeder seine eigenen Erfahrungen damit gemacht, wie es ist, „böse" zu sein und nicht mehr dazu zu gehören. Die einen haben die Lektion mit Kopfnüssen gelernt, andere durch Schläge mit Teppichklopfern oder mit dem Stock auf die Finger. Aggression ist „böse" – eine Lektion, eingebläut durch Aggression. Diese Art der „pädagogischen" Behandlung hinterließ nicht nur Beschämung und das quälende Gefühl der Demütigung und Ohnmacht, sie hinterließ auch oft genug Wut und manchmal sogar Hass.

• Eltern, die mehr über Aggression wissen, können sich besser auseinander setzen mit der eigenen „bösen" Seite aus ihrer Kinderzeit. Sie entgehen leichter der Versuchung, bei ihren Kindern das zu bekämpfen, was ihnen früher „ausgetrieben" wurde und was doch in Wirklichkeit eine wichtige schöpferische Funktion hätte entfalten können.

• Wenn Eltern ihre eigenen Aggressionen kennen und mit ihnen umgehen können (s. Kap. 12), innerlich frei sind von alten aggressiven Resten, fällt es ihnen leichter, die Gefühle ihrer Kinder wahrzunehmen, anzunehmen und auszusprechen. Schlimme Gefühle, über die Kinder mit ihren Eltern sprechen können, sind kein gar so gefährlicher Sprengstoff mehr. Die Geschichte von Piet und Vincenz mag das verdeutlichen (s. S. 22).

Eltern fragen: „Was sollen wir tun, wenn Michi ein anderes Kind haut?" Aus elterlicher Sicht ist es selbstverständlich: Sie wollen ihren Kindern helfen, sich auf gesunde Weise durchzusetzen – und zwar auf *nicht* feindselige Weise. Sie möchten, dass ihre Kinder sich selbst und andere respektieren, dass sie sozial verantwortlich handeln, dass sie gute Liebesbeziehungen eingehen, effektiv arbeiten und ihr Leben hinreichend genießen können. Auf dem Weg dahin stolpern Eltern oft über die Aggression und den Umgang mit ihr.

Es gibt keine *allgemein gültige* Antwort auf die Frage „Was sollen wir tun, wenn Michi ein anderes Kind haut?" Aber: Es gibt Antworten darauf, wie Eltern Kindern helfen können, mit ihren bösen Gefühlen umzugehen und aus ihnen etwas Gutes zu machen.

Mit den Geschichten in diesem Buch möchte ich Eltern Anregungen geben.

Aggression ist zuallererst ein Stück Lebenskraft. Und Eltern können etwas dazu beitragen, dass sie ihren Kindern als *fruchtbare* Kraft erhalten bleibt und nicht *furchtbar* wird.

Kapitel 2

Die kleinen Forscherinnen und Forscher: Autonomie und Aggression

„Wie lange die beiden es aushalten, wenn wir nicht daneben sitzen?" Monika hat Felicitas und Colin in die Matschecke des Spielplatzes gebracht. Jetzt setzt sie sich zu Petra auf die Bank im Schatten. „Die Pumpe funktioniert," stellt sie mit einem Blick zurück fest. „Dann geht es meistens prima." Sie schaut nach unten auf die Krabbeldecke. Da strampelt Petras Jochen. „Du schmeißt ja zum Glück noch nicht mit Sand", wendet Monika sich ihm zu. „Und gewachsen bist du!"
Petra stöhnt in komischer Verzweiflung. „Auf dem Wickeltisch kennt er bald kein Halten mehr."

„Und ratzfatz macht er sich selbständig", lacht Monika. Ernst fügt sie hinzu: „Wie schnell das geht. Meine Felicitas wird sechs. Stell dir bloß vor: Sechs!"
„Dann ist sie ja schon fast ein Schulkind!"
„Fast, ja. Als sie gerade krabbelte, hab ich oft gedacht, wie endlos das dauert. Jetzt weiß ich nicht, wo die Zeit hin ist."
Petra schaut hinunter zu ihrem Sohn: *„Kindergarten oder Schule – das kann ich mir für Jochen noch überhaupt nicht vorstellen. Sag ich jetzt so. Aber manchmal schießt's mir doch durch den Kopf. Da macht mir das richtig ein bisschen Angst. Dann gebe ich ihn ab – und weiß gar nicht, was die da im Kindergarten mit ihm machen."*
„Das kenn ich", sagt Monika in die entstandene Pause. *„So ein komisches Gefühl ... Was machen die aus meinem Kind?"*
„Ja – genau. Als könnte er nachher ganz anders sein, als ich will." Petra fühlt sich verstanden von Monika.
Monika fährt fort: *„Überhaupt – was für Wünsche man hat ..."*
„Wünsche ...", sagt Petra gedehnt. *„Was meinst du?"*
„Nicht eigentlich Wünsche," meint Monika. *„Bei jedem Baby hatte ich so Ideen, was aus ihm werden könnte. Wie es mal sein sollte, später!"*
„Ach so!"
Petra kennt solche Träume. Manchmal sieht sie ihren Jochen als Erwachsenen hinter einem riesigen Schreibtisch. Wichtig ist er. Tüchtig. Bedeutend. Und niemand kann sich vorstellen, wie süß er mal war ... wie süß er jetzt ist, auf seiner Krabbeldecke. Das, sie lächelt, ist ihr Geheimnis. Und manchmal, wenn ihr Jochen – sie denkt es ganz zärtlich – sie so anlacht, hat er schon richtig Charme! Ob er nicht toll als Schauspieler wäre? In der Schule haben sie mal ein Stück aufgeführt. Den mit der Hauptrolle haben sie alle angehimmelt.
„Was lächelst du?", fragt Monika.
„Ach, nichts". Jetzt findet Petra den Gedanken fast peinlich: Ihr Jochen – und hinter ihm her eine Horde Mädchen!
Monika deutet Petras leichte Verlegenheit anders und sagt: *„Manche kriegen sich nicht mehr ein vor lauter Plänen und Wünschen, was aus ihrem Würmchen mal werden soll. Aber davon reden? Nie!"*
Petra schüttelt die Traumbilder ab: *„Gesund sein soll er. Und groß werden!"*
„Klar", sagt Monika enttäuscht. *„Das ist das Wichtigste. Und sonst?"*
Geschrei aus der Matschecke unterbricht sie.
Petra kehrt einen Moment zu ihren Jochen-Träumereien zurück. Dann ist Monika wieder da. *„Es war nur die Pumpe,"* sagt sie und setzt sich zurecht:
„Heute Morgen bin ich am Bahnhof vorbei, wo diese merkwürdigen Gestalten rumhängen. Ein saublödes Gefühl! Ich denk dann immer an meine zwei. Kann ich sicher sein, dass sie einen Bogen machen um Drogen? Denkst du nie an so was?"
„Meine Güte!", sagt Petra. *„Der Zwerg kann ja noch nicht mal sitzen!"*
Sie schweigt und gibt dann zu: *„Daran gedacht hab ich schon. Und dann finde ich das blöde, sich jetzt schon über so was einen Kopf zu machen."*

Monika wird heftig: „Nee, blöde ist das nun wirklich nicht! – Ich denke ziemlich oft daran, was später wird. Oder was ich mir wünsche für mein Kind."
Petra sieht zu Jochen hinunter. Plötzlich muss sie lachen: „Ich möchte dass der kleine Knopf mir ähnlich wird – plus alles, wovon ich selber gern mehr hätte."
„Und wovon hättest du gerne mehr?" Monika ist gespannt.
„Ach, weißt du", jetzt fällt es ihr doch schwer, „ich wär gern ..." und nach einem weiteren Druckser: „... selbstbewusster. Nee, falsch. Ja, zielstrebiger wär ich gern. Sicherer ..."
„Sicherer? Wie meinst du das?".
Petra ist ganz rot geworden vor Aufregung. Aber nun atmet sie tief ein, ihr Brustkorb weitet sich, und sie wird ruhiger.
„Oft weiß ich nicht, ob ich das wirklich tun möchte, was ich gerade mache."
Monika schaut Petra an und nickt. Petra fährt fort: „Ob ich nicht in Wirklichkeit etwas ganz anderes wollte." Sie beugt sich zu Jochen auf der Decke hinunter und schiebt ihm die Rassel in seine Reichweite .
„Ich glaube, ich ahne, was du meinst", sagt Monika. „Da geht's mir ganz ähnlich. Ich weiß oft auch nicht, was ich eigentlich möchte oder brauche."
Petra hat Mut gefasst. „Machst du auch manchmal, was jemand anderes macht – bloß weil du nicht so recht weißt, wo es längs geht?", fragt sie. „Wie oft häng ich mich an jemand dran. Oder ich mache, was mir jemand sagt."
Es tut ihr gut, dass sie das herausgebracht hat. Sie schaut die Freundin an. Monika nickt vor sich hin, ohne Petra anzusehen. Die spürt, dass das auch für Monika ein wichtiges Thema ist.
Die Sonne ist schon nah an Jochens Decke gewandert. Der hat die Rassel weggestoßen und schaut nach seinem Ball. Er reckt sich, macht angestrengte Töne. Petra schiebt ihm den Ball hin, dass er ihn nehmen kann. Er gluckst befriedigt. Petra lacht: „Du weißt genau, was du brauchst."
„Ja", sagt Monika. „Kinder wissen, was sie wollen." Und nach einer Pause: „Wir wussten als Kinder doch bestimmt auch, was wir wollten."
„Meinst du?", sagt Petra unsicher.
„Klar", sagt Monika. „Aber wieso haben wir das verlernt?"
Sie denkt einen Augenblick nach. „Einmal hat ein Lehrer zu mir gesagt: ‚Monika, Judo, das ist bestimmt gut für dich. Geh da mal hin!' Ich braves Monilein bin dann da auch hingedackelt. Ich fand's total blöde und dachte die ganze Zeit, dass ich lieber Volleyball spielen würde."
„Und was hast du gemacht?".
„Du glaubst es nicht! Fast zwei Jahre hab ich mich damit rumgequält! Zwei Jahre! Weil man ja was bis zu Ende macht, wenn man's einmal angefangen hat. Bescheuert, was?"
Petra schüttelt den Kopf. „Das hätt ich bestimmt auch so gemacht."
Monika erzählt weiter: „Im Judo hat eine gemerkt, dass mir das gestunken hat. Die hat mich dann mitgeschleppt zum Rhön-Rad."

„Und das war okay?", fragt Petra.

„Nee, nicht wirklich", gibt Monika zu. „Zuerst schon – weil ich vom Judo weg war. Aber Rhön-Rad – das war auch nicht mein Ding."

„Jetzt sag bloß nicht, du hast da noch mal zwei Jahre vertrödelt!"

Monika lacht: „Nein, so bekloppt war ich dann doch nicht. Nur ein halbes Jahr. Dann hatte ich vom Sport die Nase voll."

„Für immer?", fragt Petra. „Ich dachte, du machst noch irgendwas."

„Stimmt. Vor einiger Zeit hab ich was gefunden, was mir so richtig Spaß macht. „Ich mach jetzt ...", sie zögert. „Ich mach Bauchtanz." Monika ist erleichtert, sie sieht an Petras Augen, dass sie das toll findet.

„Und seit wann machst du das schon? Kann man da mal ..."

„Zusehen?", lacht Monika. „Nee, so weit bin ich noch nicht. Aber hier, schau mal: Kürzlich hat eine im Kurs fotografiert."

Petra findet das Foto toll, und Monika fährt fort: „Ich mach das halt noch nicht so lange." Dann setzt sie hinzu: „Aber ich fühl mich sauwohl dabei."

Anerkennend sagt Petra: „Klasse, echt! Dann hast du ja jetzt endlich das Richtige für dich gefunden!"

„Da bin ich auch froh", sagt Monika. „Das ist nämlich wirklich ein dämliches Gefühl, wenn man was Verkehrtes macht. Oder wenn man gar nichts macht, weil man nicht weiß, was das Richtige ist."

Und Petra seufzt. „Das ist mal wahr! Ich würde das Jochen gern ersparen."

„Du wirst es nicht glauben", sagt Monika, „an so was Ähnliches hab ich damals bei der Namenssuche für meine Große gedacht."

„Wirklich?" Das interessiert Petra.

Monika: „Ja. Vor allem wollte ich ihr was mitgeben mit dem Namen. Etwas", sie schaut Petra an und betont: „wovon ich selber gern mehr hätte."

Petra platzt heraus: „Felicitas bedeutet doch Glück?"

„Genau", sagt Monika. „Glück! Aber das war es nicht. Es war ... Ich kannte eine Felicitas. Die hab ich bewundert. Sie ist so gerade ihren Weg gegangen. Hat sich was vorgenommen – und dann hat sie das durchgezogen. Auch wenn es schwierig war. Zielstrebig. Oder, ich sag mal: zielsicher. Das hat mir sehr imponiert. So wie sie wäre ich auch gern gewesen. Wenigstens ein bisschen. Weil sie sich sicher war, was sie machen will."

Felicitas: eine Frau, die weiß, was sie will

Monika und Feli waren seit der Einschulung in derselben Klasse. Und schon in der Grundschule hat es Monika imponiert, dass Feli immer wusste, was sie wollte. Als irgendwann Gitarrespielen in Mode kam, hat die halbe Klasse mit Gitarrenunterricht angefangen.

„Und Felicitas?"

„Lernte Orgel."

Monika unterbricht ihre Erzählung und schaut Petra mit einem Lächeln an: „Orgel! Wir fanden das alle sehr eigen. Kein Mensch sonst lernte Orgel. Nur Feli. Das hat sie auch lange gemacht. Später hat sie sich ihr Taschengeld aufgebessert mit Orgelspielen. In der Kirche."

Auch als es um die Berufswahl ging, war für Feli klar, was sie werden wollte: Technische Zeichnerin. Das räumliche Denken und das Exakte lagen ihr, und die Arbeit am Reißbrett hatte sie bei einem Onkel kennen gelernt. Und die hatte ihr große Freude gemacht. Es war folgerichtig, dass sie in der Firma, in der sie gelernt hatte, schnell als Spitzenkraft galt. Als ihr Büro auf Computer umstellte, war sie bald unentbehrlich, weil sie sich auch in die Software einarbeitete und manches Mal aushelfen konnte, wenn es mit dem Computer haperte. Als sie schließlich schwanger geworden war, hat sie immer wieder erklärt, dass sie nach der Entbindung weiterarbeiten wolle. Weil sie sich ein Leben ohne ihren Beruf nicht vorstellen könne. Die älteren Kolleginnen haben das für illusorisch erklärt. „Der lange Weg ins Geschäft. Die Fahrerei. Und die Doppelbelastung", hieß es. „Warte mal, bis das Kind da ist."

Monika holt tief Luft und sieht Petra an: „Feli fand dieses Gerede nervig, hat sie mir mehr als einmal gesagt."

„Und? Wie kam es dann?" Petra erinnert sich, wie nach Jochens Geburt ihr ganzes Leben plötzlich total umgekrempelt war. Auch sie hatte überlegt, bald nach der Geburt wieder eine Stelle anzunehmen, aber diese eher vagen Überlegungen waren schnell überrollt worden von der Wucht des Alltags.

Feli war genauso eine begeisterte Mutter wie sie begeisterte Orgelspielerin und auch Technische Zeichnerin war. Monika hat es gut gefallen, wie sie mit dem Kind umging. Auch sie hatte erwartet, dass Feli nach dem Mutterschutz erst einmal die drei Jahre Erziehungsurlaub nimmt und dann bestimmt nicht wieder ins Geschäft geht.

Monika erinnert sich: „Feli hat immer gesagt: ,Ich will arbeiten. Mir fehlt sonst was.' Es hat mir imponiert, dass sie so genau wusste, was sie will! Ich hab nicht richtig geglaubt, dass sie das hinkriegt. Aber wenn Feli was will, kniet sie sich rein. Auch wenn alle sagen ,das klappt bestimmt nicht', bringt sie es zum Klappen."

Knapp nach dem ersten Jahr des Erziehungsurlaubs war Felicitas wieder schwanger. Sie musste den Wunsch, die Arbeit wieder aufzunehmen, verschieben. Aber sie dachte keinen Moment daran, ihn aufzugeben.

„Als ihr zweites Kind, Maria, laufen konnte, beschloss Feli, erst mal nur stundenweise zu arbeiten. Sie hat sich überlegt, dass sie das am besten zu Hause tun könnte. Da kann sie die Zeit frei einteilen. An bestimmten Tagen könnte sie für ein paar Stunden ins Geschäft fahren, zu Besprechungen oder so."

Für die Kinder engagierte sie eine Tagesmutter, viermal in der Woche fünf Stunden. Die betreute zunächst das erste Kind, später brachte Felicitas beide Kinder zu ihr.

Monika: „Und dann hat sie gearbeitet. So ist Feli. Kein privates Telefongespräch in der Zeit, keine Zeitung, kein Schwätzchen mit der Nachbarin – nur ihre Arbeit. Sie hat mir mal erzählt, dass sie in der Zeit mehr wegarbeiten konnte als in derselben Zeit in der Firma."

Petra: „Ich stelle es mir schwer vor, die Zeit selber einzuteilen!"

„Klar, das hat sie auch erst lernen müssen. Und was sie nicht wegarbeitet, wenn die Kinder versorgt sind, muss sie halt abends nacharbeiten. Waren die Kinder da, war sie konsequent Mutter. Da war sie auch eisern."

„Ganz schön stressig", stellt Petra fest. „Und wie hat sie ihren Chef rumgekriegt, dass der da mitspielt?"

„Der war richtig froh, als sie mit der Idee ankam. Schließlich war sie eine seiner besten Zeichnerinnen gewesen. Sie hatte sich zuerst gründlich informiert, wie das mit so einem Arbeitsplatz zu Hause ist. Was es da für rechtliche Bestimmungen gibt. Der Chef hatte von dieser Möglichkeit noch gar nicht gehört oder sich jedenfalls nichts Konkretes vorstellen können."

Die innere Stimme

Die Frauen schweigen. Dann sagt Monika: „Feli hatte schon immer ein gutes Gespür dafür, was sie braucht. Was sie kann und was sie will. Was ihr gut tut und was nicht. Und wenn sie fand, dass ihr etwas nicht gut tut, dann konnte keiner sie dazu überreden."

Petra seufzt. „Darum könnte ich sie auch beneiden!"

„Es passiert mir immer noch, dass ich mich breitschlagen lasse." Monikas Stimme ist eine Spur ärgerlich geworden. „Und hinterher bin ich sauer, weil der Zug schon raus und abspringen nicht mehr drin ist. Bloß weil ich nicht auf die innere Stimme gehört habe."

„Innere Stimme?", sagt Petra.

„Naja", meint Monika. „Dieses ungute Gefühl, das da hochkommt, wenn man so einen Entschluss fasst und wo man dann denkt ‚ach was, das wird schon gehen'. Aber dann geht es eben nicht."

Petra: „Das kenn ich. Das ist es, genau! Als säße da ein kleines Etwas im Bauch. Das flüstert mir ein, was ich brauche oder was zu mir passt. Bloß ich Dussel kann's nicht richtig hören!"

Sie beugt sich zu Jochen, krault ihn am Bauch und sagt: „Da sitzt deine innere Stimme drin! Und wenn ich sie nicht höre – du hörst sie und sagst mir Bescheid!"

Jochen quarrt ein wenig. „Also, du Bilderbuch-Kind!" Sie nimmt Jochen auf den Schoß, packt die Teeflasche aus und lässt Jochen trinken. Er hat wirklich Durst. Petra lacht: „Wir reden von der inneren Stimme – und schon quarrt deine los: ‚Mama – Tee!'"

„Genau das kann Felicitas total gut! Nicht nur, dass sie ihre innere Stimme hört – sie versteht sie auch!" Monika beneidet ihre Freundin.

Petra verstaut die Flasche wieder. „Nicht nur hören und verstehen – sondern es auch tun! Dass sie sich nach ihrer inneren Stimme richtet, ist echt eine wirklich stramme Leistung."

Monika lacht. „Bloß bei Feli sieht das nie nach ‚Leistung‘ oder ‚Anstrengung‘ aus!
Das hat bei ihr etwas völlig Selbstverständliches. "
Petra nickt: „Find ich trotzdem eine tolle Leistung. Das hab ich vorhin gemeint mit
Selbstsicherheit. – Wie ist das denn weitergegangen mit Felicitas? Ist sie glücklich mit
ihrer Art zu leben und zu arbeiten? " Und weil Jochen gerade laut juchzt, wendet sich
Petra ihm zu und sagt: „Ja – hör nur zu, dass du auch was darüber lernst! "
Monika schaut zu dem juchzenden Jochen: „So sparst du dir eine Menge Ärger über
dich selber! " Und zu Petra gewandt: „Ob sie damit glücklich ist? Ist schon eine Menge
Stress. Kino oder so – dafür bleibt nicht mehr viel. Aber die Zeit mit den Kindern
genießt sie immer genauso wie ihre Arbeit, sagt sie. Und gelegentlich spielt sie ja auch
wieder Orgel. Weißt du, als sie gerade zu Hause mit der Arbeit angefangen hatte, hat
sie mal zu mir gesagt, ‚es ist mein Leben‘. Und wenn ich daran denke, wie sie gestrahlt
hat mit ihren Ringen unter den Augen – ich bin ganz sicher: da war sie glücklich. Jetzt
hab ich sie ja lange nicht mehr gesehen. Wir telefonieren nur ab und an. Aber ich glaub
schon: Die ist immer mit sich im Reinen. "
„Toll, wenn jemand immer weiß, was er will. " Petra seufzt. „Der musste niemand
sagen, ‚mach dies‘ oder ‚Das ist gut für dich‘. "
„Doch, " sagt Monika.
Petra schaut sie verwirrt an.
Monika grinst: „Ihre innere Stimme!" Und dann: „Darum hab ich meine Tochter
Felicitas genannt. Dass sie die innere Stimme wie Feli behalten und auf sie hören soll.
Weil das bedeutet, unabhängig und selbständig zu sein. Also das, was man Autonomie
nennt. "
Petra steckt den Zeigefinger in den Mund und beißt leicht darauf. Sie lacht und legt
schnell die Hand in den Schoß. „Autonomie", sagt sie. „Ist das nicht ein zu großes
Wort? "
„Wieso? ", fragt Monika. „Heißt doch nix anderes als Selbständigkeit. "
„Mich kribbelt's bei dem Wort", sagt Petra, „weil mir noch so viel daran fehlt, dass
ich behaupten kann, ich bin selbständig oder gar autonom. "
„Verstehe", nickt Monika. „Geht mir eigentlich genauso. Deswegen bewundere ich
Feli ja so. Und deswegen muss meine Felicitas jetzt mit diesem Namen leben. "
Petra wendet sich wieder ihrem Kleinen auf der Decke vor der Bank zu: „Mensch, ja
– immer wissen, wo's längs geht – das wär schon toll, was Jochen? Das würde dir
gefallen. Und mir erst! "
Die Freundinnen schweigen eine Weile, hängen ihren Gedanken nach.
Dann sagt Petra: „Als meine Oma starb, da hat einer gesagt: ‚Sie hatte ein erfülltes
Leben‘. Damals konnte ich mir nichts unter einem ‚erfüllten‘ Leben vorstellen. Wenn
ich mir überlege, was du von deiner Freundin erzählst, was die ausstrahlt – das muss
so was sein: ein erfülltes Leben. "
Monika hatte, als sie ihrer Tochter den Namen Felicitas gab, ihr etwas von der Auto-
nomie ihrer Freundin Feli „anzaubern" wollen. Und Petra erhofft sich für Jochen mehr
Autonomie als sie selbst hat. Das sind Hoffnungen und Wünsche für eine Zukunft, die

noch in weiter Ferne liegt. Ob die Wünsche in Erfüllung gehen, hängt wenig von Magie und Zauber ab. Der Weg zu Eigenständigkeit, Unabhängigkeit und Autonomie im späteren Erwachsenenleben von Felicitas und Jochen beginnt jedoch sehr real hier und heute mit kleinen, aber wichtigen Schritten. Und jeder dieser Schritte hat viel mit Aggression zu tun.

Wenn das Wort „Ich" wichtig wird

Der Weg zu Eigenständigkeit, Unabhängigkeit und Autonomie beginnt damit, dass Jochen, wie alle Kinder, sich mehr und mehr selbst wahrnimmt und als ein eigenständiges Wesen entdeckt mit eigenen Stimmungen, Ängsten, Freuden, Vorlieben und Wünschen: Er zeigt seine Angst durch Anklammern oder Weinen, mit seinem Strahlen zeigt er, dass er sich freut. Er lernt die Palette seiner Gefühle kennen, und er lernt, dass er seine Empfindungen mitteilen kann, dass die Mutter sie auch dann versteht, wenn ihr selbst gerade ganz anders zumute ist – weil Jochen ein eigenständiges Wesen ist und die Mutter auch.

Er möchte die Rassel, dann den Ball ... Die Erkundung des Universums beginnt bei den Gegenständen in seiner Reichweite!

Schließlich hat er Durst und möchte Tee – und all das teilt er seiner Mutter mit. Hunger und Durst betreffen seinen Körper. Auch Jochens Körper ist Teil der Welt, die er sich aneignen will. Er spürt seinen Körper, spielt mit ihm, probiert aus, was er mit ihm machen kann: strampeln, die Hände bewegen, den Rumpf beugen, den Kopf wenden. Er kann Brei schlucken, und der wilde Hunger beruhigt sich; er kann Tee trinken, und der Durst lässt nach. Auch das sind Erfahrungen seiner Welt.

In einiger Zeit wird sein wichtigstes Wort „Ich" sein: „Ich", das ist „jemand anderes als Mama oder Papa". „Ich bin hungrig", „ich bin wütend" oder „ich bin traurig": Jochen nimmt seine Bedürfnisse wahr, er äußert seine Wünsche und Interessen. Die Welt lockt, und er will sie erobern: „Ich will runter", „ich will alleine", „ich will den Ball". Entschlossen strebt er den Dingen zu, die er kennen lernen, betasten und „alleine" erforschen will. „Alleine", das heißt: aus eigener Kraft, selbständig und ohne Hilfe der Mutter. „Alleine" ist ebenso ein Zeichen für sein Streben nach Unabhängigkeit wie sein Versuch, „alleine" zu essen oder „selber" mit dem Kindermesser das Brot durchzuschneiden. All dies gehört zum Bezwingen seiner Welt und zur Erforschung dessen, was Jochen in ihr tun kann.

Spätestens dann wird die Sache mühevoll, denn nun wird das Hier und Heute des Autonomie-Lernens oftmals schwer auszuhalten sein für die Eltern. Wenn nämlich die spätere Unabhängigkeit sich heute als eigenwilliger Hang entpuppt, zielstrebig die unmittelbare Umgebung zu erforschen; entschlossen alles Erreichbare in Kinderzimmer, Küche, Flur und Bad zu ergründen, unbeirrbar Schränke zu inspizieren, entschlossen Heizkörper abzuklopfen, kurz: beharrlich alles zu erkunden, was sich an Geheimnisvollem anbietet. Wenn ein Kind so handelnd in die Welt aufbricht, folgt es damit seiner „inneren Stimme", wie sie die Technische Zeichnerin Felicitas angetrieben hat. Es ist der lange Weg zu Selbständigkeit und Autonomie, der eigentlich schon viel früher angefangen hat.

Ein Kind erkundet von den ersten Lebenstagen an seine Umgebung. Zunächst nur mit saugendem Mund, tastenden Lippen, mit Augen, Haut und Ohren. Schon kommen die Händchen dazu, betasten und befingern alles. Bald gelingt es, die ergriffenen Klötze, Bälle oder Püppchen in den Mund zu stecken: Wie schmeckt das? Wie fühlt es sich im Mund an? Kalt oder warm, glatt oder rau? Kantig? Rund? Bietet der Gegenstand den Kiefern einen Widerstand oder können sie ihn verformen? Das Kind ergründet die Eigenschaften, probiert, was man mit dem Ding machen kann: werfen, beklopfen, kneten, schütteln ... Zielstrebig probiert das Kind seine Forschungsmethoden durch, versunken in sein Tun, begeistert von seinen Fähigkeiten. Alles, was es tut, fasziniert es. Alles hat Erfolg, denn jedes Probieren bringt ihm neue Erkenntnisse, und das macht ungeheure Freude!

Wenn das Kind ein halbes Jahr alt ist, bekommt es einen regelrechten Energieschub. Es spürt einen starken Drang, sich zu bewegen, um die Welt jenseits der Laufstall- und Zimmergrenzen zu entdecken. Dieser Drang ist die Quelle für das fortwährende Streben nach Erweiterung der eigenen Möglichkeiten und damit auch für das Streben nach Autonomie.

Das ist konstruktive Aggression!

Jochens Mutter Petra möchte hier sicher ein Fragezeichen an den Rand malen. Neulich hat der Bub das Handy gefetzt. „Und das ist das Gegenteil von konstruktiv!" Vordergründig hat sie natürlich Recht.

Ich bleibe trotzdem dabei: Diese Aggression ist konstruktiv.

Gefetzte Handys – da ist der Begriff „Collateralschaden", also Nebenschaden, mal wirklich angebracht – gehören halt zur Aneignung der Welt durch die Kinder.

Die konstruktive Aggression spielt eine, wenn nicht die zentrale Rolle in der Entwicklung.

Der große Psychologe Piaget hat in vielen Büchern beschrieben, wie sich durch diese Erkundung der Welt die Intelligenz beim kleinen Kind entwickelt. Hierbei entstehen die intellektuellen Fähigkeiten, mit deren Hilfe das Kind später sein Leben bewältigt. Ja, wir wissen inzwischen, dass von diesem handelnden, begreifenden, tastenden, forschenden Erkunden sogar die Impulse für die verschiedenen „Verdrahtungen" der Neu   ronen im Gehirn ausgehen, also das Wachsen jener Fasern, die verschiedene Gehirnzellen miteinander verbinden. Das Wort „begreifen" hat nicht ohne Grund mit „greifen" zu tun!

Die konstruktive Aggression ermöglicht, dass aus Jochen eine interessierte, der Welt gegenüber aufgeschlossene Persönlichkeit wird, die sich unter Kontrolle hat und seine Aufgaben bemeistern kann. Die konstruktive Aggression trägt zum Lernen ebenso bei wie zum Einüben von Fähigkeiten und zur Entfaltung der Körperbeherrschung.

Stellen wir uns Jochen vor, knapp zwei Jahre nach dem Gespräch auf dem Spielplatz. Er ist noch immer in einem Alter, in dem er alles anfassen und „be-greifen" muss.

Seine kleinen Hände schalten alle erreichbaren Kippschalter, greifen in Taschen und erkunden den Unterschied zwischen „voll" und „leer". Jochen untersucht den Inhalt des Mülleimers und der Geschirrspülmaschine; er befühlt Bilderrahmen, probiert alle Dreh- und Druckknöpfe am Radio, am Staubsauger oder an so einer erstaunlichen Sache wie der Fernbedienung.

Jede Mutter kennt solche forschenden Geister. Und viele Mütter kennen die mögliche Fortsetzung derartiger Abenteuer: Schubladen wieder einräumen, Schlüssel abziehen und fortstecken, Zerbrechliches weit nach oben räumen oder seufzend das wegwerfen, was sie bislang (fälschlicherweise!) für unzerbrechlich gehalten haben.

Und Petra mahnt: „Fass das nicht an, das ist heiß!" „Lass das los, sonst geht es kaputt!" „Mach nicht immer das Licht an und aus!" „Lass die Blumentöpfe in Ruhe!" Zwischendurch zieht sie das Kind vom Treppenabgang weg, nimmt ihm den Telefonhörer aus der Hand und schaut in seinen Mund, um zu sehen, auf was es gerade herumkaut. Die Mutter schimpft, weil sie ständig hinter Jochen her sein muss, damit er nicht alles anfasst. Jochens Unmut über die vielen Hindernisse und Unterbrechungen steigt. Er wird erst knatschig, dann zornig, und schließlich entbrennt ein wütender und nervenaufreibender Kampf zwischen dem kleinen Forscher und seiner Mutter.

Wenn Petra bügelt und es ihr zu gefährlich ist, dass Jochen zwischen Bügelbrett, Kabel und den zum Ausdampfen hängenden Hemden umherturnt, hat sie einen großen Laufstall. Er steht wie ein kleines Kinderzimmer im Raum, und sie packt ihm ein paar Dinge hinein, die er nicht so oft in die Hand bekommt: den letzten Katalog vom Versandhaus, einen stabilen kleinen Schuhkarton, in dem sie ein paar Kekse versteckt hat und ein paar Vorratsdosen aus Plastik, die er aufeinander bauen oder ineinander stecken kann. Vom Bügelbrett aus hat sie Jochen im Blick, und sie kann ihn mit Worten begleiten: „Ja – das ist ein toller Turm! Uii, bist du tüchtig!"

Wenn Petra in ihrer kleinen Küche beim Kochen nicht über ihren vertieft arbeitenden Sohn oder über seine Duplos stolpern möchte, darf Jochen auf dem Schaukelpferd durch die Flur-Prärie reiten oder im Auto fahren – in der Küchentür klemmt ein Absperrgitter. Es ist die Ladentheke, über die Jochen ein Stück Banane „kaufen" kann oder die Theke, an der er seinen Schoppen trinkt. Hauptsache, die Sperre hat in einer Phantasie-Szene einen Sinn und ist in ein Spiel einbezogen. Petra hat viele Gründe, ihren Alltag spielerisch an Jochens „Forschungsprojekte" anzupassen: Sie möchte Dinge wie Kochen oder Bügeln ungestört erledigen, sie möchte Jochen in seiner Welt nahe sein, und ... sie spielt selber gern!

Lara: Ermahnungen helfen nicht

Die einjährige Lara entdeckt in der Steckdose den Stecker der Stehlampe. Sie greift danach, um die Sache näher zu erkunden. Der Vater sagt zunächst nichts. Als Lara sich aber weiter am Stecker zu schaffen macht, ruft er von seinem Sessel aus, dass sie das Ding loslassen soll, sonst gibt's einen Klaps. Lara hört nicht auf diese Anweisung aus dem Off. Der Vater geht nun zu ihr, schüttelt ärgerlich ihren Arm und erklärt mit lau-

ter Stimme, dass sie tot sein wird, wenn sie da weiterspielt. Jetzt hat Lara Angst, sie streckt die Arme nach ihm aus, aber der Vater beachtet sie nicht und geht zu seinem Sessel zurück.

Wütend auf das Kind

Jochens Mutter und Laras Vater glauben, die Kinder könnten ihr Verhalten steuern, wenn die Eltern sie nur oft genug ermahnen – doch genau das können Jochen und Lara nicht! Die meisten Eltern ahnen nicht, dass ihre Kinder diesem inneren Drang zum Forschen ausgeliefert sind. Jochen und Lara haben gerade erst begonnen, ein winziges Bisschen Kontrolle über sich zu entwickeln. Sie können nicht „gehorchen". Wenn sie ihrem Impuls zum Forschen nachgeben, ist ihr Tun alles andere als provokativ.
In der Tat: Gelegentlich gibt es im Laufe der Entwicklung Punkte, an denen Kinder eigensinnig und recht widerwärtig werden können. Gerade da ist es für Eltern wichtig zu wissen, dass ein so kleines Kind die Kraft der Aggression noch nicht beherrschen und kontrollieren kann – und zwar weder die positive noch die negative Kraft.
Natürlich ist ein schrottreifes Handy schlimm, zumindest misslich! Es ist ärgerlich, den Kundendienst in Anspruch nehmen zu müssen, es kostet Geld, und im schlimmsten Fall muss man ein neues kaufen. Natürlich sind Eltern dann wütend! Und es hilft auch nicht, sich zu sagen, dass man hätte besser aufpassen, das Handy besser verwahren sollen oder sonst etwas. Jeder Schaden ist ein Brocken Ärger, und dieser Brocken muss raus! Ein Zornschrei steht auch Eltern zu. Sie dürfen wettern – auf ihre Unachtsamkeit, über den Schrott und über das verdammte Pech, das sie haben. Sie dürfen schimpfen. Das Kind darf auch mitkriegen, dass Vater oder Mutter wütend sind. Wütend über das Malheur, natürlich. Wütend auf sich („Hätte ich doch besser aufgepasst!"). Und, ja, auch das: wütend auf das Kind (s. auch Kap. „Wie gut müssen gute Eltern sein", S. 173).
Jochen hat mit seinem unermüdlichen Forschen das Handy k. o. geschlagen. Petra ist sauer. Für einen kurzen Moment – je nach Tagesform und Schadenshöhe geraten solche Momente größer oder kleiner – „fällt" Jochen aus der Liebe seiner Mutter „heraus": Er fällt „in Ungnade".
Das ist *nicht* ungeheuerlich! Petra ist *keine* Rabenmutter, und wir müssen *nicht* das Jugendamt benachrichtigen! Es ist einfach nur normal, dass Petra in diesem Moment ihren Jochen nicht lieb hat. Wirklich: normal und völlig in Ordnung! Jochen wird auch nicht für den Rest seines Lebens traumatisiert, wenn er immer mal wieder für einen Augenblick in Ungnade fällt. Im Gegenteil. Er wird dabei begreifen, dass es einen Zusammenhang gibt zwischen seinem Tun, einem entstandenen Schaden und dem Zorn der Mutter. Der kleine Moment des Erschreckens über Mamas Missbilligung bereitet den Weg dafür, dass Jochen Schuldgefühle entwickeln kann. Und Schuldgefühle im Zusammenhang mit einem angerichteten Unheil (und sei es noch so klein!) sind nichts Schädliches, sondern der Beweis, dass das Kind ein Gewissen entwickelt hat.

Sehen wir uns die Sache mit dem **Gewissen** genauer an: Für Jochen sieht es so aus: „Ich weiß: Im Grunde haben mich meine Eltern immer lieb. Aber manchmal, wenn ich etwas angezettelt habe, ist die Liebe ‚ausgeknipst'. Das mag ich gar nicht. Es macht mir ein bisschen Angst, auch wenn ich weiß, dass das Ausgeknipste nicht sehr lange dauert. Und ich tu alles, damit es nicht so bald wieder vorkommt." Seine Selbstachtung hängt eng zusammen mit elterlichem Lob und ihrer Wertschätzung. Im Augenblick der „Ungnade" sinkt die Wertschätzung der Eltern – und damit auch Jochens Selbstachtung. Aus solchen Gefühlen entstehen Schuldgefühle und im Laufe der Zeit schließlich das, was wir „Gewissen" nennen. Darüber hinaus entwickelt Jochen auch Selbstkontrolle, und zwar vor dem Gewissen und parallel dazu.

Wenn Petra so richtig fuchsteufelswild sauer ist, kann sie Jochen nach dem ersten Brüllschwall bitten: „Lass mich mal eine kleine Weile allein. Ich bin so stinkig, ich vertrag jetzt im Moment gar nichts mehr. Ich muss mich erst mal abregen. Und so lange vertrage ich auch nicht, dass du neben mir sitzt."

Wenn sich ihr Gemüt ein wenig beruhigt hat, kann sie Jochen in den Arm nehmen und ihm sagen: „Ich bin stocksauer, weil das Handy kaputt ist. Ich war furchtbar wütend! Auf dich. Und auf mich, weil ich nicht aufgepasst hab. – Aber jetzt ist es wieder gut. Ich hab dich lieb, auch wenn ich manchmal wütend auf dich bin."

Zorn und Wut sind menschliche Reaktionen – und Eltern sind Menschen! Kinder sollten das auch erfahren. Das schadet ihnen nicht – weil sie wissen, dass die Liebe der Eltern grundsätzlich immer da ist – manchmal mit kurzen Aus-Zeiten.

Angst durch Kontrollverlust

Cora und die Lampe
Cora ist 14 Monate alt. Sie greift nach einer kleinen Lampe und während Cora sie näher untersucht, fällt die Lampe mit einem lauten Poltern auf den Boden. Ihre Neugier und ihr Staunen weichen jäh einem tiefen Erschrecken. Die Lampe ist noch heil. Trotzdem bahnt sich Coras innerer Aufruhr seinen Weg nach außen, und sie weint.

Uwes Schluck vom heißen Kaffee
Der anderthalbjährige Uwe kriegt die Tasse mit heißem Kaffee zu fassen, und bevor die Mutter begriffen hat, was passiert, nimmt er einen Schluck. Wie das brennt! Uwes Erschrecken ist unbeschreiblich. Wie automatisch hat er die Tasse wieder zurückgestoßen. Es dauert quälende Sekunden, ehe das Erschrecken und der Schmerz ihren Weg nach draußen finden und er weint.

Kinder reagieren oft mit Schrecken und Furcht, wenn sie etwas kaputtgemacht oder sich wehgetan haben. Lara ist erschrocken, weil der Vater vor Schreck heftig reagiert hat. Furcht und Schrecken hängen mit der drohenden Missbilligung und gefürchteten Ablehnung durch die Eltern zusammen. Vor allem aber resultiert diese Furcht aus dem Gefühl des Kindes, dass es die Kontrolle verloren hat. Und daraus kann die schlimme

Angst davor entstehen, womöglich selber Gefahr bringend und zerstörerisch zu sein, d. h. gefährlich für sich selbst und andere.

Schreck und Schmerz sind heftige, unangenehme Erfahrungen. Sie sind auch dann schlimm, wenn die Mama vorher gemahnt hatte: „Lass das lieber!", oder „Pass auf – da kannst du dir wehtun." Natürlich fühlt die Mama den Schrecken des Kindes mit. Natürlich erschrickt der Papa, wenn trotz seiner Voraussicht ein schmerzhaftes Malheur passiert.
In solchen Momenten ist die Versuchung groß, sich mit einem „Siehste!", über den eigenen elterlichen Schrecken hinweg zu helfen. Besser ist es, wenn Vater oder Mutter das Kind trösten und nicht allein lassen in seinem Kummer. Deswegen ist es wichtig, dass Cora und Uwe ebenso getröstet werden wie Lara.

Die Mutter nimmt Cora in den Arm und sagt: „Das hat bum! gemacht – aber schau, wir haben Glück gehabt: Es ist nichts passiert. Es ist alles heil und in Ordnung. Wenn du willst, gucken wir die Lampe zusammen an. Ich halte fest und passe auf. Dann fällt sie nicht so leicht runter." Und Uwes Mutter sagt: „Oh je, das war heiß! Das hat wehgetan! Ja ... da muss man auch weinen, wenn man sich wehtut und einen dollen Schrecken kriegt ..." Sie wiegt Uwe in ihrem Arm, bis er sich beruhigt hat. Dann sagt sie noch: „Tassen sind manchmal heiß und gefährlich. Mama muss vorsichtig sein damit. Und du musst auch aufpassen. – Aber es ist ja noch einmal gut gegangen ..."

Wie Kinder Selbstkontrolle lernen

Wenn wir bedenken, dass alle Kinder ihrem Entdeckungsdrang ausgeliefert sind, wird klar, dass die kleinen Forscher eine Hilfe „von außen" brauchen.

Selina sagt „nein" zu sich
Das sehr kleine Kind braucht das „Nein!" der Mama, es braucht immer wieder das deutliche „Das darfst du nicht", denn allein kann es sich noch nicht zügeln. Erst wenn das Kind allmählich die Sprache beherrscht, wird vieles für die Eltern leichter, weil das Kind dann sich selbst ein „Nein!" sagen kann. Die dreijährige Selina steht in der Küche vor dem Herd. Die Knöpfe sind so verlockend! Mama dreht sie manchmal, man kann sie hineindrücken und wieder herausspringen lassen ... Und das alles ist verboten! Sie streckt begehrlich die Händchen aus, ganz langsam und zögerlich. Und dann sagt sie klar und deutlich: „Nein!" Sie sagt zu sich selbst das, was nach ihrer Erfahrung die Mutter in dieser Situation gewöhnlich zu Selina sagt. In einem Bild ausgedrückt: Selina hat eine Mama im Kleinformat in sich „installiert", die von dort, aus Selinas Innerem, die Gebote der realen Mutter vertritt. Diese „innere Mutter" ist eine Art „inneres Hilfs-Ich". Und das ist der Übergang zu einer Selina, die sich beherrschen kann. Meistens jedenfalls (s. auch „Gewissen" S. 36).

Der zweijährige Hans kann seinen Forscherdrang nicht beherrschen

Manches Verbotene scheint durch das Verbot noch verlockender zu werden. Der zwei-jährige Hans, der auch nach vielen eindringlichen Nein-nein-neins und trotz zahlrei-cher Ersatzangebote seine Finger immer wieder in die Nähe der Fernbedienung bringt, tut dies jedoch wirklich nicht, weil das Verbot die Fernbedienung quasi „adelt" und attraktiver macht. Er tut dies tatsächlich, weil er seine drängenden Triebkräfte der kon-struktiven Aggression noch nicht beherrschen kann.

Der fünfjährige Timo muss eine Grenze testen

Und wie ist das bei dem fünfjährigen Timo, der immer und immer wieder den Schnäp-per am Haustürschloss verstellt, obwohl die Mutter es verboten und wieder erklärt und noch einmal verboten hat? Obwohl Timo selbst erlebt hat, dass einmal ein kräftiger Windstoß die Tür aufgedrückt hat. Und obwohl er verstehen kann, dass die Mutter einen Schrecken gekriegt hat, als einmal der Elektriker plötzlich in der Wohnung stand! Sie hatte im Keller nach der Waschmaschine gesehen, und der Mann hatte, als er läuten wollte, an die Tür gestoßen und die war aufgesprungen. „Der hat gedacht, ich hab sie für ihn angelehnt gelassen, damit er rein kann. Stell dir mal vor, das hätte doch auch jemand ganz Fremdes sein können!"

Könnte Timo seinen Forschertrieb nicht auch beherrschen?

Ich bin sicher, dass der Fünfjährige sich ganz gut beherrschen kann. Ich bin mir auch sicher, dass sein fummelnd-forschender Geist sich nicht so sehr auf den Haustür-schnäpper richtet bei seinen verbotenen Aktionen, sondern dass er vielmehr seine El-tern testet: „Wie ernst meinen sie es wirklich damit, dass man die Tür nicht aufdrük-ken können soll?" Schließlich schlüpft die Mutter zigmal am Tag nach draußen – zum Briefkasten, zum Komposthaufen, an die Brombeerhecke, einen Stängel Petersilie reinholen – und sie stellt dabei den Schnäpper immer so ein, dass jeder, der kommt, die Tür aufdrücken kann.

„Ich will auch groß sein!", denkt der Fünfjährige. „Und ich will wissen, was *wirklich* passiert, wenn ich ungezogen bin!" Und das ist tatsächlich auch eine echte Frage für den kleinen Forscher – der sich schließlich nicht nur für physikalische Zusam-menhänge interessiert, sondern auch für psychologische.

Die Frage nach den Konsequenzen, danach, was denn „dann" passiert, muss der klei-ne Forscher nicht unbedingt austesten, denn Eltern können Konsequenzen ankündi-gen.

Im Kapitel „Strafen, Grenzen, Konsequenzen" (S. 136) erfahren Sie mehr darüber. Das kann jedoch bedeuten, dass der psychologisch interessierte Jungforscher unbe-dingt ergründen muss, ob Konsequenzen auch tatsächlich eintreten. Dieser Wissens-durst ist sicher nicht bequem. Aber: Hat irgendjemand behauptet, dass es bequem sei, Eltern zu sein – ?

Jochen und Lara, Cora und Uwe brauchen also die Hilfe der Eltern, um nach und nach die Kontrolle über ihre so dringlichen Impulse zu erwerben. Es ist für beide ein müh-sames Stück Arbeit, das sie auf dem Wege zur Autonomie bewältigen müssen. Vorwürfe und Schelte nutzen in diesem Fall nichts. Auch das Umlenken der Neugier auf einen anderen, erlaubten Gegenstand, was gemeinhin auch Ablenkung genannt wird, passt nicht immer. Es ist auch nicht immer möglich, die Neugier durch ein Buch zu befriedigen.

Eine vorbereitete Umgebung für die kleinen Forscherinnen und Forscher

Viele Eltern haben es bereits instinktiv getan: Sie haben schon vor der Geburt oder spätestens mit Beginn der Krabbelphase ihres Kindes kostbare, zerbrechliche oder gefährliche Dinge für eine Weile aus seiner Reichweite geräumt. Sie haben das Haus aus der Perspektive des Kleinkindes betrachtet und so Gefahrenpunkte herausgefunden und beseitigt. Die Wohnung muss nicht zwangsläufig ungemütlich werden, wenn sie kleinkindgerecht umgestaltet wird. Und es zahlt sich aus, wenn Jochen, Lara und ihre „Forscherkollegen" eine Umgebung vorfinden, in der sie die Geheimnisse ihres derzeitigen Universums ergründen dürfen, ohne sich zu gefährden oder allzu viel kaputtzumachen. (Manche Eltern verzichten für eine Weile auf ein repräsentatives Wohnzimmer und richten sich einen großen Wohn-und-Lebens-Raum ein, in dem alle viel Zeit verbringen können, ohne ständiges „Lass das!", damit die Kinder nicht am Ende denken, Lassdas sei ihr Nachname.) Und in einer so für Kinder vorbereiteten Umgebung muss es natürlich auch Dinge geben, die so geheimnisvoll sind und neugierig machen, wie es ansonsten Papas Stereoanlage macht. Einige Montessori-Materialien sind dafür gut geeignet. (Vgl. Biebricher, 1999)
Eigentlich überflüssig zu sagen, dass in einem Raum, in dem sich kleine Kinder aufhalten, alle Steckdosen mit Kindersicherungen ausgestattet sein müssen.
Laras Vater kann noch ein Übriges tun: Er kann Lara nach dem eindringlichen Grenzensetzen ein Spielzeug anbieten, mit dem sie gefahrlos das tun kann, was ihr im Fall der Steckdose verwehrt war: etwas in Löcher stecken (z. B. ein Holzsteckspiel) und damit zwei Dinge aneinander koppeln (z. B. hölzerne Schrauben und Muttern).
Nach ein paar Augenblicken besinnt sich der Vater. Er begreift: Lara kann nicht verstehen, dass der Vater aus eigenem Schrecken brüsk reagiert. Sie ist erschrocken über seine Heftigkeit, und mit ihren ausgestreckten Armen verlangt sie nach Trost. Der Vater steht aus einem Sessel auf und hebt Lara hoch. „Wir sind beide erschrocken. Komm, ist ja gut. Ich bin ja da." Er streichelt sein kleines Mädchen. Dann holt er eine kleine Dose, in der eine Filmrolle gewesen ist. Er schneidet ein rundes Loch in den Deckel – da hindurch darf sie Rosinen stecken.
Trotz aller Vorsicht wird es immer wieder zu unangenehmen Zwischenfällen kommen, das kann niemand sicher verhindern. Und: Auch in einem weitgehend gesicherten Haushalt und wenn die Eltern noch so großzügig sind, müssen dem Kind Grenzen gesetzt werden. Das führt unvermeidlich zu Konflikten.

Frühe Erkundungen, Schul-Aktivitäten, der Erwerb sportlicher oder anderer Fähigkeiten – all die vielen kindlichen Aktivitäten dienen der Entwicklung der Persönlichkeit und der Selbständigkeit und Autonomie – die Eigenschaften, die sich Petra und Monika zu Beginn dieses Kapitels für ihre Kinder (und für sich) wünschten. Ein Kind lernt am besten, wenn es Dinge selbst tun und allein machen darf. Für manches braucht es Helfer, seien dies Lehrer, Eltern, andere Große oder Freunde. So könnte Dorit ohne Hilfestellung nicht gut den Handstand lernen, und Jakob tut sich leichter, wenn ihm der Vater bei der ersten Benutzung des Schnitzmessers eine sinnvolle Technik auf den Weg gibt.

Kinder brauchen Gelegenheiten, um Unabhängigkeit und Autonomie zu erproben – allein oder unter sicherer, vernünftiger Beaufsichtigung. Und wenn ein sehr kleines Kind mit etwas hantiert, das beim besten Willen nicht akzeptabel ist, müssen Eltern ihm eine Grenze setzen. Sie können das am besten tun, wenn sie, wie Laras Vater, dem Kind ein erlaubtes Betätigungsfeld anbieten.

Der halbjährige Jochen darf sicher nicht mit den kleinen Glasmurmeln spielen, die vom Besuch der Freundin mit ihren Kindern, auf dem Tisch liegen geblieben sind und die die Mutter nicht gleich weggeräumt hat – er könnte sie verschlucken. Petra, seine Mutter, nimmt sie ihm weg und gibt ihm stattdessen eine größere Holzkugel, die auch noch gut in seine Hand passt, die er jedoch nur ablutschen und sicher nicht verschlucken kann.

Nachdem Oma den neuen kleinen Stoffhund mitgebracht hat, entdeckt Petra die hineingesteckten Glasaugen erst, als Jochen schon angefangen hat, sie herauszuholen. Sie stellt das Stofftier also erst einmal sicher, um die gefährlichen Guckerle zu entfernen und mit Stickgarn neue Augen ins Gesicht zu zaubern. Bis dahin darf Jochen nur das ungefährliche Hundekörbchen untersuchen.

Wenn Jochen mit einem Jahr den Mülleimer nicht ausleeren darf, so kann er ja stattdessen den Papierkorb erforschen. Petras Buch auf dem Nachttisch ist tabu, aber der alte Katalog leistet gute Dienste, wenn es ums Alleine-Umblättern und Anschauen geht – oder ums Seitenausreißen. Den Gläserschrank darf er natürlich nicht ausräumen, sehr gut geht das Ausräumen jedoch bei dem Schrankfach, in dem die Plastiktöpfe stehen.

Mit anderthalb darf Jochen auf dem Spielplatz nicht unter den Schaukeln im Sand herumkrabbeln, da ist es gefährlich für ihn, und außerdem stört er die Großen. Petra bringt ihn zurück in die große Sandkiste. Dass er einen blanken Stein in den Mund nimmt, stört sie nicht besonders, er spuckt ihn schon bald selbst wieder aus. Aber als er sich über einen fortgeworfenen Eiswaffelrest hermacht, klaubt sie ihm doch die Stückchen aus den Händen und bietet ihm einen Apfelschnitz an oder wahlweise ein Stück Banane.

Als Jochen drei ist, begleitet er Petra gern in den Supermarkt. Er liebt es, ihr beim Beladen des Einkaufswagens zu helfen. Die Mutter zeigt ihm, wovon sie ein oder zwei Packungen braucht. Alles, was nicht zerbrechlich ist, darf er im Kindersitz thronend aus dem Regal nehmen und hinter sich in den Wagen plumpsen lassen. So ist er eine wichtige Hilfe für die Mutter – und wie bei jeder Teamarbeit ist klar, wer für welchen Teil zuständig ist.

Übrigens: Ich kenne Caspar, einen aufgeweckten Zweieinhalbjährigen, der äußerst achtsam den unteren Teil des Geschirrspülers ausräumt, Stück für Stück. Auch das Porzellan. Und sogar die Messer. Er ist sehr stolz darauf, ein nützliches Mitglied der Gesellschaft zu sein. Eltern dürfen ihren Kindern nämlich getrost auch etwas zutrauen! Das stärkt das Selbstvertrauen des Kindes und hilft ihm, seine Selbständigkeit und seine Autonomie zu entwickeln. Und damit hat es die beste Grundlage für ein Leben ohne brutale Destruktivität und bösartige Aggression.

Kapitel 3
Lars braucht ein Schwert!
Der Horror vor dem Kriegsspielzeug

Ob Pistolen, Panzer oder Pfeil und Bogen – Kriegsspielzeug ist immer wieder Thema auf Elternabenden im Kindergarten oder der Grundschule. Wenn ein Kind den Wunsch nach solch einem Spielzeug hat, beunruhigt es die Eltern. Und nicht selten stört es den Familienfrieden.

Lars, fünf, steht vor seiner Mutter mit einem vom Herbststurm abgebrochenen Ast vom Kirschbaum aus dem Garten und erklärt ihr, er sei ein Ritter. Ein Ritter? Jawohl, ein Ritter. Und was ist ein Ritter? „Ein Ritter hat natürlich ein Schwert!" Ah ja. Frau Möbius ist leicht irritiert, denn ihr kleiner Blondschopf hat so gar nichts an sich von einem rüstungtragenden Kämpen. Nun gut, sie hat schon mal „kleiner Held" zu ihm gesagt, aber wie er jetzt mit vorgerecktem Kinn und mit ein bisschen viel „Haltung" erklärt, dass er mit seinem Schwert kämpfen will, da wird ihr mulmig zumute.

Einübung in den Gebrauch einer Waffe?

„Gegen wen willst du denn kämpfen?" Sie weiß sofort, dass das eine dumme Frage war, denn der Herr Ritter erklärt ihr mit einiger Gereiztheit, dass ein Ritter natürlich gegen Feinde kämpft. Das muss ein Ritter nämlich. Und gegen Drachen. Das mit den Drachen sieht die Mutter auch sofort ein: Das sind schließlich heldenhafte Akte der Nächstenliebe. Aber Feinde? Wo um alles in der Welt gibt es hier einen Feind? Diese Frage beunruhigt die Mutter.

Als sie es schon fast wieder vergessen hat, kommt es noch ärger: Lars wünscht sich ein richtiges Schwert. Frau Möbius erstarrt: „Was willst du? Ein richtiges Schwert?" Lars ist ein wenig erschrocken, aber tapfer sagt er: „Ja, ein richtiges Schwert. So wie Thomas."

„Wie Thomas? Hat der nicht so ein silbern glänzendes? So ein Plastikding?"

Plastik hin oder her – sofort kommen Frau Möbius' Bedenken wieder hoch. Ein Schwert ist eine Waffe. Und Spielen mit einer Waffe ist Einübung in ihren Gebrauch. Mit Waffen wird getötet. Kann sie ihrem Kind eine Waffe schenken? Sie schaut, während ihr die Gedanken durch den Kopf schwirren, ihren Sohn an, der ziemlich unglücklich vor ihr steht, und sie spürt, dass Lars' vermaledeiter Wunsch ein Herzenswunsch ist.

Ihr fällt ein, wie sie sich als kleines Mädchen sehnlich eine Barbiepuppe gewünscht hat und wie hart sie das grundsätzliche Nein! ihrer Eltern seinerzeit getroffen hat. Sie merkt, wie der Schmerz von damals aufsteigt, und streichelt ihrem verwirrten Jungen über das Haar. Und dann schluckt sie ihr Nein! zum Schwert, das ihr auf der Zunge liegt, runter und vertagt die Schwertfrage auf den Abend, wenn der Vater des Helden nach Hause kommt. „Schwerter zu Pflugscharen" denkt sie noch und dass sie doch immer ihre Kinder zu friedliebenden Menschen erziehen wollte.

Als Lars vom Spielen draußen ins Haus kommt, mit seinem Kirschbaumast-Schwert in der Hand, ist Frau Möbius beinahe froh darüber, dass von dem Ast Rinden- und Flechtenstückchen auf den Teppichboden fallen. So hat sie einen Grund, dies bedrängende Tötungswerkzeug nach draußen zu verbannen. Lars trägt es auch brav auf den Vorplatz. Er widerspricht nicht. Er spürt, dass die Mutter „anders" ist als sonst. Das verunsichert ihn. Auch deswegen ist es wichtig, dass Frau Möbius mit Lars spricht. Der merkt es ja, dass die Mutter ein Problem hat, das irgendwie mit seinem Wunsch zusammen hängt.

Ein gewalttätiges Erbe?

Abends sitzen die Eltern beieinander und besprechen den Wunsch nach einem „richtigen" Schwert. Herr Möbius sieht das nicht so eng. „Wieso eigentlich?", fragt seine Frau. „Weil Ritter was Historisches sind? Weil sie das sowieso in der Schule noch durchnehmen?" – „Nein ... eigentlich nicht. Oder jedenfalls nur ein kleines bisschen deswegen ... Ich denke dran, wie das bei uns früher war ..." Und er erzählt seiner Frau, wie er mit seinem nur ein Jahr älteren Bruder gemeinsam Cowboy und Indianer gespielt hat. Immer waren sie zu zweit, immer musste einer derjenige sein, der von Feinden überfallen und überwältigt wurde. Der andere hat ihn dann befreit, und sie haben gemeinsam die Feinde in die Flucht geschlagen. Ob er das heute in Ordnung finde? Aber natürlich! Das war wichtig für ihn!

Frau Möbius erschrickt wieder. Das kann doch wohl nicht wahr sein, hat sie es hier mit einem verborgenen gewalttätigen Erbe zu tun? Sie hat ihren Mann eigentlich für ... normal gehalten! Sie traut sich nicht, ihm etwas von ihrem neuen Unbehagen zu sagen.

Frau Möbius' schreckliche Kindheitserinnerungen

In dieser Nacht schläft sie schlecht und liegt viel wach.

Erinnerungen steigen auf.

Als sie noch klein war, gab es an der Straßenecke eine kleine Kneipe. Einmal war sie nachts aufgeschreckt von Poltern und Schreien. Vom Fenster aus hatte sie gesehen, wie sich Männer auf der Straße prügelten, und einer saß mit einer Platzwunde auf der Bordsteinkante, Blut war ihm über's Gesicht geflossen. Dass sie aus dem Schlaf gerissen wurde, der Lärm, das Unverständliche da draußen auf der Straße – das Erschrecken des kleinen Mädchens von damals hat sich tief eingegraben und ihren Begriff vom „Kämpfen" geprägt. Und weil sie als Einzelkind sehr behütet aufwuchs, fehlten ihr Erfahrungen, wie sie sie vielleicht neben Brüdern mit ihrer raueren Gangart hätte machen können. Erfahrungen, die ihr erschreckendes Erlebnis relativiert und ein wenig ausgeglichen hätten.

Ein Luftgewehrschütze als Friedensbewegter

Sie fasst sich ein Herz und spricht am nächsten Tag mit ihrer Freundin Angela. Die hat für die Sorgen anderer Mütter immer ein offenes Ohr und viel Verständnis – vor allem, wenn es so wichtige Fragen wie Aggression betrifft. Schließlich ist das ein Thema, das auch sie selbst mit ihren Kindern angeht, die gelegentlich heftige Berichte vom Schulhof heimbringen! Dabei erfährt Frau Möbius, dass Angelas Mann, der während des Kosovo-Krieges viele Stunden bei einer Mahnwache in der Stadt gegen die Bomben verbracht hat, als Bub ein Luftgewehr besessen hat. Und damit hat er sogar geübt, auf Dosen zu schießen! Auf der Kirmes schießt er seiner Angela immer mal ein paar Blumen. „Das muss sein", lacht er dann. Lars' Mutter ist etwas beruhigt. Angelas Mann ist wirklich ein friedfertiger Mensch. Und der hat ein Luftgewehr gehabt und damit geschossen.

Eine Waffe gegen irgendetwas, das ihr Angst macht
Frau Möbius bespricht ihre Sorgen schließlich noch mit einigen erfahrenen Müttern aus dem Kindergarten, zu denen sie Vertrauen hat. „Wissen Sie", sagt ihr eine Frau, „mir hat das bei meiner Großen furchtbar Angst gemacht, als sie eine Pistole haben wollte. Ich fand das so schrecklich, dass sie rumballern und totschießen will, dass ich ihr das einfach verboten habe."
„Und dann?", fragt Frau Möbius.
Sie hat nämlich, wie viele Eltern, die sich wegen des Kriegsspielzeugs ihrer Kinder sorgen, auch schon an ein ganz rigoroses Waffenverbot gedacht.
„Ganz einfach: Sie hat jeden Stock oder auch beim Essen ihren Löffel oder sonst was in die Hand genommen, und pengpengpeng! durch die Wohnung geballert. Ich war ziemlich durch den Wind damals und hab dann mal mit einer Erzieherin gesprochen. Vor lauter Angst, dass da etwas total aus dem Ruder läuft. Und die hat mir dann erklärt, dass das völlig normal ist. Viele Kinder brauchen das. Und auch ein Mädchen muss manchmal eine Waffe haben. Gegen irgendetwas, das ihr vielleicht gerade Angst macht oder so."
Danach ist Frau Möbius sehr erleichtert und beäugt ihre beiden Männer nicht mehr so argwöhnisch. Herr Möbius und Lars sind absolut normal. Mit dem Jungen ist alles in Ordnung. Viele kleine Buben brauchen ein Schwert (oder eine Pistole oder einen Panzer ...) – und aus ihnen werden keine Schlächter.
Im Gegenteil. Ob als Ritter mit dem Kirschbaumast oder als Indianer mit einem Bogen aus einem Weidenholz – sie spielen und bewegen sich in Phantasia. Und das ist eine uralte Erkenntnis der Psycholeute: Kinder mit einem reichen Phantasieleben sind deutlich weniger anfällig für feindselige Aggressionen Und die Mutter mit ihrem Pistolen-Mädchen ist eine sehr umsichtige und besonnene Frau.

Kinder unterscheiden Wirklichkeit und Spiel

An einem der nächsten Tage greift Frau Möbius das Thema noch einmal auf. „Weißt du", sagt sie zu ihrem Mann, „das mit dem Schwert hat mir keine Ruhe gelassen. Und was du mir von früher erzählt hast, mit dem Cowboyspielen – das auch nicht."
„Hast du gedacht, du bist unter die Räuber gefallen?", lacht Herr Möbius.
„Beinahe, ja", gibt seine Frau zu. „Mir ist das alles ein bisschen unheimlich gewesen, das mit dem Kämpfen. Vor allem mit Waffen. Aber irgendwie scheint das ja wohl doch normal zu sein. Ich hab nämlich mit etlichen Müttern gesprochen. Deren Kinder haben auch Pistolen und so Zeug oder hatten das mal eine Zeit lang – und die sind trotzdem alle ganz okay. Ich meine, das sind keine Prügelheinis geworden."
„Weißt du, die Kinder können ganz gut unterscheiden, was Spiel oder Phantasie ist und was nicht", sagt Herr Möbius.
„Da hab ich immer meine Schwierigkeiten, das zu verstehen", gibt seine Frau zu.
„Aber vielleicht schaff ich's ja doch noch."

„Das klingt ja nun fast so, als könnten wir demnächst unserem kleinen Ritter eine Waffenkammer einrichten, ohne dass du nach einem Therapeuten für ihn suchen musst", zieht Herr Möbius seine Frau auf. Sie lacht und streckt ihm kurz die Zunge heraus.

Warum Lars ein Schwert braucht

Wer ein Schwert sein Eigentum nennt, ist stark und überlegen. Wer ein Schwert mit sich führt, dem kann nichts mehr geschehen, er kann jeden Angriff abwehren, sogar den eines Drachen! Einer von den Großen hat mal zu Lars gesagt: „Drachen? Du hast sie ja nicht alle! Drachen gibt's doch gar nicht!" Lars hat kurz gezweifelt, ob es nun Drachen gibt oder nicht. So ein Großer auf dem Spielplatz hat ja doch ein bisschen Autorität. Lars kennt aber ein paar klasse Geschichten – da sind sogar Bilder dabei! Und überhaupt – Drachen sind toll, irgendwie.

Da gebe ich Lars Recht. Drachen sind toll – wie Hexen, Zauberer, Riesen und all die anderen schrecklichen Wesen, die unsere Märchen bevölkern, es sind wundervolle *Bilder*. Es sind Bilder, die aus nicht genau vorstellbaren Gefährdungen etwas *Konkretes* machen, etwas, das Lars und alle anderen Kinder im Kindergartenalter sich vorstellen und ausmalen können. Es sind Bilder für Ängste, Bedrohungen, Unsicherheiten oder Krisen. Und in diesen Bildern kann Lars – wie alle Kinder seines Alters – die Welt bewältigen und das Leben meistern: Es ist das Alter, in dem magisches Denken der Kinder eine große Rolle spielt, in dem das Wünschen noch hilft, eine hässliche Realität in der Phantasie umzuformen. Es ist das Alter, in dem die Gedanken zaubern können, das Alter, in dem ein Wort des kleinen Magiers zum Instrument seiner magischen Kraft wird: „Du bist jetzt tot!" und einen Moment darauf: „Jetzt tätst du wieder leben."

Ein Schwert, ein echtes Schwert, sei es aus Holz oder aus Plastik, ist das Werkzeug des kleinen phantasievollen Ritters, mit dem er böse Mächte vertreibt. Nachts liegt manchmal ein Krokodil unter seinem Bett. Wenn das Schwert neben dem Kopfkissen liegt, wird es abhauen! Bestimmt! Oder wenn es so arg donnert – der Donner wird sicher nicht ins Zimmer kommen, wenn das Schwert griffbereit liegt und dem kleinen Ritter Gefahren vom Leibe hält.

Ein Schwert (oder eine andere Waffe) bannt Ängste. Es hilft, das Selbstvertrauen zu festigen. Und was hat ein kleiner Junge nötiger als Selbstvertrauen, wenn er alt genug ist, um die Gefahren der Welt zu erahnen, und wenn er zugleich sehr wohl um die eigene Kleinheit weiß?

Ein Schwert zu Weihnachten

Die Bemerkung, dass Kinder Phantasie und Wirklichkeit durchaus unterscheiden können, hat das allmähliche Umdenken der Mutter zusätzlich angestoßen. Sie hat zwar immer noch Angst vor wüsten Kämpfen und Prügeleien, doch bestärkt von ihrem

Mann und von anderen Müttern, vertraut sie darauf, dass zwischen phantasievollem
Spiel und kriegerischem Ernst *tatsächlich* Welten liegen. So werden die Eltern sich
einig: Lars braucht ein Schwert, und sie wollen es ihm bei der nächsten Gelegenheit
schenken. Die nächste Gelegenheit ist Weihnachten. Ein Schwert zu Weihnachten?
Frau Möbius weiß nicht so recht, ob das passend ist. Fest der Liebe ... Frieden auf
Erden ... und unterm Tannenbaum ein Schwert?

„Wie soll denn das gehen, wenn wir Frieden predigen und ihm zugleich ein Tötungswerkzeug in die Hand drücken?", fragt Frau Möbius. „Frieden schaffen ohne
Waffen" fällt ihr spontan ein. Ihr Mann zuckt die Schultern und sagt: „Aber doch nicht
mit aller Gewalt! Und wenn wir seinen dringenden Wunsch verstehen – und dann doch
nicht beachten ... also, dann finde ich, ist das auch eine Art von Gewalt. – Schau: Lars
tötet doch nicht *wirklich* mit dem Ding. Er *spielt* damit!"

„Schon ... aber mit einem Schwert *kann* man töten. Haben sie ja auch gemacht, die
Ritter!"

„Sicher", gibt ihr Mann zu. Und Frau Möbius ergänzt noch: „Spielen ist anders als in
Wirklichkeit – das hab ich schon verstanden. Ich hab auch eingesehen, dass es eigentlich ganz okay ist. Nur: Zu Weihnachten finde ich das echt daneben!"

„Sieh es doch mal so an", sagt ihr Mann, „das Schwert hilft ihm ein bisschen beim
Großwerden. Es ist ein Stück Wachstumshilfe. Lebenshilfe für den kleinen Kerl. Das
kann doch wohl nicht unmoralisch sein, bloß weil Weihnachten ist!"

Frau Möbius fragt auch noch einmal ihre Freundin Angela nach ihrer Meinung. Angela denkt sehr pragmatisch. „Ach weißt du", sagt sie, „mein Großer hat eine Schwäche für's Bogenschießen. Dies Jahr kriegt er einen neuen Bogen zu Weihnachten. Er
wünscht sich den schon ganz lange. Ich denke mir, er geht damit nicht Leute totschießen. Er übt seine Geschicklichkeit und seine ruhige Hand. Er macht das einfach
gut, so konzentriert! Das ist doch eine Gabe, die ich fördern kann. Da hab ich kein
schlechtes Gewissen. Auch nicht an Weihnachten."

„Warum ist Elternsein so kompliziert?", fragt sich Frau Möbius. Dann denkt sie über
Herzenswünsche nach. Sie denkt an ihren unerfüllten Barbiepuppen-Wunsch. Sie
denkt an Wünsche, die so dringlich sind wie bei Lars und deren Erfüllung wichtig sein
kann für die Entwicklung eines Kindes. Und dann denkt sie: „Vielleicht ist es im
Grunde ganz einfach, und bloß *ich* mache es manchmal so kompliziert mit all den
Erinnerungen, die ich habe. Und mit den Gedanken, die daraus wachsen."

Als Frau Möbius dann noch irgendwo davon hört, dass die Ritterweihe beim Mal-
teserorden verbunden ist mit der Segnung und Übergabe des Schwertes, fühlt sie sich
hinlänglich moralisch aufgerüstet. Lars bekommt ein funkelnagelneues Schwert aus
echtem Plastik, silberglänzend und mit goldenem Griff.

Klar, dass über die Feiertage Ritterspiele mit dem Vater auf der Tagesordnung stehen!
Herr Möbius erhält den größten Kochlöffel aus der Küche, und nun finden Turniere
statt. Frau Möbius wird, ob sie will oder sich lachend zu entziehen versucht, in die
Kämpfe einbezogen, denn die Mutter muss „gerettet" werden vor einem riesigen, gie-
rigen Drachen, dem Sofa, das mit fröhlichem Gebrüll niedergemacht wird. Oder der

Vater ist ein Feind, der zu Lars' großer Freude durch die Wohnung verfolgt werden muss.

Diese Spiele sind nicht nur toll, weil der Vater üppig seine Zeit mit Lars teilt. Das allein ist natürlich schon großartig! Der phantasievolle Trubel, in dem Herrn Möbius auch einmal ein ganz Böser ist, lässt den Vater noch einmal tief eintauchen in die Kinderspiele vom Schaffen guter Weltordnungen. Und das gemeinsame Treiben versichert Lars auf der Ebene des Spiels seiner Kraft, seiner Stärken, seiner Ehrenhaftigkeit und seines Wertes. Und, auch das ist wichtig, es bestätigt ihm, dass der Vater zu ihm hält, dass sie beide loyal zueinander stehen – auch wenn sie sich eben noch als Feinde bekriegt haben. Es zeigt ihm, dass man Feind und gleichzeitig auch Freund sein kann.

Abends vor dem Schlafengehen holt die Mutter Grimms Märchen und liest ihren beiden Helden „das tapfere Schneiderlein" vor. Lars, das Schwert neben sich, gleitet zuversichtlich in Träume mit Riesen und Wildschweinen. Auch er wird, da ist er ganz sicher, einmal ein toller König. So einer wie Papa! Und Frau Möbius? Sie denkt im Einschlafen an ihren kleinen Ritter und versucht sich vorzustellen, wie ihr Mann wohl als Kind war. Als Indianer auf dem Kriegspfad. Oder als Cowboy. Und jetzt ... ist er ein Vater, der herrlich mit seinem Sohn spielen kann. Eigentlich hat sie sich genau das immer gewünscht.

Die Phantasie als Wegbereiter der kindlichen Zukunft

Manche Menschen fürchten sich vor dem Phantasiespiel und sagen darum, das sei etwas „Kindisches" und überflüssig, aber auch gefährlich, weil es womöglich den Blick auf den „Ernst des Lebens" verstelle. Im Gegenteil. Wenn das Kind sich als allmächtiger Held phantasiert, bebildert es mit diesen Vorstellungen seine Zukunft als Erwachsener – denn Erwachsene sind ja tatsächlich in seinen Augen „allmächtig". Natürlich sieht sich der kleine Allmachtsphantast nicht als zukünftiger Diktator, wie ein Erwachsener ihn aus seiner Kenntnis der Weltgeschichte entwerfen mag! Das Kind, das sich allmächtig phantasiert, meint damit die Vorstellung von „erwachsen sein", „wie Papa" oder „wie Mama". Die allmächtigen Erwachsenen können einfach alles! Zum Beispiel ins Bett gehen, wann sie wollen! Sie verfügen über nahezu unbegrenzte Kräfte, mit denen sie verklemmte Keksdosen öffnen können. Sie können schwimmen und den kleinen Helden dabei sogar auf dem Rücken tragen! Ein Erwachsener wird nicht ausgeschimpft – und von Strafzetteln oder Bußgeldern hat das Kind noch wenig Vorstellungen. Erwachsene dürfen allein aufs Karussell oder in so riskante Sachen wie eine Geisterbahn. Nur Erwachsene können Piloten werden, einen Führerschein machen oder Kinder – sollte ein fünfjähriges Kind sich da etwa nicht „allmächtig", also „erwachsen" träumen?

Das Kind träumt sich groß und fähig, sein Leben zu meistern, das aus all diesen verlockenden Dingen besteht – aber auch aus vielem mehr, das das Kind als bedenklich oder gefährlich ahnt. Deswegen braucht es die Zuversicht: „Ich schaffe es! Ich werde mit dem Leben fertig!"

Es gestaltet seine Zukunftsvision. Seine schöpferische Phantasietätigkeit hilft, späteres reales Tun vorzubereiten, weil sie Mögliches vorwegnimmt und vorstellbar macht. Wer in der Phantasie zwei Riesen besiegt, ein Einhorn wegführt, ein Wildschwein fängt und am Ende König wird wie das tapfere Schneiderlein, der hat es in der Realität leichter, sich mit sich, seiner menschlichen Begrenztheit und seinen Schwächen abzufinden.

Ich habe vor einiger Zeit einen Jungen kennen gelernt, dem es genau an dieser schöpferischen Phantasietätigkeit fehlte. Es ist ein Siebenjähriger, der sehr bedrückt durch sein kleines Leben ging. Ich will ihn Luca nennen. Nein, eigentlich schlich er mehr als dass er ging. Er fürchtete, nie, niemals im Leben das zu können, was er meinte, können zu müssen: Er traute sich nicht zu, später einmal den kleinen Handwerksbetrieb seines Vaters übernehmen zu können. Das, meinte er, könne er nie schaffen, so toll wie der Papa sei er einfach nicht. Ihm fehlte das Zutrauen zu seinen immerhin noch wachsenden Fähigkeiten. Ihm fehlte Selbstvertrauen. Ihm fehlte die Phantasie, später einmal „genauso allmächtig wie Papa" zu werden.

Man könnte sehr pointiert sagen, dass eine reiche Phantasie eine Vorbedingung für Lebenstüchtigkeit ist. Für Ritter Lars ist das Schwert ein Instrument, das ihn in seiner Traumwelt hilfreich begleitet und das seine schöpferische Phantasietätigkeit anregt. Ritter Lars fühlt sich durch das Schwert ausgerüstet mit allen nur denkbaren Fähigkeiten und Qualitäten. Er fühlt sich tapfer, und alle können es sehen: Stolz trägt er sein Schwert den ganzen Tag bei sich und nachts liegt es neben ihm. Griffbereit, falls einer kommt! Was immer an Phantasiegestalten, Drachen oder Krokodile, Riesen oder Tiger, sich aus seinen Träumen ins Zimmer verirrt und ihn im flüchtigen Erwachen bedrohen könnte: Es wird vertrieben durch die bloße Anwesenheit des Schwertes. Das Schwert, das einfach nur da liegt, lässt ihn beruhigt schlafen.

Tagsüber, im Ritterspiel, gibt es Freunde und Feinde. Es gibt ein „auf meiner Seite", da ist das Gute, und es gibt die andere Seite, die falsche: Da ist das Böse. Wie im Märchen fallen Gut und Böse scharf kontrastierend auseinander. Dadurch wird die Welt überschaubar, und Lars kann seinen Begriff von gut und böse handelnd erkunden. Er kann das Böse, den Feind, verfolgen, vertreiben, besiegen und vernichten, ihm kann es nichts anhaben. Natürlich ist das einseitig! Das darf es auch für einen Fünfjährigen sein, das erleichtert es ihm, die grundsätzlichen Ordnungen kennen zu lernen. Was in seiner Phantasie und in seinen Spielen geschieht, gleicht in seiner vereinfachten Weltsicht derjenigen des Märchens, und ist genau deswegen die richtige Nahrung für seine heranwachsende Seele.

Das Märchen leugnet nicht die dunkle Seite des Menschen. Es suggeriert nicht, alle Menschen seien gut. Es nennt das Böse beim Namen, zeigt ganz klar Egoismus, Neid und Hass, die ganze Palette der menschlichen Schwächen, die uns allen vertraut sind – und deren Gegenteil. Dabei wird das Gute wie das Böse von verschiedenen Figuren verkörpert. Weil es *zwei* Figuren sind, kann es zum Konflikt und zum Kampf kom-

men. So kann das Märchen das erfolgreiche Ringen um das Gute zeigen, und der Holzhackersohn besiegt am Ende den Geist im Glas (Brüder Grimm). Das Kind erfährt im Märchen, dass der Kampf um Lösungen zum Leben dazugehört. Es spürt, dass man Schicksalsschläge, Unheil und Verhängnis bewältigen kann, und dass man auch das Böse nicht einfach nur ergeben hinnehmen muss.

Die Mutter holt mit Lars Bücher über Ritter, über ihre Burgen und ihr Leben aus der Bücherei. Lars studiert die Bilder mit Inbrunst. Die Mutter hat es manchmal schwer, wenn er genauestens erklärt haben möchte, was da gerade geschieht: Von der Burgmauer wird flüssiger Teer auf die Feinde gekippt; brennende Geschosse fliegen, der Illustrator hat das penibel deutlich dargestellt. Lars will es genau wissen: Ist der jetzt tot? Für immer? Oder steht der gleich wieder auf? Tut dem das weh? Lange? Wann wird der wieder lebendig?

Beim Kämpfen hat er dem Vater aus Versehen aufs Handgelenk geschlagen. „Au!", ruft er, „jetzt hast du mir aber wehgetan ... hier ..." Lars guckt erschrocken den roten Fleck an. „Ich pass jetzt auf ...", verspricht er zerknirscht. Es ist etwas geschehen, was wir im Kapitel 5 Balgen, kloppen, keilen noch ausführlicher behandeln: Ohne Regeln geht es nicht. Und weiter geht das Gemetzel. Später kuscheln die beiden und bewundern ihre Kampfestaten: „Du hast einen Heldenmut", sagt der Vater. „Wir beide haben zwei Heldenmüte", meint Lars. „Aber meiner ist größer." Er ist stolz und zufrieden.

Mancher mag hier fragen: Ist das, was der Vater da treibt, nicht eine Anleitung zu Destruktion? Eine Anstiftung zum Morden?

Meine eindeutige Antwort ist: Nein!

Was Herr Möbius angeführt hat, ist völlig korrekt. Kinder können bei vielen Dingen bereits mit zwei Jahren ganz gut unterscheiden zwischen Spiel und Wirklichkeit, zwischen „so tun als ob" und „in echt": Sie *spielen* „füttern" mit dem Teddy, aber füttern die Oma „in echt" mit einem Keks. Mit zunehmenden Alter wächst ihre Fähigkeit, zwischen Märchen und Berichten aus der Wirklichkeit zu unterscheiden. Nicht ohne Grund beginnen Märchen mit der Formel „Es war einmal ..." oder „Vor langer Zeit, als das Wünschen noch geholfen hat ...". Diese Formeln helfen beim Unterscheiden, an ihnen lassen sich Geschichten als Märchen oder als Phantasieprodukt erkennen. Die Unterscheidungsfähigkeit des Kindes wächst mit seiner Lebenserfahrung. Ein Fünfjähriger mit größeren Geschwistern und einiger Fernseherfahrung weiß, dass der totgeschossene Indianer im Film „in echt" ein Schauspieler ist, der nach der Szene wieder aufsteht, sich den Sand von der Hose klopft und einen Hamburger isst. Der Dreijährige, der bislang vielleicht nur das Sandmännchen im Fernsehen kennt, wird auf dem Gebiet des Films erst noch Erfahrungen machen müssen.

Lars' Kämpfen mit dem Vater jedenfalls ist ein spielerisches Umgehen mit dem Wunsch, groß zu sein, keine Angst haben zu müssen und etwas zu gelten auf dieser Welt. Es ist Nahrung für die Phantasien des kleinen Jungen, der das Ritterspielen ebenso braucht wie Märchen, und in denen geht es auch nicht eben zimperlich „zur Sache". Im Märchen wie im Spiel erfährt Lars die Herausforderung durch eine äußere Gefahr oder Bedrohung. Diese Bedrohung bietet dem Helden Anlass, sich durch Fährnisse und Widrigkeiten hindurchzuarbeiten, sie zu bestehen, sei es allein oder mit der Hilfe von Feen, guten Geistern oder Tieren, um dann siegreich und gereift daraus hervorzugehen.

Märchenheldenwege sind beispielhafte Lebenswege. An den Märchenhelden lernt Lars, dass er Herausforderungen annehmen kann, dass er sich zuversichtlich „was trauen" darf: Er darf sich auf seine Kräfte und seine List, auf seine Tapferkeit und auf die Hilfe der Tiere verlassen.

Die Tiere sind Bilder für seine eigenen inneren Kräfte, deren Vorhandensein er ahnt, für die er aber weder eine Erklärung hat noch eine braucht. Für ihn ist erst einmal das Vertrauen darauf wichtig. Die Botschaft des Märchens lautet: Du wirst es schaffen, auch wenn es anfangs furchtbar schlimm aussieht!

Die Wege und Irrwege eines Ritters sind ebenso beispielhafte Lebenswege, Bilder für gelingendes Wachsen. Es ist gut möglich, dass nach den Rittern oder zusätzlich auch noch Piraten, Cowboys oder Indianer in Lars' Reich der Phantasiehelden aufgenommen werden. Natürlich mit Pfeil und Bogen, Marterpfahl und Pistolen.

Behindert das nicht eine Erziehung in Richtung Frieden? Nein, im Gegenteil. Das zeigt nicht nur das Beispiel des Mannes (von Frau Möbius' Freundin), der während des Kosovo-Krieges so viel Zeit für die Mahnwachen aufgewandt hat. Wir wissen inzwischen: Kinder mit einem reichen Phantasieleben sind deutlich weniger anfällig für feindselige Aggressionen.

Da kein Kind (und überhaupt kein Mensch) frei ist von zornigen, wütenden oder zerstörerischen Impulsen und Gedanken, hat es im Märchen wie im Spiel mit seiner Vorstellungskraft den nötigen Raum, mit diesen Phantasien zu „arbeiten", ohne sie böse Realität werden zu lassen.

Die Ängste von Frau Möbius wie die vieler anderer Mütter vor dem Kriegsspielzeug sind verständlich. Aber als Frau Möbius gespürt hat, dass Lars' Wunsch nach einem Schwert ein Herzenswunsch war, konnte sie auch lernen, ihm diesen zu gewähren.

Denn:

• ein Schwert, Pfeil und Bogen oder eine Pistole helfen gegen Ängste und damit ein bisschen beim Großwerden.

• Kinder mit einem reichen Phantasieleben sind deutlich weniger anfällig für feindselige Aggressionen.

Kapitel 4

Schimpfwörter und Stinkefinger

Manche mögen dem Thema „schlimme Wörter" kaum Interesse entgegen zu bringen. Das ändert sich schlagartig, wenn z. B. einmal hoher Besuch ins Haus steht.

Die Kinderzimmertür fliegt auf, René stürzt auf den Flur, reißt die Tür zum Zimmer seines Bruders auf. „Bist du bescheuert! Erst klaust du mir meine CD, und dann schmeißt du sie weg! Du dämliche Mistpucke!!" Im Hintergrund wird Protest laut, die

Stimmen steigern sich zu einem zweistimmigen Wutschnauben. Eine Reihe Kraft-
ausdrücke, schließlich ein Gepolter, Füßetrappeln und Rumsen. „Raus aus meinem
Zimmer! Hau ab oder ich …“ Der Rest ist deutlich drohend, aber nicht mehr ver-
ständlich. Die Zimmertür kracht ins Schloss, der rausgeworfene René grummelt vor
sich hin, und weil ihm kein letztes Wort einfällt, macht er ein Geräusch, als furze ein
Walross. So! Damit hat er unmissverständlich seine Meinung kundgetan.

Wer Kinder hat, wird unvermeidlich irgendwann Zeuge geschwisterlicher Zwistigkeiten. Die Lautstärke im Kinderzimmer steigert sich, und oft genug sind Wörter zu
hören, Ausdrücke, von denen wir eigentlich dachten, sie seien unseren Kindern noch
nie zu Ohren gekommen. Wenn wir nicht sofort empört den Tumult beenden, haben
wir vielleicht eine Gelegenheit, einen Teil unseres eigenen Vokabulars wieder zu entdecken … Kinder hören uns nämlich beim Autofahren zu, sie wissen, wie wir unseren
Hund nennen, nachdem er ein Schlammbad genommen hat, und Kinder schnappen
auf, was wir leise zischen, wenn wir den Telefonhörer wütend auf die Gabel knallen.
Und zudem behalten sie das meiste, das wir selbst ihnen im Zorn sagen.
Das mütterliche „du *bist* aber auch ein Ferkel" wird ebenso gespeichert wie die andere familiär gebrauchten Kraftworte. Wenn Mutter dem bellenden Hund genervt „halt
die Klappe, oller Kläffer!", zuruft und damit ihrem Ärger über den Krach oder auch
nur einer allgemeinen Gereiztheit Luft macht, hat das Kind blitzschnell begriffen, dass
es hier ein Hilfsmittel an die Hand (in den Mund) bekommt, mit dem es Spannung loswerden kann. Von da ist es nur ein kleiner Schritt zu der Erkenntnis, dass das Kind
auch Handgreiflichkeiten akustisch unterstreichen kann.
Schimpfwörter und Kraftausdrücke sind Instrumente zur „Stressbewältigung". Ihr
Gebrauch gehört zum Thema Aggression, auch wenn es dabei nicht zwangsläufig zu
Handgreiflichkeiten oder Tätlichkeiten kommt. Schimpfwörter und Kraftausdrücke
tummeln sich in der Literatur wie in der Welt des Films und der Serien. Sie sind ein
selbstverständlicher Bestandteil des sprachlichen Alltags.
Man mag das bedauern oder begrüßen – wie auch immer. Und spätestens dann, wenn
der zweijährige Paul „Sseisse" sagt, werden seine Eltern, bei aller Heiterkeit, die der
Ausdruck aus Kindermund bewirkt, darüber nachdenken, wie sie es in ihrer Familie
mit den Kraftausdrücken halten wollen. Eltern sind auch hier gefordert, Grenzen
abzustecken und klarzumachen, mit welchen Wörtern Dampf abgelassen werden darf,
wenn es einen einmal ganz schlimm gebeutelt hat. Sie müssen auch klarlegen, welche
Vokabeln in der Regel verboten sind, jedoch in Extremsituationen gerade noch tole-
riert werden, und wo die Grenze des Erträglichen überschritten ist.
Das ist einfacher, als es sich anhört. Wir haben alle ein Gefühl dafür, was in welcher
Situation an welchem Ort und in wessen Gegenwart „geht". Das Gefühl allein reicht
jedoch noch nicht ganz aus: Wir müssen uns auch die Frage stellen, ob wir die Grenzen
dessen, was wir für noch erträglich halten, in der Regel selber einhalten können!
Denn wir vermitteln unseren Kindern nicht nur unser *Gefühl* für das jeweils Schick-
liche – z. B. durch unsere Mimik und Gestik, die wir unwillkürlich zeigen, wenn wir

etwa gerade eine Schimpferei zu hören bekommen, vielleicht manchmal verbunden mit einer Erklärung, dass das gerade Gehörte nun aber wirklich zu weit gehe. Außerdem können wir unser Mienenspiel kaum so gut kontrollieren, dass unser Kind *nicht* merken könnte, wie wir etwas empfinden! Durch unsere Vorbildfunktion geben wir unseren *tatsächlichen* Umgang mit Schimpfwörtern weiter – wenn wir selber mit unserem Kind schimpfen, wenn wir sauer sind, wenn uns etwas schief gegangen ist, oder wenn wir etwa beim Auto fahren über andere Verkehrsteilnehmer herziehen. Die Beschimpften können uns freilich nicht hören, aber unser Kind auf der Rückbank registriert sehr wohl, was uns im Ärger herausrutschen kann, und folglich als noch „erträglich" gilt.

Mit dem „Stinkefinger" gegen die Hausaufgaben

Die Mutter macht dem siebenjährigen Dirk energisch klar, dass nach ihrer Vereinbarung jetzt für eine Viertelstunde Hausaufgaben angesagt sind. Dirk schreit ein energisches „Nein!" als einzige Antwort, zeigt der Mutter den berühmten Mittelfinger und rennt davon.

Die Mutter ist geschockt. Muss sie sich so etwas bieten lassen? Hat Dirk überhaupt keinen Respekt vor ihr?

Doch, er hat Respekt vor ihr. Er liebt seine Mutter auch. Er ist jedoch im Moment stinkwütend auf sie und fühlt sich ungerecht und schlecht behandelt, weil er jetzt Hausaufgaben machen soll und absolut keine Lust dazu hat. Da entfährt ihm diese unfeine Geste. Auch wenn ihm die Bedeutung dieses Zeichens nicht bekannt ist, so weiß er doch, dass er damit eine Grenze überschreitet!

Die Mutter atmet dreimal tief durch, um ihrer Empörung leidlich Herr zu werden.

„Dirk", ruft sie hinter ihm her. „Dirk, komm doch bitte noch mal zurück."

Dirk zögert. Er weiß, dass er da zu weit gegangen ist. Auf dem Hof mit den anderen Kindern ist der Stinkefinger so etwas wie Potenzgehabe der kleinen Jungs. Ganz Mutige machen die Geste auch schon mal hinter dem Rücken eines Erwachsenen. Einmal hat Dirk erlebt, dass ein ganz Großer mit Mofa sich einen aus Dirks Klasse gegriffen hat, als der ihm den Finger hingestreckt hat. So schnell, dass er nicht einmal Zeit hatte, „Mama!" zu schreien. Der Große hat ihm eine Tracht Prügel angedroht, wenn er das noch einmal macht! Ob nicht die Mama jetzt ausflippt? Dirk verknotet seine Finger und denkt „hätte ich doch bloß nicht! Omannomann!" Aber dafür ist es jetzt zu spät. Jetzt ist es an ihm, tief Luft zu holen. Er setzt sich in Bewegung.

„Ja – ?", fragt er möglichst so, als sei gar nichts.

„Was war das eben?", fragt die Mutter. Ihr Zorn ist unüberhörbar. „Sag mal, tickst du noch ganz richtig?"

Dirk fühlt, dass er rot wird. Wenn die Mama so etwas sagt, dann ist sie echt sauer. Ihm ist gar nicht wohl in seiner Haut. Ihm werden die Ohren heiß, und die Augen brennen.

„Ich wollte doch nur ..."

„Was?", fragt die Mutter. „Was wolltest du nur?"

„Weiß ich doch jetzt nicht mehr ..." Dirk wäre jetzt lieber anderswo, ganz weit weg.

„Ja spinnst denn du? Hast du dein Gedächtnis verloren?"
Ihm ist ganz flau, und seine Unterlippe zittert. Die Mutter seufzt. Diese zitternde
Unterlippe ...! Die pegelt jedes Mal ihren inneren Aufruhr runter. Aber sie will sich
nicht erweichen lassen, jetzt muss sie ihm eine Grenze setzen.
„Ich glaub, ich helf dir mal auf die Sprünge, junger Mann", sagt sie. Dirk schaut sie
schräg von unten an. „Du bist eben weggerannt. Und grad im Moment davor, bevor
du losgesaust bist, da hast du so zu mir gemacht." Sie macht den „Stinkefinger". Dirk
schaut weg.
„Jetzt pass mal auf", sagt die Mutter. „Es gibt Sachen, die tun wir nicht – treten, krat-
zen, beißen oder so was. Das weißt du. Es gibt auch Wörter, die wir uns nicht an den
Kopf schmeißen. Darüber haben wir gesprochen. Und dann gibt es noch Handzeichen,
die sind wie die schlimmsten Schimpfwörter. Niemand mag sich so übel beschimpfen
lassen. Niemand – du nicht und ich auch nicht. Sonst komme ich mir nämlich wie ein
Stück Dreck vor. Und wenn einer bloß dieses Zeichen macht – das ist trotzdem wie
beschimpfen oder beleidigen. Ich will nicht beleidigt werden – auch von dir nicht. Und
auch dann nicht, wenn du sauer bist. Das kannst du mir auch anders zeigen."
Dirk nickt. Er schämt sich.
„So", sagt die Mutter. „Das war 'ne lange Predigt. Jetzt weißt du's – und nun ist gut
– ja?"
„Ja", sagt Dirk. Er ist erleichtert.
„Ich glaub, jetzt haben wir noch was anderes auf der Platte, oder?"
„Och ..." Dirk hat jetzt genug.
„Dir reicht's, hm?"
Dirk nickt. Weil die Mutter aber einfach zuwartet, ist ihm klar, dass er jetzt dran ist.
Er hat ja auch wirklich noch was: die Sache mit den Hausaufgaben stinkt ihm.
„Tja – wenn nichts mehr ist, dann kannst du ja jetzt deine Hausaufgaben machen",
sagt die Mutter.

Wie Dirks Mutter eine Vereinbarung durchsetzt
und beinah am Pingpong scheitert

Dirk druckst herum.
„Nööö ... eigentlich ... kann ich die Hausaufgaben nicht später machen?"
„Gibt's ein Problem? Kannst du was nicht?"
„Doch." – „Ich erinnere mich", sagt die Mutter, „dass wir erst vor einer Woche eine
Vereinbarung getroffen hatten."
Dirk weiß das natürlich noch sehr gut. Er nickt. Sie haben das die Zahnarzt-Methode
genannt, denn beim Zahnarzt geht es so: Wenn gebohrt werden muss, hilft ja alles
nichts – es muss sein. Der Zahnarzt hat gefragt, wie lange Dirk das Bohren aushält,
bis zehn vielleicht? Dirk hat gesagt, bis sieben. Das heißt, dass der Zahnarzt beim
Bohren bis sieben zählt. Dann hört er auf und zählt wieder bis sieben, so lange ist Pau-

se. Und dann wird wieder bis sieben gebohrt ... und wieder Pause bis sieben ... und so weiter, bis alles fertig ist. Das war auch doof, aber bis sieben konnte Dirk das aushalten.

So ähnlich haben sie das mit den Hausaufgaben auch geregelt.

„Wir haben abgemacht, dass du nach dem Essen erst einmal eine Stunde spielen kannst. – Okay?"

„Ja ... Oder Malen ... oder so ... weiß ich." Dirk möchte Zeit gewinnen. Vielleicht geschieht ein Wunder, und dann muss er gar keine Hausaufgaben mehr machen?

„Richtig. Und weißt du, wie die Vereinbarung weiter ging?"

Dirk ist sauer. Natürlich weiß er das! Nach dem Spielen kommt eine Viertelstunde Hausaufgaben, dann eine Mini-Pause, dann wieder Hausaufgaben ...

„Jaaa ... weiß ich ...", gibt er unwillig zu.

„Aber?", fragt die Mutter.

„Nix, aber", sagt Dirk.

„Das klingt aber sehr nach Aber. – Was ist? Möchtest du eine andere Vereinbarung?"

„Nee. Will ich nicht. Bloß heute ... Die Hausaufgaben sind Scheiße heute." Er sagt das so erbarmungswürdig lustlos, dass die Mutter den Ausdruck übergeht.

„Das klingt ja ernsthaft schlimm."

„Ist es auch."

„Was ist denn so schlimm?"

„Ich hab einfach keine Lust."

„Ach so ist das also", meint die Mutter. „Keine Lust. – Das ist ja wirklich Käse. Ich hab auch manchmal keine Lust, und das finde ich dann ziemlich übel. Weil – machen muss man sein Zeug ja trotzdem. Denn wenn man's nicht macht, wird alles nur immer noch schlimmer."

„Jaaa", seufzt Dirk.

Der Mutter stinkt das Thema. Sie kommt dabei oft in eine Situation, in der sie „Vorschläge zur Güte" macht – und Dirk schmettert sie alle ab. Sie hat nie den „richtigen" Vorschlag. Oft lässt sie sich auf das Vorschlägemachen nur deswegen ein, weil sie hofft, die Sache gehe von allein vorbei. Statt dessen wird aus dem Vorschlägemachen oft ein endloses Pingpong-Spiel, von dem beide nachher erschöpft und wütend sind und doch keine Lösung gefunden haben.

Dirk stöhnt. Ihm fällt kein Ausweg ein. Auch macht die Mutter keine Anstalten, ihm das mühelose Patentrezept zu servieren. Er kaut auf der Unterlippe.

„So'n Mist aber auch", sagt die Mutter. „Mathe und Mist – fängt beides mit M an."

Dirk kann darüber nicht lachen.

„Mama fängt auch mit M an", sagt die Mutter. Dirk schnaubt durch die Nase. Manchmal findet er die Mama überhaupt nicht komisch.

„Keine Lust – keine Hausaufgaben ... Nee, Sohn, das läuft nicht. Wir könnten bis zum Abendessen so weitermachen. Ohne mich! Dann ist der Tag um und die Hausaufgaben musst du trotzdem noch machen. – Ich sag dir was: du gehst jetzt an deinen Schreibtisch und machst deine Sachen, wie es abgemacht war. Ich geh ins Zimmer danebn

bügeln. Bügeln finde ich bescheuert. Dazu habe ich keine Lust, muss ich aber trotzdem machen. Wenn du was nicht weißt, kannst du mich fragen. Und wenn wir beide fertig sind, gucken wir mal, ob noch ein Eis in der Kühltruhe ist. Dann belohnen wir uns beide, weil wir den blöden Kram erledigt haben."
Dirk unternimmt einen letzten Vorstoß: „Erzählst du mir dann eine Geschichte?"
Diesem Stichwort kann die Mutter nicht widerstehen. Geschichten erzählt sie gern. Das ist auch für sie eine Belohnung nach dem ungeliebten Bügeln.
„Klar", sagt sie. „Ich erzähl dir die Geschichte, wie ich mal einen ganzen Tag keine Lust gehabt habe, Hausaufgaben zu machen ..."
„Und? Hast du sie dann nachher wirklich nicht gemacht?"
„Ja aber hallo! Die Geschichte kommt erst nachher!"
„Kannst du vielleicht lieber eine andere erzählen?"

Die Welt ist wieder leidlich in Ordnung. Sie ist nicht vollständig ent-frustet, aber Dirk fühlt sich, auch wenn er noch eine Weile vor sich hin grummelt, insgesamt ganz gut aufgehoben: Was einmal abgemacht war, gilt. Jedenfalls so lange, bis eine neue Vereinbarung nötig wird. Das hat etwas Verlässliches. Außerdem tröstet es Dirk, dass die Mutter genau wie er ungeliebtes Zeug erledigen muss. Und dass sie nachher eine Geschichte von früher erzählt, als sie noch ein kleines Mädchen war – das ist schön, darauf freut er sich. Die Hausaufgaben sind zwar immer noch Mist – aber sie sind erträglicher Mist. Eigentlich sind sie sogar noch besser erträglich als das Bohren bis sieben.

„Doofe Hexe!" – Das machte die Mutter sprachlos
Die Mutter hatte der dreieinhalbjährigen Andrea versprochen, nach dem Einkaufen mit ihr ein Eis essen zu gehen. Nun schaffen sie das nicht mehr. Andrea ist empört, sie hatte sich auf ein Eis gefreut. Zornig stemmt sie ihre Beine auf den Gehweg und weigert sich, ins Auto einzusteigen. Sie will erst ein Eis! Sonst heißt es doch immer „versprochen ist versprochen!" – Das stimmt. Die Mutter fühlt sich in der Klemme. „Schatz, es tut mir wirklich leid, aber das geht jetzt nicht. Es ist zu spät."
Das einsetzende Protestgeheul signalisiert ihr, Reden ist sinnlos: Andrea will und kann jetzt nicht zuhören. Das ärgert die Mutter, sie hat ihr Versprechen halten wollen, und dass es nun nicht klappt, ist nicht ihr Verschulden. „Ich mach das doch nicht aus Spaß!", denkt sie. „Und überhaupt – diese Sch... einkauferei. Ich hab die Faxen dicke!" Wütend fährt sie die Kleine an: „Zum Teufel auch, hör auf zu heulen – ich kann's doch jetzt auch nicht ändern!"
Andreas Heulen geht in entgeistertes Weinen über. Jetzt fühlt die Mutter sich schuldig. Auch wenn sie keine „Schuld" an der Verspätung hat, so hat sie doch ihr Versprechen nicht eingelöst und jetzt hat sie auch noch Andrea angeblafft! Das macht ihr zu schaffen. Halb tröstend und halb noch immer verärgert nimmt die Mutter Andrea in den Arm und will sie auf die Rückbank heben, damit sie sich in den Kindersitz setzt. Aber Andreas Zorn lodert erneut auf. Verbissen hält sie sich außen am Auto fest und spreizt die Beine ab. „Och nee ... was denn jetzt noch", sagt die Mutter und setzt scharf hinzu:

„Verdammte Eiche, ich bin doch auch bloß ein Mensch!" Dann verfrachtet sie mit einigem Nachdruck das Zornbündel ins Auto.
„Doofe Hexe!", entfährt es dem Kind.
Die Mutter sagt erst einmal nichts; sie ist sprachlos. Ihr ist zwiespältig zumute: Einerseits ist sie stocksauer über Andreas Uneinsichtigkeit und über ihr bockiges Sträuben, und außerdem hat die „Hexe" sie verletzt – andererseits versteht sie auch Andreas Zorn: Ein ins Wasser gefallenes Vergnügen gehört zu den Fiesheiten eines Kinderlebens. Sie erinnert sich noch sehr gut daran, wie sie als Kind „das ist gemein!" gemault hat. Sie erinnert sich sogar noch an den anklagenden Ton, mit dem sie damals ihre Mutter auf die Palme bringen konnte. Die Situation jetzt findet sie auch „gemein!", und zwar nicht nur aus Andreas Sicht, sondern auch aus ihrer eigenen. Mit einer ruppigen Bewegung rückt sie Andrea im Kindersitz zurecht, schnaubt dabei durch die Nase und sagt recht schroff „so!", während sie den Gurt festklickt. Sie setzt sich verärgert auf den Fahrersitz und schlägt die Tür geräuschvoll zu.
Später daheim, als Andrea nur noch ein bisschen schluchzt, nimmt die Mutter sie auf den Arm und sagt zu ihr: „Du bist wütend auf mich, weil ich mein Versprechen nicht halten konnte. Das war auch wirklich doof, dass das mit dem Eis nicht mehr geklappt hat. Ich hätte auch gerne eins gehabt. Meinst du, wir können das später nachholen?" Andrea nickt. „Aber bald!" – „Klar. So bald es geht."
Über die „doofe Hexe" sagt die Mutter erst einmal nichts. Sie hat die Botschaft verstanden, die in diesem Wort steckt: Eine Hexe ist mächtig. Eine Hexe macht mit anderen, was sie will. Gegen eine Hexe hat man keine Macht, wenn man ein kleines Mädchen ist. Und gegen die Mutter hat Andrea ja auch keine Macht, gegen die Mutter nicht und nicht gegen die Anforderungen der Realität und der Zeit.

In dieser Situation geht es Andrea schlecht, weil sie zwei widersprüchliche Gefühle für die Mutter empfindet: Sie ist zornig auf die Mutter, die ihr Versprechen nicht gehalten hat. Sie fühlt sich machtlos der hexenhaft-allmächtigen Mutter ausgeliefert. Zugleich fühlt Andrea jedoch auch, dass sie die Mutter dringend braucht, damit sie in ihrer Enttäuschung von ihr getröstet werden kann.

Diese widerstreitenden Gefühle muss Andrea unter einen Hut bringen – und das ist schwere psychische Arbeit. Das Gleiche gilt für die Mutter und ihre widerstreitenden Gefühle: Stocksauer hat sie Andrea ins Auto gepackt, gleichzeitig hatte sie aber auch Verständnis für ihr Mädchen.

Wie gut, dass die Mutter sich nicht wütend und gekränkt zurückzieht und dass sie nicht streng eine Entschuldigung für die „doofe Hexe" verlangt! Sonst käme bei Andrea zu der Enttäuschung wegen der leidigen Eis-Geschichte das schlimme Gefühl hinzu, alleingelassen und ohne Trost zu sein. Es ist gut, dass Andreas Mutter spüren konnte, wie schwierig die Situation für ihre Tochter war. So löst sich die Spannung bei Andrea.

Später greift die Mutter noch einmal die „doofe Hexe" auf. „Weißt du", sagt sie zu Andrea, „das hat mir schon wehgetan, wie du mich eine doofe Hexe genannt hast. Ich hab ja gewusst, dass du sauer auf mich bist – aber Hexe ... also, das war schon hart!" Andrea blickt schuldbewusst zur Mutter hoch und sucht in ihrem Gesicht nach

Anzeichen für den Ernst der Lage. Sie denkt nach, seufzt tief und sagt vorsichtig: „Papa hat auch mal Hexe zu dir gesagt. Das war aber nett und gar nicht bös. – Gibt es auch liebe Hexen?" – „Sieht so aus", sagt die Mutter. „Und manchmal sind wir beide hexenmäßig bös drauf ..."

Vereinbarungen treffen

Herr und Frau Bögel haben drei Kinder zwischen fünf und zehn Jahren. Sie sind realistisch und wissen, dass sie Kraftausdrücke nicht aus dem Leben mit Kindern verbannen können. Da Herr Bögel jedoch öfter geschäftlichen Besuch im Haus empfängt, möchten die Eltern den Umgangston so eingrenzen, dass keinem Gast härtere Schimpfwörter zu Ohren kommen. Frau Bögel ruft zu einer Familiensitzung, in der sie den Kindern erklärt, warum sie bestimmte Anstandsgrenzen nicht überschreiten dürfen: Wenn Vaters Geschäftsbesuch „harte Sachen" hört, zweifelt er vielleicht an Vaters Kompetenz oder hat einfach „nur" ein ungutes Gefühl. Das könnte für Vaters Geschäfte schlecht sein, und das können die Kinder nicht wirklich wollen. Sie einigen sich unter anderem darauf, dass sie nicht mehr „Scheiße" sagen, sondern „Schitt". Und bei den Großeltern wollen sie bestimmte Ausdrücke ebenfalls künftig unterlassen. Großmama ist nämlich manchmal ein wenig empfindlich. Nun ist der Weg vom guten Willen bis hin zum tatsächlichen Tun oder gar Unterlassen in der Regel weit. Und selbst die besten Familienkonferenzen schützen nicht zuverlässig vor Pannen.

Peter vermittelt ein Telefonat
*Herr Bögel arbeitet bei der ABC-Firma in leitender Position. Söhnchen Peter, fünf Jahre alt, kann zur Freude seiner Eltern ein Vorzeigekind sein, von ausgesuchter Höflichkeit und gewinnendem Charme. Er weiß sehr wohl, dass er in Gegenwart der Großeltern keines der ach so interessanten Wörter benützen darf. Natürlich hält er sich zurück, wenn Kollegen oder sogar der Chef des Vaters im Haus sind. Auch hat Peter schon früh gelernt, wie man sich am Telefon korrekt meldet, und er weiß, dass und wie er die Sprechmuschel zuhalten muss, wenn er dem Vater zuflüstert, wer ihn denn sprechen möchte. An einem Sonntagmorgen, die Eltern möchten nach einem Fest gern etwas länger schlafen, läutet das Telefon. Die Großen sitzen vor'm Fernseher und wollen nicht ans Telefon gehen. Peter nutzt die Chance, „groß" zu sein und nimmt ab.
„Hier ist Peter Bögel. Guten Morgen", sagt Peter.
Jemand von der ABC-Firma möchte dringend den Papa sprechen.
„Papa?" Die Schlafzimmertür ist noch zu, und die Eltern haben nichts gehört.
„Papa!"
Peter weiß, dass er jemand Fremdes nicht sehr lange warten lassen soll, und jemand von ABC schon gleich gar nicht. Wenn es die Oma wäre oder Freunde von Mama oder Papa ... das wäre etwas anderes.
„Papa?!"*

Peter fühlt sich unbehaglich. Er spürt, dass es vielleicht nicht so gut wäre, wenn er „einem von ABC" sagte, dass die Eltern noch schlafen. So etwas hat er schon einmal gemacht, und da war der Vater gar nicht erbaut. Auch kann er nicht sagen „Papa ist nicht da!" Das darf er nämlich nur sagen, wenn Mama oder Papa tatsächlich nicht da sind. Oder wenn sie ihm sagen, dass er es jetzt sagen soll.
„Papa!! Telefon!"
Peter will nicht nachher Ärger kriegen, weil er jemand von ABC hat warten lassen.
Aus dem Schlafzimmer kommt Vaters verschlafene Stimme: „Wer ist denn dran?"
Peter hält die Hand auf die Sprechmuschel und sagt „Jemand von ABC."
Herr Bögel hat nicht verstanden und fragt noch einmal.
Peter, inzwischen durch das Hin und Her gereizt, ruft: „Irgend so ein ABC-Arsch!"
So schnell ist Herr Bögel noch nie aufgestanden. Die Schlafzimmertür fliegt auf, und er saust zum Telefon, um größeres Unheil zu verhindern – falls es denn überhaupt noch ein größeres Unheil geben könnte. Er greift zum Hörer und will sich melden. Er kommt nicht dazu. Er erkennt am anderen Ende die Stimme seines Chefs. Der lacht und lacht. Gott sei Dank!

Der Chef hat selber Kinder und weiß, dass die Selbstkontrolle bei ihnen noch nicht so perfekt ist und dass sie manchmal trotz aller Mühe versagt. Und er weiß, dass es ein Leben jenseits der Firma gibt – in dem die Firma einen ganz anderen Stellenwert hat ...
Kinder und Narren haben Schutzengel, sagt man.
Manche Kinder berücksichtigen unaufgefordert, aus eigenem Feingefühl, eine Grenze der Schicklichkeit:
Jörg hatte den Großeltern vom Schwimmbad erzählt, was sie da alles gemacht haben, wie sie gesprungen sind. „Und dann hab ich eine ... eine Dings, eine ... Bombe gemacht!" – „Eine Arschbombe?", fragt der Großvater lachend. – „Ja!", sagt Jörg von Herzen erleichtert. Er hatte das Wort bei den Großeltern lieber nicht aussprechen mögen. Und dass der Großvater so ein Wort sagt, also, das irritiert ihn. Aber es imponiert ihm auch gewaltig!

Schimpfen als sportliche Disziplin

Einem anderen mit Worten „vors Schienbein treten", ihn herunterputzen, abkanzeln oder beschämen, jemanden zur Schnecke machen, jemanden andonnern oder sacksiedegrob schmähen, verunglimpfen, bloßstellen oder schurigeln – es gibt nicht nur zahllose Schimpfwörter, sondern das Schimpfen selbst hat enorm viele Facetten und wird mit unglaublich vielen unterschiedlichen Begriffen benannt. Vor Jahren bekam ich ein Buch in die Hand mit dem Titel „Die hohe Kunst des Schimpfens". Ich habe nicht viel mehr daraus behalten als die Empfehlung, nicht nur einfach grobe Wortklötze zu benutzen, um Unbehagen auszudrücken, sondern, wenn es denn schon sein muss, ein bisschen kreativ zu sein, auf intelligente Weise zu provozieren und, wenn möglich, den Sinn für Witz nicht völlig außen vor zu lassen.

Ich will nicht behaupten, ich hätte es weit gebracht in der Kunst, Unbehagen und Witz kreativ zu vereinen, doch habe ich Vergnügen daran, wenn mir diese Mischung begegnet – wie hier:

Herr Bruhns ärgert sich über seinen zehnjährigen Sohn Hardi, der Comics über alles liebt und so gar nichts von den kulturellen Werten hält, die der Vater ihm nahe bringen möchte. Eines Tages, als Vater und Sohn wieder einmal heftig aneinander geraten waren, kommen die beiden an einem Bild vorbei, auf dem Christus mit der Dornenkrone dargestellt ist. Herr Bruhns, er ist Pfarrer, fragt voll Ingrimm: „Weißt du denn wenigstens, wer das ist?" Hardi zögert nicht lange mit der Antwort: „Klar. Dornröschen!"

Wie ist das mit Schimpfwörtern zwischen Kindern?

Abendbrot am Familientisch. Die Geschwister André und Simone handeln mit den Füßen „Grenzen" aus, jeder versucht, sein „Revier" zu vergrößern, den anderen ein wenig zu stören und zu provozieren.

„Ey – du hast deinen Fuß bei mir!" André rückt seinen Fuß nachdrücklich zurecht.
„Guck doch mal, was du machst! Sooo weit!! Du bist ja wohl nicht ganz dicht, du Huhnbrot!"
„Oimel, du dämlicher. Guck mal, wo du bist! Ich bin nicht so weit bei dir dran wie du bei mir!" André protestiert: „Du Määähh!"
„Heuhaufen."
„Du Hrbl."
„Mülleimer, dreckiger."
„Saumiste."
„Breitmaulfrosch. – Nimm die Latschen da weg!"
Die Mutter möchte in Ruhe essen. Wenigstens die Mahlzeiten sollten ungestört ablaufen. Der Esstisch, so hat sie es sich immer vorgestellt, sollte der Mittelpunkt sein, Zentrum des Familienlebens und ruhiger Pol. Deswegen hatte sie einen runden Tisch ausgesucht. Sie ärgert sich über das Spektakel. Zugleich mag sie nicht ernsthaft eingreifen: Sie kommt sich dabei immer so „widerlich autoritär" vor. Lieber beißt sie die Zähne zusammen, schluckt den Ärger hinunter und hofft, dass die beiden von selbst aufhören.
Im Grunde weiß sie natürlich, dass das nicht so bald geschehen wird. Auch ist ihr unbehaglich zumute, wenn solche Schimpf-Olympiaden anheben, weil sie sich fragt, was aus Kindern wird, die sich derartig mit ... Wortdreck bewerfen? Wie sollen sie lernen, dass man seinen Ärger oder seine Rivalitätskämpfe auch anständig austragen kann? Und was, wenn ein Kind im Zorn etwa einem Lehrer gegenüber derartig ausfällig wird, weil es „gewöhnt" ist, mit solchen Wörtern zu jonglieren?
Die Kinder hören zwar, dass die Mutter seufzt und schließlich warnend „na, na!" sagt, doch geben sie nur kurz Ruhe, dann nimmt einer der Geschwister den Faden wieder

*auf. Auch ein ärgerliches „Also wirklich – bei Tisch muss das nun wirklich nicht sein!"
bleibt wirkungslos. Das und der vorher schon runtergeschluckte Ärger bringt die Mutter allmählich auf die Palme. Wenn es etwas gibt, das sie nicht ausstehen kann, dann
ist es dies Gezerfe bei den Mahlzeiten und wenn sie überhaupt nicht wahrgenommen
wird! Sie ist erst aufgebracht und schließlich fuchsteufelswild.
„Verdammt noch mal, jetzt reicht's!" Sie schlägt mit der Faust auf den Tisch, und weil
sie noch ihr Besteck in der Hand hat, haut der Messergriff eine tüchtige Macke in die
Platte. Das ist zu viel! „Raus!" Die Kinder fahren erschrocken zusammen. „Los, raus
hier!" Zögernd nehmen sie Teller und Besteck, gucken unsicher zur Mutter. Die macht
ein so abweisendes Gesicht, dass keiner sich mehr getraut, etwas zu sagen. Die
Geschwister ziehen schweigend ab in Richtung Kinderzimmer.
Die Mutter stochert im Essen. Es schmeckt ihr nicht mehr. Sie fühlt sich gar nicht gut.
Sie möchte weinen, weil die Mahlzeit verdorben ist, weil sie sich schämt: über ihre
Entgleisung und wegen der Macke im Tisch. Zugleich möchte sie aus der Haut fahren,
so wütend ist sie, auf die Kinder, weil die Mahlzeit so danebengegangen ist, und der
Tisch hat nicht nur eine Macke, sondern ihre Hand schmerzt außerdem noch. „Mist",
sagt sie leise. Und noch einmal, lauter: „Verdammter Mist!"*

Sie geht zum Telefon und ruft ihre Freundin an. Ellen hat auch Kinder, die sind schon
etwas älter, und folglich hat sie Erfahrung. Ihr erzählt sie die ganze Geschichte, lädt
ihren Ärger, ihre Wut und auch ihre Besorgnis ab.

„Warum um alles in der Welt machen die das?", fragt Xenia. „Finden die das schön?"
„Das kenn ich noch von meinen", sagt Ellen. „Und manchmal haben die das heute
noch drauf. Schau – was machst du denn, wenn du sauer bist?"
Xenia weiß nicht recht. Sie schämt sich für ihren sichtbaren Ausraster am Tisch.
„Hab ich doch gesagt, dass ich auf den Tisch gehauen und die beiden rausgeschmis-
sen hab."
„Und jetzt drückt es dich", sagt Ellen, „das ist bei dir genauso wie bei den Kindern:
Da wirst du provoziert, Ärger, Wut, Krachbumm! Sagt man nicht, dass ein Gewitter die
Luft reinigt?"
„Bei mir nicht", sagt Xenia.
„Mein Großer hat mal gesagt: Ordentliche Motze ist wichtig, weil, dann weiß jeder,
was Sache ist. Und Recht hat er!"
„Naja – aber das muss doch nicht immer so ... so schlimm sein!"
„Wieee schlimm?" Ellen zieht das Wie schmerzhaft in die Länge. Und sagt dann auch
noch: „Reg dich ab! Die beiden müssen sich doch deutlich klarmachen, was Sache
ist!"
Xenia bedauert schon, dass sie sich von Ellen Unterstützung erhofft hat.
„Stell dir mal vor", fährt Ellen unbeirrt fort, „dein Sohnemann würde in so einer
Situation formulieren: ‚Liebe Schwester, ich missbillige, was du da treibst!'"
Xenia muss lachen. Nein, solche Kinder wollte sie auch nicht haben.
„So dressierte Pudel kannste nur noch in der Therapie abliefern oder an Roncalli ver-
kaufen", hebt Ellen wieder an. Xenia hört auf zu lachen:

„Ist das dein Ernst?"
„Sicher. Wenn einer sagt „hau ab, du Arsch", dann ist dem anderen doch ganz klar,
dass es gleich Stress gibt. Dann kann er entweder abziehen – oder er kann dagegen-
halten."
Xenia gibt sich noch nicht geschlagen:
„Ja, schon. Aber dann geht es womöglich immer weiter, jeder setzt noch einen drauf,
und dann wird es schlimmer und schlimmer!"
„Also hör mal, deine Beiden, das war doch einfach Kräftemessen ... Spaßkämpfchen,
wenn sie ausprobieren, wer stärker ist, wer wem unterlegen ist. Da gibt's doch keine
Leichen! Sonst hätten wir schon längst kein Kind mehr hier im Viertel!"
„Du meinst, das ist Spaß, wenn die sich Saumiste nennen und so was?"
„Nicht nur Spaß, aber doch auch Spaß! Auf irgendeine Weise halten sie ja Spielregeln
ein, auch wenn du die nicht so ganz blickst. Das ist egal. Sie probieren wie beim
Rangeln aus, wo beim Andern die Schmerzgrenze ist. Beim Kämpfen gibt's mal einen
blauen Flecken oder ein aufgeschlagenes Knie – okay, das gehört dazu, das heilt wie-
der, und die Kinder wissen, was geht und was nicht."

Aufplustern und Ansehen kriegen:
immer verbotenere Schimpfwörter benutzen

*Xenia ist ruhiger geworden und hört dem immer schneller werdenden Redeschwall
ihrer Freundin fasziniert zu.*
„Mit Schimpfwörtern", fährt Ellen fort, „ist das genauso: Da ist mal einer ernsthaft
beleidigt oder gekränkt – und der ausgeteilt hat, weiß dann, dass er zu weit gegangen
ist. Wenn einer übertreibt, dann nehmen ihn die anderen Kids in die Mangel oder iso-
lieren ihn! Das regeln die untereinander. Hast du schon mal was von sozialem Lernen
gehört? Das gehört auch dazu!"
„Was ist denn das, soziales Lernen?"
„Die Kinder lernen mit den anderen und bei den anderen, wo ihr Platz in der Gruppe
ist – so was Ähnliches wie die Hackordnung auf dem Hühnerhof. Außerdem lernen sie
ganz von allein, wie man sich in einer Gruppe benimmt, welche Regeln es gibt, was
fair ist und was unfair. Sie lernen in der Gruppe, wie's laufen muss, damit man akzep-
tiert wird ... Sie begreifen ziemlich schnell, womit sie sich aufplustern können, was
ihnen Ansehen verschafft, wann einer ehrlich gekränkt ist, wo etwas wirklich wehtut.
Einmal auf dem Bolzplatz, da stand einer im Weg rum ... und einer von den kleinen
Bolzhelden hat den angefahren ‚zisch ab, du Lahmarsch'. Der war neu und der hatte
irgendeine Behinderung, dass er nicht so schnell konnte wie die anderen. Der hat richtig feste losgeweint. Der konnte einem Leid tun! Einer hat dem Helden dann gesteckt,
was Sache ist und hat ihm gesagt, dass das so nicht geht. Und der, der ‚Lahmarsch'
geschimpft hatte, hat sich nachher schrecklich geschämt."
Vielleicht hat Ellen zu viel gewollt. Xenia:

„Ich glaube nicht, dass meine sich schämen ..."

„Also weißt du, wenn die Simone den André mit einem Ausdruck wirklich verletzt, dann schämt sie sich hinterher. Glaub's mir! Die mögen sich doch – auch wenn du das nicht ohne weiteres siehst."

„Hm. – Du hast eben was gesagt von Aufplustern und Ansehen kriegen ..."

„Ja. Die Kids gewinnen Ansehen, wenn sie immer verbotenere Schimpfwörter benützen ..."

„Ist das nicht schlimm?"

„Klar. Aber einmal hat mich mein Kleiner ins Staunen gebracht. Da hat er gesagt: ,Mama, das hat sich jetzt ausgefuckt in der Schule. Jetzt gucken wir immer, wer noch was Besseres erfindet als Warmduscher oder so was.'"

„Gartenzwergsammler... hab ich auch schon gehört."

„Genau! Irgendwann verliert das Spiel seinen Reiz, und sie sehen zu, dass sie was Originelles erfinden. Weil es so toll ist, wenn du die anderen zum Lachen bringst ..."

„Aber ich kann doch nicht alles laufen lassen und hoffen, dass die das alleine regeln!"

„Also, wenn die unter sich sind und du nicht Zwangszeugin bist, denke ich schon. Aber wir haben uns schon mal überlegt, wo bei uns in der Familie die Schallgrenze liegt. Es gibt Schimpfwörter, die dulde ich nicht. Einmal kamen sie an mit ,verfickte Hurenscheiße'. Da war aber sofort Ende der Fahnenstange! Das läuft bei mir nicht! Und dann gibt es Ausdrücke, die lasse ich zur Not durchgehen. Aber wirklich nur zur Not – und mit einer Bemerkung dazu. Das sind dann oft welche, die mir im Brast rausgerutscht sind."

Ellen hält verlegen inne, dann sagt sie: *„Ich weiß, ich hab nun mal 'ne Gosche ... Also, das war mal im Parkhaus, da hab ich mich mit Mühe in eine Parklücke gequält, das kennst du ja: Alles ist eng und dann wirste kribbelig, und beim dritten Anlauf war ich dann endlich drin, aber schief. Und da hat so ein blöder Macker mich dumm angemacht. Mann, was war ich sauer! Ich saß noch drin im Wagen, hab grade die Fenster hochgedreht und dann ist mir rausgerutscht: ,fick dich ins Knie, du Penner' ... Das war natürlich ein Fest für meinen Sohnemann, der saß nämlich hinten drin! Der hat sich schier nicht mehr eingekriegt. Tja, und da musste ich ihm dann wohl sagen, dass das echt nicht so gut war, was ich da gesagt hab."*

„Und das reicht?", fragt Xenia ungläubig.

„Nicht immer", sagt Ellen. *„Aber immer öfter. Ich hab ihm später noch ein paar Takte dazu gesagt von meiner Sauwut auf eine bestimmte Art von Kerlen, die sich gegenüber Frauen aufspielen. Ich weiß nicht, ob er das wirklich nachvollziehen kann – jedenfalls hat er wohl begriffen, dass es Ausnahmesituationen gibt. Und dass die verdammt anders sind als ,heute gibt es ausnahmsweise zweimal Eis' oder so was."*

„Und du meinst wirklich, die Kinder können abschätzen, wie weit sie gehen dürfen, wenn man ihnen bloß ein paar Mal was gesagt hat?" Xenia ist sehr ungläubig.

„Ja. Das können sie in aller Regel tatsächlich. Wichtig ist, dass du ihnen klar machst, wenn sie eine Grenze überschreiten – und zwar egal, ob das eine Grenze ist von dem, was du für tragbar hältst, oder ob das eine schon vereinbarte Grenze war. Also etwa,

wenn ihr vereinbart habt, dass in Gegenwart von Oma und Opa kein ‚Affenarsch' fällt oder was sonst vielleicht gerade zum Standard im Kinderzimmer gehört. So lernen sie deinen Maßstab kennen."

„Und immer muss ich das machen!"

„Na komm, du bist ja nicht allein auf der Welt! Da mischt dein Mann genauso mit wie deine Schwiegermutter, eure Nachbarn, die Lehrer oder ich! Ich würde mir doch auch nicht kommentarlos alles von deinen Kindern bieten lassen! – Aber hör mal, mir fällt noch was ein. Ich glaube, die beiden kabbeln sich nicht nur, wenn sie so eine Nummer hinlegen." – „Sondern?"

„Naja – sie kabbeln sich auch, sie sind auch ein bisschen im Clinch miteinander. Aber da ist noch etwas anderes. Ich glaube, die halten bei allem Geschimpfe ziemlich gut zusammen und machen ein Spielchen mit dir."

„Na hör mal – das ist doch kein Spiel, Ausdrücke gebrauchen!"

„Doch, irgendwie schon. Ich denk mir das so, dass sie ein bisschen mit Ausdrücken gegeneinander kämpfen. Gleichzeitig machen beide zusammen gegen dich Front und bringen dich damit auf die Palme. So als wollten sie es ganz genau wissen, wann du denn wohl stinkewütend wirst und ausflippst."

„Du meinst, die wollen mich mit Absicht wütend machen?"

„Nein, ganz so würde ich das nicht ausdrücken. Ich glaube, die beiden legen es darauf an rauszukriegen, wo bei dir denn tatsächlich die Schallgrenze ist. Du bist ja immer ganz geduldig ... richtig heiligmäßig, als würdest du immer nur auf das Gute im Menschen warten. Das Gute kommt aber nicht immer zum Vorschein, wenn du den Mund hältst. Du musst ihm eine Brücke bauen." „Das versteh ich nicht."

„Du willst immer ruhig, gelassen und geduldig sein, bist es aber gar nicht. In Wirklichkeit hast du die Wut im Bauch und verkneifst sie dir."

„Jetzt komm mir bloß nicht und behaupte, ich sei aggressionsgehemmt oder wie das heißt! Schließlich hab ich mit dem Messer ..."

„Okay, okay, ist ja gut: Ich sag's nicht. Ich denke es vielleicht. – Schau mal: Wenn du nicht rechtzeitig sagst, dass jetzt Feierabend ist, dass es dir jetzt reicht, dann merken sie, dass du nicht aufrichtig bist. Das spüren die kleinen Biester nämlich! Und sie lesen es in deinem Gesicht, wenn deine Augen schmal werden und die Partie um den Mund angespannt. Oder auch an deinem Atem, wenn der flach wird."

Xenia wird wieder wütend: „Worauf soll ich denn noch alles achten, um mit den beiden fertig zu werden?"

Ellen: „Du sollst auf gar nichts achten. Nur wenn du deinen Unmut nicht rauslässt, und wenn du dich dauernd kontrollierst – dann machen sie so lange weiter, bis sie eine ehrliche Reaktion kriegen. Dann wissen sie, was Sache ist. Sie wollen ihre Mutter wie sie wirklich ist! Mit dem Messer auf dem Tisch."

„Ich denke, Geduld ist die Tugend der Mütter?"

„Ja, wenn du eine Matheaufgabe erklärst. Aber du kannst nicht geduldig aushalten, wenn sie dir auf den Geist gehen! Du musst beizeiten sagen, was Sache ist. Was bei dir Sache ist."

„Ich glaube, das hab ich verstanden. Im Kopf jedenfalls. Aber es ist so furchtbar schwer! – Sag mal, schaffst du das immer rechtzeitig?"
„'türlich nicht. Bin doch nicht perfekt!"
„Und bist du denn mal so richtig schlimm stinkwütend geworden und ausgeflippt?"
„Klar. Öfter. Einmal bin ich furchtbar ausgerastet."
„Erzähl mal!"
„Da hat mein Sohn Krach gehabt mit einem Nachbarsmädchen und hat die angebrüllt und eine dreckige Fotze genannt. Da ist mir furchtbar der Kragen geplatzt. Ich hab ihn mir vorgenommen und so was von zusammengestaucht, dass er nicht mehr wusste, wo ihm der Kopf steht. Das war nicht pädagogisch. Das war auch nicht fein! Vor lauter Sauwut hab ich selber ziemlich heftige Sachen gebrüllt. Es war bloß verdammt ehrlich so, wie mir zumute war. Und das hat er, glaub ich, begriffen."

Verlassen wir das Gespräch zwischen Xenia und Ellen, das noch einige Fortsetzungen gefunden hat.

Immer wieder höre ich die entgeisterte Frage „Woher hat das Kind bloß diese Wörter?" Manchmal klingt in dieser Frage die Angst der Eltern mit, die Erzieherinnen oder Lehrer könnten denken, bei ihnen daheim seien schlimme Ausdrücke an der Tagesordnung.

Ja, woher haben Kinder nun die „Ausdrücke"? Schimpfwörter werden gehört. Im Kindergarten. In der Schule. Im Fernsehen. Im Kino. Auf der Straße. Überall.

André war vier Jahre alt, als er einmal feststellte: „Mama, wie kommt das eigentlich: Arsch ist ein bisschen ein schlimmes Wort. Loch ist ein gutes Wort. Und wenn man die beiden Wörter zusammentut, dann müsste eigentlich der Arsch ein bisschen besser werden von dem Loch. Aber das stimmt gar nicht ..."

Wieso ist beispielsweise das Wort „Rindskarnoppel" nicht so schlimm? Und was macht ein Wort überhaupt zu einem Schimpfwort, zu einem „Ausdruck"?

Kinder benutzen die Wörter, die sie aufgeschnappt haben. Andere Kinder hören sie und reagieren darauf: Indem sie lachen, sie wiederholen, vielleicht bewundern, selber benutzen und weitertragen. Stellen Sie sich vor, Kinder auf einem Spielplatz zanken und rüpeln, ein Kind fährt ein anderes an: „Du Rindskarnoppel!" Ein Kind schaut verdutzt, ein anderes lacht. Die Erwachsenen in der Nähe schmunzeln vielleicht oder schütteln den Kopf. Kinder registrieren diese Reaktionen und wissen: Das Wort ist ziemlich harmlos, eher komisch und bei manchen ein Überraschungserfolg. Das Wort wird zu Hause getestet („Mama, Tobi hat heute Rindskarnoppel zu Anja gesagt!") und die Reaktion der Eltern – Erstaunen, Lachen oder was auch immer – werden ohne großes Nachdenken als weitere „Einzelwertungen" nach und nach zu einer „Gesamtnote" verrechnet. Die dürfte in diesem Fall eher „harmlos" lauten.

Ertönt ein „Affenarsch!", fährt vereinzelt ein Kopf hoch, die Nachbarin runzelt die Stirn, die Mutter auf der Bank zieht die Brauen hoch, die da drüben mit dem Kinderwagen grinst, aber der Großvater, der kriegt ein entrüstetes Gesicht, auch wenn er nichts sagt. Die Reaktionen der Umwelt, das Mienenspiel der Erwachsenen macht aus einem Wort einen harmlosen Begriff oder einen „Ausdruck". Die hochgezogene Augenbraue, das entrüstete Einatmen oder ein Entsetzensschrei („Mein Gott, wo hast du das denn bloß wieder her!") verwandeln ein Wort in ein „diplomiertes Schimpfwort".

Ich finde es immer wieder erstaunlich, wie gut Kinder abschätzen können oder auch spüren, wie weit sie gehen dürfen und wann die Schmerzgrenze beim anderen überschritten wird – jedenfalls wenn die Beziehungen im Großen und Ganzen stimmen und wenn keiner der Beteiligten unter unerträglichem Druck steht. Die Eltern brauchen sich also in der Tat keine großen Sorgen zu machen.

Balgen, kloppen, keilen
oder: Ohne Regeln geht es nicht

Zanken, Streiten ... alles Aggression. Aber des Pudels Kern ist erreicht, wenn es zu Handgreiflichkeiten kommt. So sehen es jedenfalls viele. Und in der Tat: Wenn wir eine Aggressionskultur entwickeln wollen, dann ist eines ihrer Hauptstücke, dass körperliche Gewalt vermieden und durch andere erträglichere Formen der Auseinandersetzung ersetzt wird. Das ist aber nicht dadurch zu erreichen, dass körperliche Gewalt völlig tabuisiert wird.

Der kleine Chris schlägt zu
Klara ist vier Jahre alt. Sie ist sehr stolz, denn sie kann sich schon allein anziehen, wenn die Mama ihr alle Kleidungsstücke in der richtigen Reihenfolge auf den Boden legt. An einem Morgen kommt der zweijährige Chris dazu und bringt alle Sachen durcheinander. „Nein!", schreit Klara. „Hau ab! Geh weg!" Da stellt sich der kleine Chris hinter seine Schwester und schlägt mit seiner Hand auf ihren Kopf: „Sei still!", und weiter im Takt: „Sei still! Sei still!"
„Mama, der haut mir auf den Kopf!", ruft Klara jammernd in Richtung Küche.
Die Mutter erschrickt: „Schlägt auf den Kopf! Dabei ist er doch noch so klein!", schießt es ihr durch den Kopf. „Auf den Kopf – das ist brutal! Ziehe ich da einen Schlägertyp groß?" Sie ist schon unterwegs, um einzugreifen und Klara zu schützen. Das schrille Pfeifen des Wasserkessels stoppt sie. Sie muss den Tee aufgießen. Körperliche Angriffe ihrer Kinder erschrecken viele Mütter. Was, wenn die Kinder größer und die Attacken gröber werden? Das weckt bei manchen Bilder von roher Brutalität und Gräueltaten.

Aus dem Kinderzimmer ist nichts mehr zu hören.
Die Mutter denkt: „Nein, Chris ist nicht bösartig. Aber Klara mag sich nicht recht wehren aus Angst, dem Kleinen weh zu tun. Soll ich Klara sagen: ‚Du bist doch stärker, halt ihm die Hände fest!'? Aber die Kinder sollen selber miteinander klarkommen!"
Wieder ertönt Klaras jammervolles „Mama!"
Spontan ruft sie Richtung Kinderzimmer: „Klara, du kannst dich doch alleine wehren, wenn Chris dir wehtut!"

Im selben Augenblick hört sie Klara entschieden „nein!", sagen, „lass das!"
Die Mutter erhascht einen Blick auf die beiden und sieht, wie Klara Chris nachdrücklich zu seinem Spielzeug schiebt. Jetzt sind die beiden wieder aus ihrem Blickfeld. Chris heult, aber die Mutter hört an seiner Stimme, dass er nur ärgerlich ist und nicht etwa misshandelt.

Klaras Mutter sind in dieser kurzen Szene viele Gedanken durch den Kopf gegangen, aber zum Schluss ist sie ihrem Gefühl gefolgt. Und dieses Gefühl hat sie richtig geleitet.
Keine Fachfrau und kein Fachmann hätten ihr Besseres raten können.

Kinder regeln ihre Probleme selbst

Wichtig ist, dass die Kinder ihre kleinen Probleme selber miteinander regeln. Wenn die Mutter immer wieder eingriffe, würde sie die Zwistigkeiten *anstelle* der Kinder bereinigen, und dann könnten Klara und Chris nicht lernen, miteinander umzugehen.

Raufereien und Rangeleien sind wichtig und notwendig.

Und warum sind sie wichtig und notwendig? Darum:

Kinder erleben und erproben schubsend, knuffend und balgend ihre körperlichen Möglichkeiten.

Sie lernen ihre Macht kennen im Vergleich zu der Macht der anderen.

Sie sammeln Erfahrungen, wie es sich anfühlt, der Überlegene zu sein – oder auch der Unterlegene.

Sie lernen die Grenzen ihrer Kraft kennen.

Sie lernen auszuhalten, der Schwächere zu sein.

Und sie erleben auch das stolze Gefühl, stärker zu sein.

Außerdem erleben Kinder in ihrem Gebalge eine etwas rauere Art von Körperkontakt. Auch raufen ist körperliche Nähe und Zuwendung! Und das ist ihnen meist angenehm. Väter, die mit ihren Kindern balgen mögen, wissen das.

Das spielerische Kämpfen und Rangeln – gerade mit dem Vater – ist eine sehr lustvolle Angelegenheit, die außerdem noch unmerklich Regeln trainiert: Wie man kämpft, was erlaubt ist und was nicht. Der Begriff „Aggressionskultur" von Jan Uwe Rogge wird hier sehr anschaulich.

Mütter mischen sich ein

Grundsätzlich gilt: Eltern müssen lernen, sich herauszuhalten und es den Kindern überlassen, ihre Streitsachen selber zu regeln. Dennoch gibt es Situationen, in denen es hilfreich ist, wenn die Eltern die Hände nicht im Schoß liegen lassen. Von solchen Situationen handeln die beiden folgenden Geschichten.

Piet und Vincenz werden wieder Freunde

Im 1. Kapitel (s. S. 22) habe ich vom sechsjährigen Piet erzählt, der einen gezielten Fußtritt in Vincenz' Sandburg landet. Ein alltägliches Vorkommnis, das sich sehr leicht in eine unendliche Geschichte destruktiver Aggression hätte verwandeln können. Hier möchte ich erzählen, wie es dank der beispielhaften Initiative von Vincenz' Mutter doch anders kam.

Dem Tritt war ein verkorkster Spielnachmittag der beiden vorausgegangen, den sie im Streit beendet hatten. Danach hatte Vincenz Piet vor anderen Kindern „Spielverderber" genannt und lächerlich gemacht. Da hatte Piet sich nicht wehren mögen, weil er fürchtete, dann alle gegen sich zu haben. Als Piet Vincenz allein auf dem Spielplatz traf und für keinen von beiden Verstärkung in Sicht war, hat er es Vincenz mit dem Tritt in die Sandburg heimgezahlt, was er an Kummer, Schmach und Wut hatte einstecken müssen, und was er nicht anders hatte verarbeiten können. Er hat damit, zumindest kommt es ihm so vor, etwas ausgeglichen, eine Ordnung wieder hergestellt.

Es war aber nichts in Ordnung. Durch das kindliche Wurst-wider-Wurst, mit dem Piet seine Selbstachtung wieder herstellen wollte, wurde die Reihe der Vergeltungsakte nur verlängert: Vincenz schlug zurück und die Feindseligkeiten gingen weiter. Für Piet und Vincenz war es gut, dass Piets Mutter nachfragte und nach allerlei Herumgedruckse erfuhr, dass die Jungs derzeit schlecht aufeinander zu sprechen waren.

„Vincenz ist blöd", knurrte Piet. „Da darf man ja bloß spielen, wie der will!" Und Vincenz beklagte sich seinerseits daheim, dass dieser „unmögliche" Piet ihm „alles" kaputtmache, und überhaupt werde er dem Kerl schon zeigen, was eine Harke ist!

Die Geschichte hätte sich weiter hochschaukeln können nach dem Motto „wie du mir, so ich dir". Aber am Ende ist sie doch noch gut ausgegangen. Weil Piets Mutter ein paar Tage später beide Jungs reinholt zu Limo und Berlinern. Die Jungs hocken eher unlustig am Tisch. Auf die Frage, ob sie nicht was spielen wollen, brummen beide nur etwas wie „nöh" und „keine Lust".

Die Mutter sagt: „Sieht aus, als seid ihr ziemlich sauer ..."

Die beiden werfen sich flüchtig einen Blick zu. Brummeln.

„Was ist denn?", fragt die Mutter.

„Der hat mir meine Sandburg zertrampelt", schnaubt Vincenz.

„Und du? Du hast mich ja schon viel vorher geärgert!" Piet setzt zur Verteidigung an.

„Du hast mich ja gar nicht mitspielen lassen!"

„Gar nicht! Du wolltest überhaupt nicht richtig mit mir spielen. Außerdem bist du ja einfach nach Hause gegangen."

Nach dem ersten Schwall vorwurfsvollen Ärger-Ablassens sagt die Mutter: „Hm. Da hat ja jeder was abgekriegt. Jeder hat sich geärgert und dann zurückgeärgert ..."

„Ist doch auch wahr ..." knurrt es aus der Jungens-Richtung.

„Okay", sagt die Mutter. „Jetzt möchte ich aber mal was wissen. Vielleicht wisst ihr beide ja eine Antwort. Wenn ich das doof finde, wenn zwei so eine Art Krieg haben – was könnte ich machen, dass der Krieg aufhört?"

„Hä?" Vincenz und Piet sind verblüfft. Sie hätten erwartet, dass jetzt die üblichen Fragen losgehen wie „wer hat angefangen" oder „warum hast du das gemacht".

„Du könntest ja einfach sagen: Geht endlich spielen und hört auf mit dem Scheiß", schlägt Piet nach einer Weile seiner Mutter vor.

„Oder Sie könnten sagen: „Noch einmal, dann gibt's Ärger!" Vincenz kriegt den drohenden Unterton ganz gut hin.

„Das passt beides gut zusammen", findet die Mutter, und die Jungen freuen sich schon, weil sie „was Vernünftiges" gesagt haben. Der Schluss stellt sich jedoch als voreilig heraus.

„Ich sage, was die Zwei tun sollen, und damit sie es auch wirklich tun, drohe ich ihnen gleich was an, falls es nicht klappt ...", fasst die Mutter zusammen.

„So wie in der Schule", sagt Piet. „Die Frau Schreiber sagt auch immer: ‚Wenn du deine Hausaufgaben vergisst, musst du das nächste Mal mehr machen' ..."

Die Mutter nagt auf der Unterlippe. „Du hast Recht. Beides sind Drohungen. Aber ich seh da noch was anderes. An die Hausaufgaben kann man ja nun wirklich denken und dann ist es gut. Aber kein Ärger – kann man das einfach machen? Könntet ihr beide das: Sich einfach nicht ärgern, wenn der andere was macht, was einem nicht passt?"

„Nee", platzt Vincenz raus. „Wenn der einen Scheiß macht, bin ich sauer. Und dann kann ich das nicht wegmachen. Ich mein, da kann ich nicht einfach nicht sauer sein!"
Piet stimmt zu.

„Ihr meint, wenn zwei spielen, da kommt das einfach mal von allein, dass einer sich ärgert."
Die Jungs nicken.

„Und das hilft auch nicht, wenn ich sage, die sollen sich nicht ärgern?" Heftiges Nicken.

„Ja und was kann ich dann machen?"

„Du kannst gar nichts machen", sagt Piet.

„Nee, überhaupt nichts", stimmt Vincenz zu. „Weil, das müssen doch die beiden miteinander ausmachen!"

„Wie soll das denn gehen?" Jetzt ist die Mutter gespannt, was den Buben einfällt.

„Na, die könnten sich ja erst mal sagen, was weiß ich ...: ‚Das mag ich nicht leiden, was du da machst'", fängt Piet an.

„Oder: ‚Nee, das will ich aber lieber anders haben' ...", ergänzt Vincenz.

„Also einmal, da hast du mal mit Papa so was gemacht", meint Piet.
Die Mutter horcht auf.

„Da hast du gesagt, dass du es aber voll Mist findest, wenn Papa den ganzen Samstag Zeitung liest, und dass das echt ätzend ist, und du willst auch mal ins Kino."

„Und dann?" Die Mutter ist neugierig.

„Weiß ich nicht genau. Ihr habt gestritten. Und nachher seid ihr dann ins Kino gegangen. Du hast gesagt, ihr hättet was gefunden, der Papa und du, so was Komisches ..."

„Einen Kompromiss!" Die Mutter erinnert sich, dass sie Piet das Wort damals erklärt hat. „Weißt du auch noch, wie man den findet?"

„Nöö, nicht mehr richtig." Vincenz weiß es auch nicht.

Die Mutter denkt kurz nach. Dann fragt sie: „Soll ich euch nachher zum Abenteuerspielplatz bringen oder wollt ihr fernsehen?"

„Fernsehen", sagt Vincenz.

„Mann, bist du blöd" entfährt es Piet. „Abenteuerspielplatz ist doch viel besser!"

„Aber gar nicht!"

„Aber wohl! Mit dir kann man doch gar nichts machen", fasst Piet zusammen. „Du bist echt voll blöde!"

„Selber!"

„Und jetzt?", fragt die Mutter. „Soll ich jetzt sagen, ihr dürft euch nicht ärgern, sonst knallt's?"

„Meinetwegen", sagt Piet. „Hauptsache, du fährst mich zum Abenteuerspielplatz!"

„Ach ja? Und Vincenz geht nach Hause, ärgert sich und schubst dich morgen vom Klettergerüst?"

„Ach, Mama!"

„Wie wär's, wenn ihr beide verhandelt? Wenn jeder von euch sagt, warum er Spielplatz oder fernsehen lieber möchte? Und warum gerade jetzt?"

Die Mutter gibt die Regel vor: Keine Beleidigung, kein „Du bist blöd!", oder „Du bist lahm" oder so etwas. Mit leiser Hilfe kommen die Verhandlungen dann tatsächlich zu einem Ende. Heute gibt es im Kinderkanal was Tolles, das sie ansehen wollen, und übermorgen wollen sie zum Abenteuerspielplatz. Morgen geht nicht, da haben beide etwas anderes vor. Jeder für sich. Wenn das kein Kompromiss ist!
Kinder sind daran interessiert, ihre Dinge selber zu regeln. Und sie nehmen Hilfen an, wenn sie merken, die Erwachsenen wollen ihnen nicht ihre Lösungen überstülpen, sondern wollen ihnen helfen, sich selber zu helfen. Und sie begreifen sehr wohl, dass Regeln dabei hilfreich sind und auch ein Schiedsrichter, der die Einhaltung der Regeln überwacht. Das kennen sie ja vom Sport.

Wie Dominik und Lutz die Regeln gelernt haben
Margret, Dominiks Mutter, hört unten aus dem Garten merkwürdige Geräusche. Sie geht auf den Balkon und schaut hinunter, wo ihr sechsjähriger Knabe und sein etwas jüngerer Freund Lutz auf dem Rasen ineinander verkeilt sind.
„Was macht ihr denn da?", will es aus ihr heraus. Aber Neugier, oder ist es ein kleines Stück Voyeurismus? verschließt ihr den Mund. Sie sagt nichts und tritt einen Schritt vor, um besser sehen zu können. Gerade versucht Dominik, Lutz auf den Boden zu drücken; der rollt unter seinem Widersacher weg. Dominik kriegt ihn wider von der Seite zu fassen, dann ringen sie stöhnend und ächzend miteinander. „Auaaa!", schreit Lutz und schlägt Dominik mit der Hand in die Rippen. Das reicht. Margret kann es nicht mehr mit ansehen und tritt einen Schritt zurück.
„Na warte", hört sie, „das kriegste zurück!" – „Pöh, kannste ja gar nicht!", kontert der andere.
Das klingt nicht nur nach Kräftemessen, sondern schon nach Rache und erschreckt Margret. Sie sind doch Nachbarskinder! Freunde sogar! Sie will hinunter, um der Sache ein Ende zu machen. Auf der Treppe ermahnt sie sich. „Jetzt übertreibst du. Es ist ja nichts passiert. Kein Blut. Kein Schmerzgebrüll." Und so lenkt sie ihren Gang statt nach unten auf halber Höhe in die Küche. Da fällt ihr noch ein, was sie kürzlich von Spaßkämpfchen gelesen hat, die für Jungens ganz wichtig sein sollen. Sie rührt einen Kakao an. So hat sie einen Vorwand, die beiden Buben hereinzurufen. Verschwitzt sitzen sie am Küchentisch.

Praxis-Tipp: Ohne Regeln geht es nicht

Wichtig ist, dass Eltern mit den Kindern eine klare Vereinbarung treffen, wann Schluss ist mit dem Raufen: Jeder hat das Recht, „Stopp!", „Halt!", oder „aufhören!", zu rufen, und dann *muss* der Kampf beendet werden – sei es auch noch so ein lustiger Spaßkampf. Sind die Kinder schon älter, können sie die Spielregel untereinander aushandeln und sich einigen, wann Schluss sein muss.

„Was war denn mit euch eben los?", fragt sie. „Habt ihr Zoff, oder was macht ihr da?"
Die Buben spüren die Unsicherheit der Mutter und grinsen verlegen.
„Nööö, nicht so richtig", sagt Dominik. Und sein Freund ergänzt: „Wir kloppen uns bloß!"
Jetzt passt Margret das Wort „Spaßkämpfchen" nicht mehr so recht. Das hat beim Lesen gestimmt, und auch noch vorhin, als sie nach irgendeiner Art von Trost suchte. Mütterseelen sind ja genau in dem Augenblick „mutterseelen"allein, wenn etwas Unerwartetes geschieht und sie verunsichert sind. „Prügeln als Freizeitbeschäftigung", denkt Margret entgeistert. „Das darf doch wohl nicht wahr sein!" Sie weiß nicht recht, was sie jetzt machen soll, die beiden sitzen ja auch ganz friedlich am Tisch. Deswegen sagt sie erst einmal nichts weiter dazu. Dennoch: Die „Kämpfchen" beschäftigen sie.
Als die Buben den letzten Rest Kakao aus dem Becher geschlürft haben, rennen sie wieder raus. Die Mutter räumt die Kakaobecher weg und geht ins Wohnzimmer hinüber. Sie möchte sicherheitshalber von dort aus nach den Jungen sehen. Fast hatte sie es ja befürchtet. Die beiden kämpfen schon wieder! Zwar hört sie durch das halb geöffnete Fenster auch Gekichere, aber irgendwie ist ihr mulmig. Sie fürchtet, dass die Geschichte da draußen am Ende entgleisen könnte.
Lutz liegt unten, Dominik sitzt halb auf ihm, hat ihn im Schwitzkasten. Der Kleine lacht unterdrückt, windet sich. Doch plötzlich jammert er los: „Nein! Nicht! – Hör doch auf!" Und ihr Sohn, ausgerechnet ihr Sohn ruft triumphierend „Nee – ich hör nicht auf!" Und scheint seine Überlegenheit auch noch zu genießen!
Da heult Lutz laut los. Die Mutter holt tief Luft. „Nicht einmischen, Margret", denkt sie. „Nicht einmischen" hat sie neulich in einem Zeitungsartikel über Streit im Kinderzimmer gelesen. Also stellt sie nur die Ohren auf „Überwachung" und lässt die Jungs alleine machen. Das fällt ihr sehr schwer! Und als sie mit einem Mal etwas wirklich Klagendes in Lutz' Geheul zu hören meint, übersteigt das doch ihre Kräfte. Das kann sie nicht mehr aushalten!
Jetzt saust Margret hinaus und sieht gerade noch, dass Lutz um sich tritt. Dominik ist wohl von Lutz runtergekullert, jetzt springt er mit einem Satz auf und bringt sich in Sicherheit. Er rennt seiner Mutter gerade in die Arme. Sie ist geladen!
„Ja bist du denn total verrückt geworden", herrscht sie ihn an. „Du hast sie wohl nicht mehr alle!" Sie ist fuchtig, ihr Herz schlägt wie verrückt. Dass Dominik so etwas tut! Dass er einfach nicht aufhört, wenn sein kleiner Freund unten liegt und nicht mehr kann! Sie ist empört, und zugleich macht ihr das, was sich da unter ihren Augen abgespielt hat, Angst. Außerdem schämt sie sich, schämt sich für Dominik und fühlt sich miserabel.
Margret hat Dominik am Nacken gepackt. Ihr Griff ist unsanft, und am liebsten möchte sie ihn schütteln, ihm die Grobheit rausschütteln und sich selbst damit erleichtern. Das alles dauert nur einen Moment. Sie tut es nicht wirklich, aber sie fühlt deutlich, sie hätte es beinahe getan. Um Lutz zu beschützen. Um Dominik eine Lehre zu erteilen. Ja, und auch, um sich Luft zu machen und handgreiflich abzurechnen.

Eine Mutter rastet beinahe aus
In dem Moment kommt Lutz' Mutter. Die beiden Mütter sind sehr vertraut miteinander. Margret: „Irmela, du bist grad im richtigen Moment rausgekommen."
„Ich? Wieso?"
„Ach, weißt du", Margret zögert. „Als ich kam, da hatten die Jungs sich ja schon eine Weile in den Haaren. Erst war es Blödsinn. Und dann ein bisschen Ernst, und ich hab gedacht, sollen sie das mal alleine regeln."

„Ja – so mach ich das auch. Meistens jedenfalls", bestätigt Irmela.
„Und dann hat Lutz so geheult", erzählt Margret weiter. „Da hab ich Angst gekriegt und bin raus."
„Und? War's schlimm?", fragt Irmela mit einem halben Lachen. „Ich hab ja nicht mehr viel gesehen!"
Margret holt tief Luft. „Ja – ich fand das schlimm! Da sitzt mein Dominik auf deinem Lutz und haut und haut – obwohl Lutz doch kleiner ist! Und obwohl Lutz schreit, dass Dominik aufhören soll. Ich hab gedacht, der Dominik dreht durch! Ich bin furchtbar erschrocken ... das war ... roh! Ich fand das so was von brutal – ich hätt ausrasten können! Mein Sohn!"

Judo, Regeln und Respekt

Irmela hat auch noch einen größeren Sohn und kennt solche Szenen. „Ja, so was gab es bei uns auch. Da kann ich auch stinkwütend werden, wenn einer nicht weiß, wo Schluss ist. Das ist schon länger her, da hat der Jonas manchmal so Ausraster gehabt. Wir hatten eine klare Vereinbarung: Wenn einer ‚Aufhören' ruft, dann gilt das. Aber bei Jonas fehlte es da. Wir haben viel mit ihm geredet. Und irgendwie kamen wir dann auf Judo. Das hat ihm wohl sehr imponiert. Er geht da heute noch hin, und er hat schon einen schwarzen Gürtel. Seit er im Judo ist, habe ich nicht mehr mitgekriegt, dass es solche Aussetzer gab. Deswegen war Lutz wohl so von der Rolle. Der ist es gewöhnt, dass einer aufhört, wenn er ‚Aufhören' ruft."

„Judo! Das ist mal ne Idee", sagt Margret dazwischen. Sie hatte das immer ein bisschen affig gefunden, die Extra-Klamotten, dieses Gürtel-Trara, und dann das mit dem Verbeugen. Aber immerhin, da lernen die Kinder, beim Kämpfen Regeln einzuhalten. „Vielleicht", schießt es Margret plötzlich durch den Kopf, „hat das Verbeugen ja etwas zu tun mit Respekt vor dem Gegner ... und davon könnte Dominik weiß Gott eine Portion brauchen."

„Mein Sohn! Da schäme ich mich manchmal!"
„Und dann ..." Irmela überlegt, wie sie es ausdrücken kann. „Du hast vorhin gesagt ‚mein Sohn!', so voll Entrüstung ... Ich glaub, mir geht's ähnlich, wenn einer von mei-

nen so richtig Bockmist baut ... Das ist wie eine dicke Backpfeife! Wenn mir Lutz'
Lehrerin sagt, was der schon wieder ausgefressen hat ... also, da schäme ich mich
manchmal! Das ist ja vielleicht blöde ... Ich bin zwar nicht mehr in der Schule ... Aber
trotzdem!"
„*Ja*", stimmt Margret zu. „*Da ist was dran. Als hätte ich als Mutter völlig versagt.*"
„*Genau!*" Irmela nickt.
Margret setzt noch einmal an: „*Ich bin mir vorgekommen wie ... naja, als hätte ich*
bloß Mist gemacht mit allem, was ich erziehen wollte! Ich bin mir vorgekommen wie
der letzte Arsch!!"
„*Kenn ich. Da könnt ich manchmal die Wand hoch gehen*", bestätigt Irmela.

Rachegelüste

„*Das ist aber noch gar nicht alles.*" Margret kaut auf der Unterlippe. Es fällt ihr
schwer, darüber zu sprechen. „*Weißt du ... Ich war so jenseitsmäßig sauer, ich hätt mir*
den Kerl krallen mögen ..." Sie schluckt. „*Hab ich ja dann auch. Ich hab ihn ja wirk-*
lich am Kragen erwischt. Und es hätte nicht viel gefehlt ... Ich war so stinke-sauer!"

„*Mhm.*" Irmela nickt. Das kennt sie auch.
„*Ich hätt ihm seine Gemeinheit am liebsten heimgezahlt – mit genauso viel*
Gemeinheit ..." bekennt Margret.
„*Rache ist süß*", sagt Irmela.
Margret: „*Ich hab jedenfalls einen Moment das Gefühl gehabt, dass ich mit einem*
gewaltigen Durchschütteln alles wieder richtig rücken kann. So, dass es ausgeglichen
ist. Einfach wieder in Ordnung!"

„*Ja*", sagt Irmela, „*es kommt einem so vor, als hätte Rache was mit Gerechtigkeit zu*
tun."
Margret schnaubt verächtlich durch die Nase. „*Dann wär ich ja keinen Fatz besser*
gewesen als dieser ... dieser Killer-Anwärter!"
„*Spinnst du?*" Irmela fasst die Freundin am Arm. „*Dein Dominik ist kein Gangster*
und wird auch keiner. Und du bist auch keine Monster-Mutter. Jetzt mach dich mal
nicht so runter, bloß weil du beinahe ausgerastet wärst!"

Margret lässt sich nicht so schnell beruhigen. „*Ist doch wahr – so was darf einfach*
nicht passieren! Eine Mutter, die ihr Kind fertig macht – weil ihr Kind ein anderes
Kind fertig gemacht hat! Das ist doch abartig!"
„*Ach je – darf nicht passieren!*" Irmela zieht die Schultern hoch. „*Es ist ja nicht pas-*
siert. Wir Erwachsenen sind auch mal stinkwütend. Und brausen auf. Da sind wir
genau wie unsere Kinder. Gott sei Dank! Sonst wären wir ja elend lahme Langweiler
– oder Heilige."
Margret verzieht ihr Gesicht zu einem vorsichtigen Grinsen über die Langweiler und
Heiligen.

Eine heilsame Lektion

Irmela fährt fort: „Die Grenze ist manchmal verdammt schmal zwischen Sich-Beherrschen und Draufdreschen. Wir als Erwachsene haben da doch mehr Übung drin als die Kids. Und soll ich dir mal was sagen? Ich finde das manchmal sehr heilsam, wenn ich das wieder einmal am eigenen Leib gespürt habe.“

„Weil du dann die Kinder besser verstehen kannst?“, fragt Margret entgeistert.

„Auch, ja. Und weil ich dann etwas bescheidener werde ... mit meinen Ansprüchen an die Kids.“

„Also, du meinst, das war jetzt richtig gut, dass ich den Dominik fast vermöbelt hätte? Weil ja gar nichts weiter passiert ist, als dass ich mir selber eine Lektion in Bescheidenheit erteilt habe?“

Irmela lacht. „Das hast du gesagt! Du weißt ganz gut, wie ich das gemeint habe! Wenn man mal spürt, was noch alles in einem steckt ... außer ,liebes Mädchen‘ und ,nette Mama‘ ... dann ist das ganz schön heilsam.“

Am Ende beratschlagen beide, was sie mit den Jungs machen könnten. Denn eines ist ihnen klar: Sie müssen wohl Spielregeln einüben – denn bloß erklären reicht offensichtlich nicht aus.

Spielregeln einüben

Irmela fällt ein, dass sie aus Lutz' Rittertagen noch Schläger herumliegen hat, recht stabile Schaumstoffschläger, mit denen man zwar aufeinander eindreschen, sich aber nicht ernsthaft verletzen kann. Die holt sie. Und dann rufen die Mütter zu einer Kampfrunde. „So ähnlich wie ein Ritterturnier.“

Margret erklärt die Kampfordnung:

1. Nicht auf oder gegen den Kopf schlagen.
2. Wenn einer hingefallen ist, darf nicht mehr gehauen werden, bis er wieder aufgestanden ist.

„Logo“, redet Dominik dazwischen. „Das ist ja so ähnlich wie im Boxring!“ Margret denkt eher an Judo dabei, das ist ihr sympathischer, aber sie behält es für sich. Vielleicht findet sich eine Gelegenheit, bei der sie Dominik für Judo interessieren kann.

Der 3. Punkt der Kampfordnung ist ganz wichtig: Wenn einer „Halt!“ oder „Aua!“ ruft, ist sofort Schluss. *Margret kann sich gerade noch beherrschen, etwas wie „nicht so wie vorhin“ anzumerken. Irmela macht den Schiedsrichter.*

„Was zählst du denn?“, fragt Lutz.

„Tore gibt es ja nicht“, setzt Dominik hinzu.

„Was soll ich denn zählen? Wie wollt ihr das denn machen: Wann gibt es einen Punkt?“

„Wenn einer kaputt ist, kriegt der andere einen Punkt“, schlägt Dominik vor.

„Und wann ist einer kaputt?“, fragt Irmela.

„Na Mensch – wer kaputt ist, der sagt's halt! Was hast du denn gedacht?“

Die Jungen fangen mit dieser simplen Regel an. Als sie merken, dass ihnen das nicht ausreicht, entwickeln sie weitere Regeln: Jeder hat drei Leben, und ein Leben ist zu Ende, wenn einer hinfällt. Später zählen sie lieber ihre Treffer – das finden sie spannender. Auf jeden Fall üben sie mit viel Gejuchze unter den wachsamen Augen der Schiedsrichter-Mutter, „wie Männer kämpfen", bis sie ziemlich hungrig sind und erschöpft.

Chefsache

Als Dominiks Vater abends heimkommt, erzählt ihm die Mutter, was sie getrieben haben. „Weißt du", sagt sie, „eigentlich wäre das eine Aufgabe für dich gewesen, eine Chefsache, diese ganze Kämpferei. Erst hab ich die beiden ja machen lassen, auch wenn mir das ziemlich schwer gefallen ist. Aber dann nachher – das fand ich schon ziemlich krass. Und ich bin dermaßen wütend geworden! Da hätte ich deine Unterstützung gebraucht! Ich finde, du könntest mal tüchtig mit deinem Sohn herumbubeln oder ringen oder so was – ein bisschen was Wilderes, als ich ihm das bieten kann."

Der etwas rauere Körperkontakt mit dem Vater, das Sich-Messen, das „Heftige", das vielen Müttern nicht so liegt und sie manchmal ängstigt, tut Kindern unendlich gut! Der Psychoanalytiker Tilman Moser spricht von „liebevoller Gewaltsamkeit", die dem Kind unter anderem zeigt, dass der Vater den Körper des Kindes mag, dass er sein Kind anfassen, ihm körperlich nahe sein mag. Das ist viel mehr als nur Kräftemessen oder Rivalisieren. Es ist eine liebevolle Mischung von Nähe und Abgrenzung. Es ist fröhliches Spiel mit der väterlichen Stärke, die ja keine Übermacht sein soll.

Dominiks Vater scheut ein bisschen davor zurück – er kann doch nicht mit seinem Sohn kämpfen! Der Vater ist schließlich fast zwei Meter groß und Dominik ist noch klein. Außerdem – irgendwie findet er die Vorstellung komisch, sich mit seinem Sohn auf dem Boden zu wälzen. Die Mutter redet ihm zu, drängt ihn. Und tatsächlich: Am Wochenende, als sie an den Baggersee fahren zum Baden, spritzt Dominik übermütig vom Wasser aus den Vater am Ufer tüchtig nass. Daraus entwickelt sich eine Rauferei, und am Ende liegen Vater und Sohn zusammengerollt beieinander im Gras. Was sie einander erzählen, kann die Mutter nicht hören, und sie bemüht sich auch nicht. Es ist ja auch sicher ein Männergespräch.

Balgen, Scham, soziales Lernen, Frieden:
Oder: ... schlägt sich, ... verträgt sich

Es geht bei Balgereien nicht nur um Körperkontakt, sondern *auch* um soziales Lernen. Die Kinder lernen z. B. das Gefühl der Scham kennen, wenn sie zu weit gegangen sind, wenn sie versehentlich einem anderen wehgetan oder ihn verletzt haben. Vielleicht lernen sie auch das herbe Gefühl kennen, für eine Weile von der Gruppe ausgegrenzt zu werden, weil sie gegen die ungeschriebenen Regeln der Gemeinschaft verstoßen haben.

Nicht zuletzt lernen sie, wie man sich wieder verträgt, wie man Frieden schließt, wie man wieder neu anfängt „nach einer Schlacht", wie in der folgenden Geschichte zu sehen ist.

Ein schmerzhafter blauer Finger und eine schlitzohrige Versöhnung

Die Geschwister André und Simone, neun und elf Jahre alt, die im vorigen Kapitel in eine Schimpf-Olympiade verstrickt waren, geraten gelegentlich auch etwas kräftiger körperlich aneinander als bei den Schubsereien unter dem Tisch. Eines Tages hatte André sich ohne zu fragen eine Tonbandkassette der Schwester „ausgeliehen". Simone stürzt in sein Zimmer, schnappt nach dem Kassettenrecorder, aus dem „ihre" Musik kommt, und in dem Geraufe tut sie ihrem Bruder empfindlich weh. Er heult nicht sein übliches Wut-Geheule, sondern weint ernsthaft vor Schmerz. Gewiss könnte die Mutter nun einschreiten. Ja, als ihr Sohn vor Schmerz zu weinen beginnt, verspürt sie sogar den dringenden Impuls, rettend einzugreifen. Sie möchte darauf bestehen, dass Simone sich „ordentlich" entschuldigt, und zwar „ein bisschen plötzlich". Danach möchte sie vermutlich, sehr um Gerechtigkeit bemüht, die kleine Raubritterin dazu verdonnern, aber sofort! die Kassette herauszurücken.

Sie steht schon in der Tür, will eben Richtung Kinderzimmer sausen, da hört sie: „Mann, hab dich nicht so!" Sie stutzt. Das ist zwar ein ruppiger Ton, aber nicht dramatisch. Sie geht und macht (mit gespitzten Ohren!) bei ihrer Arbeit in der Küche weiter.

„Zeig mal ... da tut das weh?" Sie kann heraushören, dass Simone ehrlich besorgt ist. Interessiert lauscht sie weiter: Wehklagen mit einem mitleidheischenden Unterton.

„Hättste mir ja nicht die Kassette zu klauen brauchen ..."

„Und du brauchst ja nicht gleich so rumzuprügeln!"

„Jetzt mach mal halblang. Ich wollte mir bloß mein Eigentum zurückholen."

„Jaja – aber wie! Blödes Prügelweib. Guck ma, mein Finger! Ganz blau!!"

„Hab ich doch nicht mit Absicht gemacht, Mensch ... tut mir leid ..."

„Kann ja jeder sagen. Geh mal runter von meinem Sofa ... du Monster."

„Ey, du wirst ja schon wieder frech!"

„Na und? – Soll'n wir mal fragen, ob wir'n Eis kriegen – ?"

„Au ja, aber du fragst. Du hast den blauen Finger!"

Die mütterliche Zurückhaltung ist nötig, denn den „erzwungenen" Versöhnungen, die ja keine sind, kann kein haltbarer Frieden folgen. Die mütterliche Zurückhaltung ist außerdem nötig, damit die Kinder sich selbst einzuschätzen lernen und es so schaffen, ihre Angelegenheiten auf ihre Art zu regeln. Und in diesem Fall haben beide Kinder auch noch Kapital geschlagen aus der brisanten Situation.

Haben Sie gerade gefragt: „Geht das nicht zu weit?" Ich sehe das lockerer. Die Mutter spitzt die Ohren, weil sie ein berechtigtes Interesse daran hat, zu erfahren, wie die beiden Kinder miteinander klarkommen. Und sie freut sich darüber, wie es ihnen gelingt.

So fällt es ihr leicht, schmunzelnd zu beschließen, die Absprache mit dem Eis nicht gehört zu haben.

Der blaue Finger des Sohnes hat ja tatsächlich Trost verdient. Und der Schrecken, den sie aus der Stimme ihrer schlagkräftigen Tochter herausgehört hat, ebenfalls. Und sie selbst hat mindestens auch ein Eis verdient. Oder einen kleinen Anis. Aber, wie so oft, vergisst sie mal wieder, sich zu belohnen, wenn sie was Gutes getan hat. Als sie es sich eine halbe Stunde später gerade vor dem Fernseher bequem machen will und einen Moment aus Richtung Kinderzimmer wieder ein Gequäke zu hören ist, fällt es ihr ein. Sie steht auf, geht zum Kühlschrank, schenkt sich ein, nimmt das Glas mit zurück ins Wohnzimmer und prostet sich zu: „Haste echt gut gemacht ..."

Die Angst, die so hinderlich ist

In der Tat, das hat sie gut gemacht. Sie hat es geschafft, diese Angst, dieses Sich-Ver-antwortlich-Fühlen beiseite zu schieben, und sie hat es geschafft, zuzulassen und aus-zuhalten, dass ihre Kinder es selbst machen.

Sie lässt die Angst nochmals in ihr Bewusstsein. Wie so viele Eltern bedrücken sie die Bilder von Brutalität, Zerstörungswut und Gewaltkriminalität. Entschlossen steht sie auf und schaltet den Fernseher ab, aus dem diese Bilder gleich wieder Nachschub erhalten werden. Dann ist sie wieder froh, dass sie ihre Kinder hat machen lassen und dass es, wie in den allermeisten Fällen, wenn die beiden sich streiten, auch diesmal nur um eine Art Wettkampf ging.

Oft geht es auch um sehr impulsiv ausgelebte Neugier oder um ein gegenseitiges „Erziehen" der Kinder: Sie sammeln ihre Erfahrungen. Und wenn sie sich im Großen und Ganzen mögen und achten, dann ist besonnene Zurückhaltung der Eltern das Beste. Eltern müssen eingreifen, wenn es wirklich gefährlich wird, *wirklich* gefähr-lich. Nein, ein Patentrezept gibt es nicht.

Warum es so schwer ist, sich „rauszuhalten"

Das spontane Bedürfnis der Eltern einzugreifen entspringt sicher dem Bedürfnis (und der Notwendigkeit!) dem Nachwuchs zu helfen, ihn aus Gefahr zu retten und keines-falls preiszugeben. Deswegen ist dieser Rettungsimpuls oft so stark. Und deswegen entsteht so leicht die heftige Angst vor einem schlimmen Ausgang. Natürlich spielt auch die Presse eine Rolle, die Meldungen von Brutalität, Gewaltsamkeit und Zerstörung. Die Berichte über ausufernde Aggression können es Eltern wirklich sehr schwer machen, Zutrauen zu haben zu der Fähigkeit ihrer Kinder, ihre Angelegen-heiten selbst zu regeln.

Deshalb ist vielleicht auch diese Information wichtig: In der zweiten Hälfte der 90er Jahre im letzten Jahrhundert ist in den USA die Zahl der Gewaltdelikte leicht zurückgegangen; die Berichterstattung in den Medien über solche Verbrechen aber hat sich in diesem Zeitraum verdoppelt.

Wichtig für uns Eltern bleibt, dass wir uns immer wieder bemühen, einen Ausgleich zu schaffen zwischen unserer Sorge und unserer Zukunftsangst und dem viel beschworenen Loslassen im Vertrauen darauf, dass das Kind so, wie es ist, in Ordnung ist.

Das mag manchem wenig erscheinen, aber es ist das Beste, das Eltern geben können.

Frust ist eine Sache mit zwei Gesichtern

Dass Frust Ärger oder auch Wut hervorrufen kann, ist den meisten geläufig. Manche Eltern wollen ihr Kind am liebsten vor allem Frust bewahren. Weniger bekannt ist, dass Enttäuschungen Menschen erfinderisch machen können.

Wenn aus Enttäuschung Wut entsteht

Tommy und Corinne, Teil 1
Der fünfjährige Tommy steht am Schreibtisch seiner Schwester Corinne. Er umklammert einen dicken Filzstift, schaut sich um – und setzt schließlich einen kräftigen Strich in die Hausaufgaben der Siebenjährigen. In seinem Gesicht spiegeln sich Zufriedenheit und Genugtuung. Bevor Sie Tommy für ein „widerliches kleines Ekel" halten – so wird Corinne ihn nennen –, lesen Sie, was vorher passiert ist.

Da saß Corinne – sie geht noch nicht lange in die Schule – missmutig über den Hausaufgaben: Sie sollte einige Reihen schwungvoller Bögen malen. Nur wollten ihre Händchen und Finger nicht so, wie sie: Immer wieder machten sie Zacken und Krakel. Die Töne, mit denen Corinne ihre Misserfolge quittierte, wurden heftiger, wütender. Als Tommy ins Zimmer kam und sich eines ihrer Radiergummis holen wollte, flippte sie aus. „Zisch ab, du Pamperspupser!", giftete sie ihn an, haute ihm auf die nach dem Gummi ausgestreckte Hand und schubste ihn heftig Richtung Tür.

Ich versuche zu verstehen, was geschehen ist. Corinne hatte sich mit den geschwungenen Bögen geplagt. Zuerst hatte sie tapfer immer wieder neu begonnen – angetrieben vom Motor der konstruktiven Aggression: Sie wollte es schaffen, sie wollte das Bogenmalen in den Griff kriegen! Ihr häufiges Scheitern war frustrierend und hatte Ärger ausgelöst, sie war ungeduldig geworden, schließlich wütend. Sie litt daran, dass sie ihre Bewegungen nicht so kontrollieren konnte, wie sie das gern wollte. Sie wurde zappelig, die Kringel gerieten immer weniger. Das erbitterte sie. Schließlich konnte sie ihre Hilflosigkeit nicht mehr ertragen. So viel Frust war nicht auszuhalten! Das machte sie stinkwütend, und als Tommy ihr in die Quere kam, entlud sich ihre Wut im Schlag auf seine Hand. Diese feindselige Aggression war die Folge des erlittenen Frusts. Frust macht Wut. Frustrationswut.

Den Begriff kennt jeder: Frust ist die alltagssprachliche Verkürzung von Frustration. Das kommt von lateinisch *„frustrare"*, „täuschen" und im übertragenen Sinne „vereiteln". Der Begriff hat seinen Platz da, wo es um Absichten, Wünsche, Ziele, Vorhaben, Pläne oder Bedürfnisse geht. Sehr plastisch ist das in der lateinischen Redewendung „clamor frustratur hiantes", wörtlich übersetzt: „Es wurde dem offenen Munde versagt." Damit ist gemeint: Jemand hält einem Hungrigen etwas Essbares hin und zieht es weg, sobald der Hungrige seinen Mund öffnet.

Der Fremdwörter-Duden erklärt Frustration so: „Erlebnis einer wirklichen oder vermeintlichen Enttäuschung und Zurücksetzung durch erzwungenen Verzicht oder Versagung von Befriedigung."

Zurück zu Corinne. Sie hat eine Enttäuschung erlebt, als es ihr nicht gelang, so schöne Bögen zu malen, wie sie es gern gewollt hätte; sie ist *frustriert*, und je mehr sie probiert, desto mehr wächst ihre Enttäuschung, und schließlich ist sie stinkwütend. Auch das Gefühl, das einen erfüllt, *nachdem* etwas gescheitert ist, nennt man Frustration. Wie gesagt: Die Alltagssprache hat den psychologischen Begriff Frustration zu „Frust" verkürzt, und dabei hat sich die Wortbedeutung ein wenig verschoben.

Während der Begriff „Frustration" in der Regel schwer wiegende Enttäuschungen oder Versagungen bezeichnet, meint Frust eher ein leichtes bis mittleres Unbehagen, etwas, das einem Menschen (sehr) unangenehm oder lästig ist: „echt ätzend".

Menschen reagieren unterschiedlich auf Enttäuschungen

Unterschiedliche Menschen erleben dieselben Ereignisse völlig unterschiedlich. Wie ein Mensch etwas erlebt, wie er darauf reagiert, hängt unter anderem von seinem Alter, seiner Reife und seiner Erfahrung ab: Wenn Corinne etwas älter geworden ist; wird sie sich nicht mehr über ein misslungenes Wortbild aufregen, weil ihr inzwischen andere Aufgaben wichtiger geworden sind. Es ist auch eine Frage der Persönlichkeit: Ein anderes Kind, dem das Bogenmalen nicht gelingt, grummelt nur ein wenig und pfeift dann womöglich auf die Hausaufgabe. Nicht alle Menschen erleben Frustration und Frust in derselben Intensität. Man sagt, dass sie eine unterschiedliche Frustrationstoleranz haben (s. S. 93).

Kinder mit einer geringen Frustrationstoleranz zerstören, wenn etwas überhaupt nicht klappen will, sogar eigenen Besitz: Sie zerbrechen Bleistifte, werfen den Spitzer oder gleich das ganze Mäppchen auf den Boden. Manchmal sucht sich der innere Druck auch ein ganz anderes Ventil: Es passieren „Missgeschicke", die im Grunde gar keine sind: Dann zerreißt vielleicht das Heft „ganz aus Versehen".

Ronja beißt an ihren Fingernägeln
Manche Kinder lassen ihre Frustrationswut an etwas noch Näherliegendem ab, wie die vierjährige Ronja. Wenn ihr etwas nicht gelingt und sie so wütend wird, dass sie explodieren könnte, beißt sie an ihren Fingernägeln.

Das erinnert zum einen an den Begriff „Angstbeißer" für manche Hunde, die in großer Angst zwischen Flucht und Dableiben/Angreifen schwanken (oder nicht fliehen können, weil sie angeleint sind) und deswegen in höchster Erregung um sich schnappen. Zum anderen erinnert es an sog. *Übersprungbewegungen*, wie man sie bei vielen Tieren beobachten kann.

Wenn etwa Vögel sowohl fliehen als auch angreifen wollen, kann es passieren, dass sie zum Schein fressen oder zum Schein nisten; manche Affen fangen in einer solchen Stress-Situation an, sich zu kratzen oder sie masturbieren. Allgemein gesagt: Die *Übersprungbewegungen* treten auf, wenn ein Lebewesen übermäßig angespannt ist und diesen Spannungszustand nicht durch „Rauslassen" der Gefühle, beispielsweise des Ärgers, lösen kann.

Die seelische Anspannung zeigt sich dann im Körper: Beim Beißen werden die Kiefer angespannt und zusammengepresst. Wenn das Beißen „nach außen" nicht möglich ist, beißt einer „die Zähne zusammen", er beißt sich auf die Finger, um nicht loszubrüllen, oder er beißt auf die Lippen, bis sie blutig sind

Die Fingernägel sind etwas Eigenes wie beispielsweise das eigene Heft oder Mäppchen, aber sie sind nichts materiell Wertvolles, für dessen Zerstörung das Kind vielleicht Schelte befürchten müsste. Ronjas Nägel sind *vorübergehend* Opfer ihrer feindseligen Aggression. Ihr Nägelkauen ist situationsgebunden, es ist ihre spontane Reaktion auf eine *momentane Krise*. Es hilft ihr, mit ihrer Wut klarzukommen und ist so ein kleiner Schritt zur Selbstkontrolle.

Dieses *gelegentliche* Nägelbeißen ist etwas ganz anderes als das gewohnheitsmäßige Herunterkauen der Finger- und vielleicht sogar Fußnägel, bei dem die Eltern sich mit Recht besorgt fragen, ob ihrem Kind etwas fehlt.

Tommy hatte das Pech, seiner Schwester in die Quere zu kommen: Ihr Zorn, der sich am Scheitern ihres mühsamen Tuns entzündet hatte, entlud sich auf ihn.

Tommy hatte zunächst auf Gegenwehr verzichtet. Nicht aus Weisheit, sondern aus der Erfahrung heraus, dass er sich gegen die Schwester sowieso nicht wirkungsvoll wehren konnte. Auch diese „vernünftige Selbstbeschränkung" erzeugt ein Maß an Kränkung und Verdruss, das nur schwer auszuhalten ist. Er erträgt seine Unbill genau so lange, bis er eine Gelegenheit findet, um sich mit feindseliger Aggression Erleichterung zu verschaffen: Er rächt sich für den erlittenen Schmerz mit dem Filzstiftstrich in Corinnes Hausaufgabe.

Es gibt eine Theorie, die Aggression als Folge von Frustration erklärt, und Tommys Geschichte scheint diese sog. „Frustrations-Aggressions-Hypothese" zu bestätigen.

Hier muss ich jedoch auf eine kleine, aber wichtige Feinheit zu sprechen kommen. Im Verständnis der Frustrations-Aggressions-Hypothese ist Aggression ein Akt, der zum Ziel hat, zu verletzen oder zu zerstören. Frustration hat also nach dieser Hypothese immer und ausschließlich negative Folgen.

Wie Sie bestimmt schon gemerkt haben, sehe ich das anders. Ich sehe außer den negativen auch die positiven, die schöpferischen Seiten der Aggression. Mit anderen Worten: Ich fasse Aggression weiter (s. 1. Kapitel, S. 12) und möchte Sie mit dieser Sichtweise vertraut machen, weil man im Grunde nur mit diesem erweiterten Blick den Kindern helfen kann zu lernen, mit Wut und Frust, Ärger und Zorn umzugehen und so eine „Aggressionskultur" zu entwickeln.

Frustration muss nicht zwangsläufig zu zerstörerischer Aggression führen wie bei Tommy, sie kann auch positive Kräfte in Gang setzen wie bei Linus (s. S. 102) und Susi (s. S. 103), oder sie kann ein Anreiz zu seelischem Wachstum sein wie bei Pia (s. S. 93).

Sven im brüderlichen Teufelskreis:
Wenn das Frustfass überläuft

Der sechsjährige Sven kann schon ohne Schwimmflügel schwimmen – jedenfalls ein bisschen, und nur dann, wenn er dicht am Rand bleiben kann. Und das darf er nur, wenn Mama dabei ist. Heute ist er mutig und versucht es allein. Plötzlich gerät er mitten in einem Pulk Großer, die sich Ringe zuwerfen. Einer stößt im Fangen an Sven und schreit: „Hau ab, du Zwerg!". Sven paddelt ein Stück vom Beckenrand weg. Doch

dann kommt Wasser in Mund und Nase, er verschluckt sich, kann nicht mehr richtig schwimmen, zappelt panisch und hat Todesangst. Während die Großen lachend hinter ihm her spritzen, schafft Sven es mit Mühe bis an den Rand zurück.
Weinend krabbelt er aus dem Becken. Die Mutter hat das beobachtet und einen genauso großen Schrecken bekommen wie Sven und – schimpft. Die Schelte ist in dem Moment ihr Ventil. Sven hat immer noch Angst und weint still vor sich hin. „Schwimmen müsste man können", grinst sein großer Bruder und führt einen perfekten Kopfsprung vor. Jetzt heult Sven richtig los, er fühlt sich gedemütigt, weil er es noch nicht so gut kann wie der Große. Der steigt wieder aus dem Becken und zischt dem Kleinen ins Ohr: „Heulsuse!" Sven tritt nach ihm. „Zielwasser trinken reicht bei dir nicht", meint der Große, „ich schmeiß dich mal lieber ganz rein." Er macht eine Bewegung, als wolle er Sven einfangen. Beim zweiten Versuch trifft Sven den Großen schmerzhaft am Schienbein.

Zwischen Sven und seinem großen Bruder schwelen die üblichen Rivalitätskonflikte und Eifersüchteleien, wie sie im Grunde normal sind. In der geschilderten Situation kam hinzu, dass der Kleine tatsächlich einen Moment Todesangst hatte und der Bruder nicht erfassen konnte, wie schlimm dieser Moment für Sven war. Seine Sticheleien waren die Tropfen *Demütigung* und *Beschämung*, die bei Sven das Fass zum Überlaufen brachten: Übermäßiges Unbehagen führte zum Treten, zu feindseliger Aggression (s. „exzessives Unbehagen" S. 93).
Wie gesagt: Wann etwas unerträglich ist für ein Kind, wann es wütend wird oder ausrastet, ist individuell verschieden. Eltern können in der Regel recht gut einschätzen, wann ihr Kind wirklich schlimm frustriert ist. Manchmal kann man erst hinterher verstehen, was passiert ist und wie schlecht sich das Kind gefühlt hat. Svens Angst zu ertrinken ist der Mutter nicht sofort klar gewesen; sie hatte selber einen Riesenschrecken ausgestanden und in der Aufregung heftig reagiert. Das ist völlig normal! Den beiden half aber nach einer Beruhigungspause ein Gespräch über ihr Erleben:

Ein hilfreiches Gespräch

„Sag mal – wie kam das eigentlich, dass du plötzlich vom Rand weg warst? Hat dich einer weggedrückt? Oder hast du dir das zugetraut?" – *„Och ... ich weiß nicht ..."*
Sven antwortet, wie viele Kinder, wenn sie unsicher sind, vorsichtig ausweichend. Ein „ich weiß nicht" hält ihm alle Wege offen. Falls er merkt, dass die Mutter ernstlich „sauer" ist über seinen Ausflug vom Beckenrand weg, könnte er sein Erlebnis eher unter dem Motto „die anderen" darstellen. Sollte er jedoch spüren, dass die Mutter seinen Mut auch ein wenig gutheißt, könnte er ja vielleicht auf ihre Anerkennung oder sogar ihr Lob hoffen ...
„Eigentlich kannst du ja schon ganz prima schwimmen, finde ich. Ging das denn da, so weit weg vom Rand? Konntest du da richtig gut schwimmen?"

„Och ... ja ... erst schon ..."
*„Und dann? Was ist denn dann passiert? Ich hab das nicht genau mitgekriegt. Es ging
so schnell, und dann war auf einmal alles so ... aufgeregt ..."*
*„Also, erst ging das, wie ich da vom Rand weg war. Da hab ich auch gar keine Angst
gehabt. Aber dann hat das Wasser auf einmal so geschwappelt ... von den Großen ...
wo die da gespielt haben ..."*
„Und da hast du Angst gekriegt?"
„Nee, erst nicht so richtig. Ich hab mich bloß verschluckt ..."
*„Wenn ich schwimme und ich verschluck mich – ich krieg dann immer Angst. Ich finde
das ganz furchtbar."*
„Naja ... doch ..."
Svens „doch" kommt zögerlich. Die Erinnerung an seinen Schrecken ist gar nicht
schön, auch will er keinesfalls weinen, schließlich will er nicht noch einmal „Heul-
suse" genannt werden. Die Mutter versucht, ihm eine Brücke zu bauen:
*„Ich finde das grässlich, weil sich das so anfühlt, als ob man gleich überhaupt keine
Luft mehr kriegt ..."*
„Jaaa ..." Sven zögert, ehe er fortfährt: *„Und dann denk ich, dass ich gar nicht mehr
Wasser treten kann ..."*
„Mhm, das kenn ich", sagt die Mutter. *„Wenn ich nicht mehr im Wasser paddeln kann,
geh ich ja unter ..."*
*„Das ging alles so schnell ... ich konnte gar nicht richtig denken ... das war nur so ...
so komisch ... so'n Gefühl ..."*
„So'n Gefühl wie ,gleich sauf ich ab'?"
Sven verzieht das Gesicht und muss nun doch noch ein bisschen weinen. Die Mutter
nimmt ihn in den Arm und wiegt ihn hin und her.
„Das ist auch wirklich *ganz schrecklich ... keine Luft mehr kriegen ... wenn man dann
untergeht ... und absäuft ... und nachher vielleicht tot ist ..."*
„Ja!" Sven schluchzt und zieht die Nase hoch. Die Mutter gibt ihm ein Taschentuch.
*„Man gut, dass das nicht passiert ist! Du hast es ja an den Rand geschafft. Und raus-
geklettert bist du auch noch."*
„Ja! Aber die Blöden! Die Großen! Die haben extra *gespritzt! Richtig mit Absicht!"*
„Wann? Als du dich verschluckt hast?"
„Nee. Als ich dann raus wollte!"
„Die haben vielleicht gar nicht gemerkt, dass es dir echt schlecht ging?"
„Nee ... Die sind so was von doof!"
„Weil die dir nicht geholfen haben?"
*„Ja. Und weil die einfach nix merken! Da könnt einer absaufen neben denen – und die
seh'n das überhaupt nicht! Nie!!"*
„Als ob du gar nicht da wärst ... ein Niemand ...?"
„Ja. Die sind saublöd!!"
*„Mhmm ... und du warst mordssauer und wärst beinahe fast ertrunken ... das ist ver-
dammt viel auf einen Haufen ..."*

Sven nickt. Sie schweigen eine Weile, und als Sven sich ein wenig beruhigt hat, setzt die Mutter noch einmal an.

„Ich hab einen Heidenschrecken gekriegt, wie ich dich ein ganzes Stück vom Rand weg gesehen habe ... Ich hab gedacht, du bist da mit Absicht hingeschwommen, obwohl du das doch nicht solltest. Und dann hab ich gedacht, du ertrinkst womöglich, wenn ich dich nicht mehr sehe im Gewühle ... und ich kann dir vielleicht nicht helfen! Ich hab ganz doll Angst gekriegt! Da hab ich dann geschimpft hinterher ..." Nach einer Pause setzt sie hinzu: „Das war so ein Kuddelmuddel!"

„Ja ... und ich hab gedacht, jetzt meckerst du auch noch an mir rum ... wo's mir doch sowieso schon gereicht hat ..."

„Mhm ... jetzt will die mich auch noch fertig machen ...?"

„Nee ..." Sven schaut die Mama an. „Och ... eigentlich doch ..." gibt er schließlich zu.

„Ja, denk ich mir! Und dein Bruder hat dich noch obendrein veräppelt ..."

Sven fährt auf: „Der Arsch, der!!!"

„Hm ... naja", die Mutter geht jetzt nicht auf das Schimpfwort ein. Sie merkt, dass da noch ein Stück von dem Schrecken mit rauskam. „Und dann warst du so fertig, dass du getreten hast ... vor lauter Wut ... das war dann ein richtig scheußlicher Kuddelmuddel. Das war für jeden ..."

„... voll die Scheiße", ergänzt Sven und nickt heftig.

„So schlimm, dass gar keiner mehr was verstehen konnte. – Haben wir das denn jetzt ein bisschen aufgeräumt?"

„Och ... ja ..." sagt Sven. Er kaut noch ein wenig daran herum, ehe er hinzufügt: „Jetzt ist es erst mal weggeräumt – gemütlich wird es später." Das ist der Satz, mit dem in dieser Familie gewöhnlich eine Aussprache vorerst beendet wird.

Eltern können helfen: Zuhören und verstehen

Feindselige Aggression, die durch Frustration oder Frust entsteht, kann sich schnell ausweiten zu nicht enden wollenden Racheakten zwischen den Geschwistern („Der hat aber zuerst ..." – „Ja, aber doch bloß, weil die vorher schon ..."). Wenn die Geschwister nicht allein aus dem Teufelskreis herausfinden, sind die Eltern gefordert. Dabei sollten sie nicht „richten" und auch nicht versuchen, Schuldige zu suchen und „die Wahrheit" herauszukriegen. Die kriminalistische Suche nach den Schuldigen ist in der Regel ungeeignet, um den Teufelskreis aufzulösen. Vielmehr braucht jedes Kind die Mutter oder den Vater als Ansprechpartner, der nur zuhört und versteht, was denn nun gerade so quälend für, beispielsweise, Sven war.

In der folgenden Geschichte verfolgen wir, wir die Mutter von Corinne und Tommy den Streit der beiden „aufarbeitet". Sie weiß, dass jedes Kind seine eigene Sicht der Angelegenheit hat. Und darum schafft sie eine Situation, in der jedes seine Sicht ungestört durch den anderen darstellen kann. Sie nutzt ihre Macht, um dafür zu sorgen, dass beide Kinder zu Wort kommen.

Tommy und Corinne, Teil 2
Die Geschwister sind frustriert, sauer und wütend aufeinander.
„Blöde Ziege!"
„Hör bloß auf, du kleiner Furz – du hast gar nichts bei mir zu suchen!"
„Du Doofe! Ich wollte doch bloß …"
„Wollte doch bloß! Ich geb dir gleich mal ‚wollte doch bloß'! Du hast mir die Haus-aufgaben versaut, du oller Stinkstiefel!"
Jetzt reicht's Tommy, und er schreit: „Das war doch sowieso alles bloß Hühnerkacke in deinem blöden Heft!"
Corinne macht eine drohende Bewegung auf Tommy zu, da heult er „Mamaaa! Die will mich schon wieder hauen!!!"
Die Mutter kommt sofort, und die beiden denken schon, dass sie jetzt in ihre Zimmer geschickt werden. Die Mutter sagt jedoch nur: „Hauen ist nicht. Aber vielleicht mag hier jemand einen Kakao und Kekse?" Die Geschwister grummeln noch ein wenig, bevor sie sich dann doch in die Küche begeben.
„Was ist denn jetzt mit den Hausaufgaben?", fragt die Mutter.
„Ach Mensch … ich muss das Ganze noch mal machen … bloß wegen dem Pi …!"
In Tommy kocht es, er würde gern kontern, aber er hat nun einmal den Strich gemacht, und das war, denkt er, vielleicht doch nicht so gut. „Ich hab aber doch wirklich bloß ein Radiergummi ausleihen wollen …", denkt er. „Irgendjemand hat nämlich meines verschlampt, sicher die blöde Corinne … die nimmt sich immer meine Sachen. Immer! Immerimmer!"
Er sagt immer noch nichts, nein, aber er steigert sich in einen rechten Zorn auf die Schwester hinein. Es ist ein inneres Anlaufnehmen und Munitionsammeln. Eigentlich könnte er jetzt loslegen, doch die Mutter kommt dem zuvor:
„Jetzt lasst mal die Ausdrücke weg, sonst reg ich mich auch noch auf. Und das wär dann das nackte Chaos! Ich schlage vor, dass jeder erzählt, was ihm heute Nachmittag passiert ist. Und der andere hört zu. Ich auch. Ohne Meckern!"
„Ganz ohne? Versprochen?" Tommy will restlos sicher sein.
„Versprochen!"
„Also …" beginnt Corinne, „ich hab grade die Hausaufgaben gemacht, da kommt die-ser Pi …"
„Nein, keine Ausdrücke!" Die Mutter hebt die Augenbrauen. „Was war das für eine Aufgabe?"
„Also noch mal. So blöde Bögen … die ganze Seite voll … der Mist-Stift!" Corinne schnaubt.
„Das war wohl nicht so doll, was?", sagt die Mutter.
„Nee, also wirklich. Das war so schwer. Und immer ist der Sch…, also der Stift, der ist weggerutscht und hat gekrikelt …"
„Das war also alles ganz schwierig … und dann?"
„Ja. Und dann kommt auch noch der da und will mein Radiergummi. Dabei hat der doch selber eins! Muss der mich doch nicht immer belämmern!"

Tommy würde am liebsten etwas Boshaftes sagen, er setzt schon an, aber die Mutter legt den Finger auf die Lippen und sagt: „Psst, du bis gleich dran mit deiner Geschichte, und dann muss Corinne zuhören." Tommy schweigt.

„Also, Corinne. Du warst ganz fertig von den Bögen. Und dann kam Tommy und wollte was."

„Ja ... der A ...."

„Nein, bitte: keine Ausdrücke. Du warst sauer, weil er dich gestört hat."

„Na klar ... kommt da einfach rein ... und da hab ich gesagt, er soll abhauen."

„Rausgeschmissen hat die mich!"

„Okay, ich wollte den rausschmeißen. Aber ich hab nicht gehauen!"

„Wohl!"

„Nein!"

„Doch!"

„Passt auf: Jeder erzählt seine Geschichte. Und bei Corinne kommt eben keine Haue vor. Tommy hat seine Geschichte, und die erzählt er gleich. – Also, du wolltest nicht gestört werden und deswegen sollte Tommy raus."

„Ja. Ich hatte die Nase voll ... – das war alles so mistig ... und so viel ... und überhaupt ... ich will nicht mehr in die Schule!"

„Hmm. Gar nicht mehr?"

„Nein."

„Wegen der Hausaufgaben?"

„Ja. Wenn die nie klappen!"

„Und die Frau Grüber? Willst du die auch nicht mehr sehen?"

„Nee. Die ist auch doof."

„Weil die dir so mistige Aufgaben aufgibt?"

„Ja. – Und ich kann das alles nicht."

„Heute war dir alles zu viel. Vielleicht auch, weil es nicht so toll geworden ist ..."

„Ja ... dann meckert die Grüber nachher!"

„Hat die denn mit dir schon mal gemeckert?"

„Och ... nee ... noch nicht so richtig ...."

„Aber du denkst, sie könnte ja vielleicht ...?"

„Ja!"

„Und das wär ganz schlimm ... da strengst du dich an ...."

„Na klar!"

„Du gibst dir so viel Mühe – und es wird trotzdem nicht recht. Und dann bist du ganz stinkig ..." *Corinne schweigt.*

Die Mutter: „Wenn bei mir mal alles schief geht ... so wie gestern: Die Milch brennt an, das Fahrrad hat einen Platten und dann noch dieser Brief vom Finanzamt ... dann bin ich stinkesauer. Und oft kriegt das hinterher irgendeiner ab ...."

„Ja", *sagt Corinne,* „wir zum Beispiel."

„Richtig", *seufzt die Mutter,* „dann kriegt ihr das schon mal ab. Das ist dann richtig eklig – für euch."

„Stimmt", sagt Corinne, und Tommy nickt.

„Vielleicht war das ja bei dir so ähnlich – alles war zum Davonlaufen. Und der Erste, der dir in die Quere kam, der hat's abgekriegt. "

„Und das war ich!", sagt Tommy. „Und bloß, weil die auf was anderes sauer war!"

„Kann doch mal passieren, ey! Hab dich nicht so! Das geht ja sogar bei Mama so", braust Corinne auf.

„Stimmt. Ich bin auch manchmal biestig", gibt die Mutter zu. „Bloß: Hauen ist trotzdem nicht erlaubt."

„Hab ich doch auch gar nicht."

„Wohl!!", fährt Tommy dazwischen.

„Okay", sagt die Mutter. „Jetzt kommt deine Geschichte."

Nun erzählt Tommy vom wieder einmal verlorenen Radiergummi, und wie er doch nur mal eben eines bei Corinne ausleihen wollte.

„... und dann ist die so zu mir!"

„Und da warst du sauer."

„Ja, und wie!"

„Und dann hast du dich gerächt?"

„Tommy, der Rächer der Unterdrückten", wirft Corinne ein.

„Gar nicht!" Tommy denkt nach. „Nee, dann hat der Nächste das abgekriegt wie bei dir."

„Der Nächste?" Die Mutter guckt verständnislos.

„Ja", nickt Tommy. „Das war das Heft." Mit einem Blick zu Corinne setzt er noch hinzu: „Hauen darf man nicht, wenn's anders geht!"

Die Mutter muss ein bisschen in sich hineinlachen über den kleinen schlitzohrigen Kerl. Sie sagt: „Das ist auch scheußlich, wenn du bloß einen Radierer ausleihen willst und dann stattdessen eine Wut abkriegst. Aber du darfst trotzdem nicht an Corinnes Schulheft gehen."

„Und was mach ich jetzt mit dem blöden Heft?", fragt Corinne.

„Meinst du nicht", fragt die Mutter, „dass du das so lassen kannst?"

„Meine Krakel-Bögen?"

„Ja, klar, die Krakel-Bögen. Du musst doch nicht alles perfekt haben wie eine Schreibmaschine ... Du bist nicht vollkommen, ich bin nicht vollkommen, und Frau Grüber ist bestimmt auch nicht vollkommen ..."

„Und wenn Frau Grüber fragt, was das da für ein Krakel ist?"

„Dann könntest du ihr ja vielleicht einfach erzählen, wie der in dein Heft gekommen ist. Frau Grüber kennt sich bestimmt auch mit kleinen Brüdern aus."

Die Geschwister tauschen noch ein paar bärbeißige Blicke und machen hinter dem Rücken der Mutter Drohgebärden – was der Mutter natürlich nicht entgeht.

Die Sache beschäftigt die Mutter von Tommy und Corinne weiter. Irgendwie möchte sie noch etwas tun, das etwas nachhaltiger ist als die aktuelle Konfliktbewältigung. Nach dem Abendbrot hat sie eine Idee.

Praxis-Tipp

Die Mutter holt für jeden einen Bogen Papier und eine große Schachtel Wachsmalstifte an den Esstisch. „Könnt ihr das mal aufmalen, was da heute passiert ist?"

Sie ist erstaunt, dass die Kinder das Angebot gleich annehmen. Offensichtlich wirkt der Streit auch bei ihnen noch nach.

Corinne malt ein paar geschwungene Bögen, dann drückt sie immer stärker auf den lila Stift, die Bögen werden vor Anstrengung eckig und krakelig, und schließlich wechselt Corinne zu schwarz und dann zu giftgrün über. Das Blatt ist fast voll.

„So war das nämlich", sagt sie befriedigt. „Jedenfalls ungefähr. Und dann", sie setzt leuchtend rote Striche aufs Papier, die vom Rand ins Bild hinein auf die Krakel einstechen, sie wendet sich an Tommy, „dann bist du gekommen. Das hat mich so genervt! Das war echt das Aller-allerletzte!"

Der hat zuerst ein Männchen auf einer geschwungenen hellblauen Linie gemalt, die plötzlich mit einem roten Gekrakel abbricht: „Da hat sie gehauen ... So! Und da hat die mich rausgeschmissen!" An die Stelle setzt er einen dicken schwarzen Brocken, und aus dem fahren schließlich ein paar knallgelbe Blitze heraus. Ganz unten in die Ecke malt Tommy noch einen Strich ähnlich dem, den er in das Schulheft gemalt hat.

Die Geschwister betrachten ihre Bilder. Sie kichern schon wieder ein bisschen herum.

„Und jetzt", sagt die Mutter, „jetzt könnt ihr überlegen, was ihr mit den Bildern macht."

„Wie? Was machen?"

„Nun ja – zerreißen, verknüllen, aufhängen – was weiß ich."

Schließlich hat jedes Kind einen Plan. Corinne will ihr Blatt erst einmal an ihr Pinnbrett hängen. Tommy möchte sein Blatt morgen im Garten auf dem Kokelplatz verbrennen.

„So'n Scheißärger gehört verbrannt!"

Ein gesundes Kind hat die Fähigkeit, die Intensität der Feindseligkeit zu mildern, die normale Lebensumstände mit sich bringen. Jedes Kind bringt eine gewisse Frustrationstoleranz mit auf die Welt. Das bedeutet: Jedes Kind hat die Fähigkeit, ein bestimmtes Maß an Frust zu verarbeiten oder „wegzustecken". Diese Frustrationstoleranz ist bei jedem Menschen unterschiedlich groß. Eltern können ihrem Kind dabei helfen, mit alltäglichen Frustrationen fertig zu werden und damit seine Frustrationstoleranz zu erhöhen.

Die Mutter von Corinne und Tommy hat ebenso wie Svens Mutter eine gute Hilfestellung dazu gegeben. Die ausreichend gute und liebevolle Beziehung zwischen Eltern und Kindern trägt sehr viel dazu bei, aber nicht nur im Blick auf Aggression und Frustrationstoleranz, sondern – aber das wissen Sie ohnedies – in allen Bereichen des Lebens.

Trost-Inselchen, oder: Die Kinderstube der Frustrationstoleranz

Pia ist 3 Monate alt. Die Mutter sitzt mit einer Freundin im Zimmer und unterhält sich, Pia liegt auf ihrer Spieldecke auf dem Boden. Sie spielt mit ihren Händen, befingert ein paar Spielsachen, die in Reichweite liegen. Eine Weile brabbelt sie vor sich hin. Nach einiger Zeit beginnt sie zu quengeln.
Die Mutter blickt zu ihr hin, sagt freundlich: „Na, ist es grad nicht so gut?"
Pia lächelt kurz die Mutter an und beruhigt sich, schaut und spielt, aber nach einer halben Minute quarrt sie erneut, ein wenig lauter. Wieder beruhigt sie sich. Nach kurzer Zeit setzt das Quengeln wieder ein, wird stärker, bis Pia schließlich schreit. Jetzt wendet sich die Mutter Pia zu, das Schreien wird noch stärker, ein Unterton von fordernder Ungeduld und Ärger mischt sich hinein. Die Mutter entscheidet, dass Hunger die Ursache sein könnte, und als sie sich anschickt, die Flasche zu bereiten, wird das Schreien wütend.

Wenn Pias Mutter an diesem Punkt nicht auf das Schreien reagierte, würde Pia eine unerträgliche Spannung, ein „exzessives Unbehagen" erleben.

Das erspart die Mutter natürlich ihrem Baby und sich. Hätte sie denn nicht sofort, schon beim ersten Nörgeln, die Flasche zubereiten sollen? Oder sollte sie nicht von vornherein eine Flasche im Flaschenwärmer bereithalten? Als Pia zu quengeln begann, hat sie sich „ein bisschen" unwohl gefühlt. Mit dem kleinen Moment, in dem die Mutter sich ihr zugewandt hat, war sie getröstet, sie konnte sich beruhigen. Auch die nächsten Male hat sie es geschafft, sich selbst zu beruhigen. Vielleicht denken Sie, dass das ja nun wirklich normal ist und alltäglich. Das stimmt. Und doch ist es etwas enorm Wichtiges! Das Baby wird in diesen kleinen Schritten seelisch reifer – auch wenn Sie diesen Ausdruck vielleicht ein paar Nummern zu groß finden.

Ich will es in einem Bild sagen, weil es besser veranschaulicht, was ich meine: Pia beginnt in solchen Situationen, in sich selbst kleine Trost-Inseln zu errichten – und die Mutter hilft ihr dabei, indem sie Pia kleine unangenehme Momente überbrücken hilft durch ihre Aufmerksamkeit, zu-ihr-Sprechen, kurzes Ablenken ... Diese Inselchen baut sie immer weiter aus und vergrößert sie – bis Pia irgendwann später selbst groß ist und *nicht* verzweifelt, wenn sie beispielsweise allein in den Kindergarten gehen soll, oder wenn sie noch später abends allein daheim bleiben muss, wenn die Eltern ausgehen. Sie verfügt dann in den unzähligen unangenehmen Situationen ihres Lebens über diese inneren Trost-Inselchen, die ihr helfen, und die ihr auch dann helfen, wenn niemand sonst da ist. Wir haben hier gewissermaßen einen Blick in die Werkstatt geworfen, in der die Frustrationstoleranz entsteht.

Was Pias Mutter, wie die meisten Mütter, intuitiv macht, hat außerdem noch eine andere Wirkung, die nicht sehr deutlich zu sehen ist: Pia erlebt im Moment des heftigen Schreiens, dass sie jetzt großen HUNGER! hat. Und weil die Mutter auch sehr bald mit der Flasche zur Stelle ist, erfährt Pia, dass sie selbst in der Lage ist, sich Hilfe herbeizuschaffen durch ihr Schreien. Sie erlebt, dass sie ein unangenehmes Körperempfinden (Hunger) hat und dass sie angemessene Hilfe bekommt. Wenn die Mutter bereits das erste Nörgeln mit der vorbereiteten Flasche „erstickte", könnte Pia die Erfahrung nicht machen, dass 1. ihre Körperempfindungen ein Gefühlssignal sind und was für eines, dass sie 2. einen gewissen Spielraum hat, in dem sie sich selbst trösten kann („ihre Spannung selbst regulieren", wie Wissenschaftler es ausdrücken) und dass sie 3. fähig ist, kompetente Hilfe herbeizurufen.

Ist das wirklich eine *unschädliche* Frustration? Es sind doch so viele, vielleicht auch kurzfristig angstvolle, Gefühle beteiligt! Die Situation mit Pia ist alltäglich, normal und völlig in Ordnung. Pia erlebt zu keiner Zeit hoffnungslose Verlassenheit oder die Angst, zu „explodieren" vor unerträglicher innerer Spannung. Pia hat die Gewissheit, dass die Mutter für sie da ist, sie hört ihre Stimme, die zu ihr spricht, spürt Mutters Liebe, ihren Zuspruch, ihr Mitgefühl und ihre Ermutigung. Und mit dieser Begleitung kann sie gut wachsen.

Grenzen für Cornelius

Cornelius ist drei, und er liebt es, in seinem Tretauto neben seiner Mutter her zu fahren, wenn sie mit dem Baby im Kinderwagen zum Einkaufen eine Straße weiter geht. Heute muss die Mutter zum Rathaus, das ist auch nicht sehr weit, aber sie müssen an einer sehr befahrenen Straße entlang gehen, wo außerdem der Gehweg ziemlich schmal ist. Die Mutter erklärt Cornelius, warum diesmal das Tretauto daheim bleiben muss. Cornelius will nicht auf das geliebte Auto verzichten. Er argumentiert, dass er aufpassen wird, dass er ganz gerade fahren wird, dass er auf alle Leute Acht geben will, dass er überhaupt niemals jemanden übersehen kann, wenn er so sehr aufpasst ... Die Mutter bleibt hart: An dieser Straße kann sie nicht mit einem Kinderwagen und einem dreijährigen Tretautofahrer laufen. Punktum! Cornelius brüllt schließlich, die Mutter kann ihn nicht allein daheim lassen, sie kann die Besorgung auch nicht verschieben, im Gegenteil, sie muss sich jetzt zu allem Überfluss auch noch beeilen. Sie setzt den wütenden Cornelius auf den Kinderwagenaufsatz, d. h. eigentlich klemmt sie das Zornbündel eher fest. Sie sagt ihm, dass sie das nun leider nicht ändern kann, bei allem Verständnis für seinen Wunsch, nur verhilft das dem Kind zu keiner Einsicht. Im Augenblick der Wut kann Cornelius nichts „einsehen". Er heult und wütet noch eine Weile. Dann schluchzt er herzergreifend, und das ist für die Mutter viel schwerer zu ertragen.

Es ist klar, dass Eltern dem aufmüpfigen oder draufgängerischen Dreijährigen angemessene Grenzen setzen müssen. Und es ist auch klar, dass sein Ärger über die einschränkenden Eltern deutlich wird – und zwar oft genug mehr und heftiger, als Eltern lieb ist. Cornelius vergießt Tränen – und bringt damit oft genug seine Mutter in Bedrängnis. Wenn das Kind gekränkt ist, wütend auf seine Eltern und vor allem, wenn es weint, bekommen Eltern leicht ein „mulmiges" Gefühl.

Es beschleicht sie eine Art sanfter Bedenken, ob sie nicht durch ihr „Provozieren" des kindlichen Zorns und des Tränenausbruchs die Liebe ihres Kindes verscherzen. Oder sie fühlen sich sehr mies, da sie ihr Kind frustriert haben. Manchmal glauben Eltern insgeheim, „schlechte" Eltern, ja, geradezu Rabeneltern zu sein, wenn sie ihr Kind zum Weinen gebracht haben.

Warum Weinen so wichtig ist

Weinen ist die einzige Möglichkeit, wie ein Baby auf ein Unbehagen aufmerksam machen kann: Wenn es Hunger hat oder Bauchweh, wenn der Po wund ist und die allzu nasse Windel quält, wenn es erschrickt, Angst hat, krank ist oder sich aus irgendeinem Grund schlecht fühlt. Das Weinen ist ein Appell, den jede Mutter sofort versteht; es ist ein Hilferuf, dem sie umgehend folgt. Das ist nur natürlich, denn sonst könnten Babys kaum überleben.

Cornelius hat zuerst wütend aufgeheult. Das kann die Mutter ganz gut aushalten, denn sie weiß, dass er sich damit „Luft macht". Aber das nachfolgende Tränenvergießen und Schluchzen setzt ihr zu. Zwar ist Cornelius kein Baby mehr – doch löst sein Weinen noch immer in der Mutter einen Strudel von Gefühlen aus.

Das hängt sicher damit zusammen, dass sie, wie alle Eltern, „das Beste" für ihr Kind will. Sie möchte ihrem Kind eine glückliche Kindheit bereiten als beste Voraussetzung für einen guten Start ins Leben. Sie fühlt sich schlecht, weil sie nicht umgehend sein Unwohlsein beendet und damit den Anlass für sein Weinen wegschafft – wie es ja bei einem Baby angemessen wäre. Jeder Schluchzer scheint der Mutter die eigene Hilflosigkeit, ihre Unfähigkeit zu helfen, vor Augen zu führen und trifft sie wie ein Schuldspruch. Und gerade dann, wenn sie sich schuldig fühlt, gerät sie in Versuchung, den Tränenfluss des Kindes zu stoppen, indem sie ihm beispielsweise nachgibt und seinen Willen lässt. Dabei ist das Weinen so wichtig!

In der Alchemie ebenso wie im Märchen gelten Tränen als Lebens- und Heilwasser. Zwei Beispiele dazu: In einem russischen Märchen erweckt eine Mutter ihren toten Sohn zum Leben, indem sie ihn mit den Tränen begießt, die sie um ihn geweint hat. Zwei Tränen von Rapunzel befreien den Prinzen von dem Blendungsfluch der Hexe und machen ihn wieder sehend.

Darin steckt ein altes Wissen von der heilsamen Kraft der Tränen. Tränen entspringen heftigem seelischen Erleben. Menschen weinen nicht nur aus Angst, Wut, Schmerz oder Trauer, sondern auch vor Glück und Freude. Das Weinen hilft, mit der Wucht eines Gefühls fertigzuwerden. Manche Menschen sprechen vom „Großputz der Seele": die Tränen „duschen" die Seele, sie spülen ein Zuviel der Gefühle hinunter.

Die Mutter lässt Cornelius seinen Kummer hinausweinen. Weil sie jetzt sehr in Zeitnot ist, streichelt sie ihm nur kurz über den Kopf und sagt einfühlsam: „Ja, mein Schatz,

da musst du jetzt wirklich weinen ..." Später, als alles erledigt ist und sie wieder daheim sind, setzt sie sich mit ihm in den großen Lehnstuhl, ihren alten Still-Sessel. Sie hält Cornelius im Arm und sagt: „Wenn alles nicht so klappt, wie du möchtest, und wenn du so zornig bist ... dann *musst* du auch weinen ..." Vielleicht ist es schöner, wenn die Mutter ihr weinendes Kind *sofort* auf den Schoß nehmen und wiegen kann, damit es sich angenommen weiß in seiner Enttäuschung über die Härten seines Lebens. Aber auch Müttern sind Grenzen gesetzt. Was zählt, ist, dass Cornelius sich geliebt und aufgehoben weiß.

Cornelius hat in der Verbots-Situation nicht nur großen Kummer, er macht auch eine wichtige Erfahrung. Er lernt seine Mutter von einer ganz anderen Seite kennen. Er lernt zum Beispiel, dass und wie sie sich energisch durchsetzt, wenn es nötig ist. Ohne es zu wissen, wird er später auf diese und ähnliche Erfahrungen zurückgreifen: Sie wird seine Väterlichkeit ebenso beeinflussen wie sein Verhalten in einer Gruppe. Und er erfährt, dass sein (vorübergehender) Zorn nicht die Beziehung zerstört: Die Mutter überlebt seinen Aufstand. Nicht zuletzt lernt er auch, dass Eltern (wie alle anderen Menschen), ebenfalls Bedürfnisse haben und dass es Grenzen gibt, die einfach nicht überschritten werden dürfen. Er lernt, dass er über das Unvermeidliche wütend und traurig sein darf und – dass Weinen ihm hilft, sich wieder besser zu fühlen.

Ein anderes Mal, als Cornelius wieder nicht das Tretauto mitnehmen darf, schlägt er selber etwas anderes vor: Er wird auf dem Kinderwagensitz sitzen und von dort aus dem Baby aus seinem neuen Bilderbuch „vorlesen", denn „das Baby ist ja noch viel zu klein zum Lesen!" Schließlich hat Cornelius durch die erneute Einschränkung noch etwas gelernt. Natürlich hat sie ihn geärgert. Aber er hat seinen Zorn („Not macht er-finderisch") konstruktiv genutzt, indem er statt des Verbotenen (Tretautofahren) sich etwas Erlaubtes (Vorlesen) gesucht hat. Und das bringt ihm Vorteile, denn er profiliert sich als Großer (der schon „lesen" kann) und als „freundlicher Bruder" (der nett zum Ba-by ist). Das sichert ihm nicht nur die Bewunderung der Mutter, sondern auch unsere.

Katze aus Plüsch: Wie Kalles Frust fast in Resignation geendet hätte

Der sechsjährige Kalle wünscht sich sehnlich ein Haustier. Am liebsten wäre ihm ein Hund. Oder doch wenigstens eine Katze! Eine Katze, die müssen sie nicht mitnehmen in Urlaub, die kann daheim bleiben, die Oma füttert sie und lässt sie nach draußen. „Ach bitte, bitte eine Katze!" Immer wieder steht der Wunsch oben auf der Wunschliste, aber die Eltern sind dagegen, sie möchten diese Verpflichtung nicht auf sich nehmen. Es wird Weihnachten. Die Oma hat irgendetwas gesagt, das wie „Katze" klang, und Kalle hat sich ausgemalt, wie niedlich seine Katze sein wird ... Tatsächlich steht unter dem Weihnachtsbaum etwas, das wie ein Katzenkorb aussieht. Es liegt auch etwas darin. Und das sieht auch so aus wie eine Katze ...

Kalles Gesicht erstarrt – die Katze ist aus Plüsch. Eine Plüschkatze! Wie hatte er sich auf eine schnurrende seidige Schmusekatze gefreut! Im Hals steckt ein Kloß. „Na, mein Schatz", sagt die Oma, „jetzt hast du eine Katze, die gar keine Arbeit macht!" Oma fand ihre Idee wirklich schön, sie hat es gut gemeint – aber Kalle möchte ganz laut losheulen. Irgendwie spürt er jedoch, dass das für Oma blöde wäre, wenn er jetzt weinte. Seine Enttäuschung ist riesig. Still packt er die anderen Geschenke aus, bedankt sich und verdrückt sich in eine Ecke des Wohnzimmers, wo er lustlos sein neues ferngesteuertes Auto im Kreis fahren lässt.

Kalle ist enttäuscht und deprimiert. Er kriegt keinen Wutanfall, und er hat auch keine Möglichkeit, selbst etwas gegen seinen Frustrations-Kummer zu tun. Er ist einen winzigen Schritt Richtung Resignation gegangen – und es wäre schlimm, wenn ihm niemand aus dieser Ecke heraus hülfe.

Die Oma hat sehr wohl gemerkt, dass die Plüschkatze das verkehrte Geschenk war. Sie ist traurig, weil sie, ohne es zu wollen, ihrem Enkel den Weihnachtsabend verdorben hat. Großmutter und Enkel vermeiden es, einander anzusehen. Bis die Oma schließlich sagt: „Kalle, ich glaub, ich hab da was Dummes angestellt. Meinst du, wir könnten mal miteinander reden? Wir beide ganz allein?"

Nach einer Bedenkpause nickt Kalle, steht auf, und die beiden gehen ins Kinderzimmer. Mit hängendem Kopf sitzt Kalle auf dem Bett und nagt an seiner Unterlippe. „Das war wohl nicht so gut mit der Katze, nicht?", sagt Oma. Kalle schweigt. „Du hast dir ganz doll eine lebendige Katze gewünscht ..."

Kalle nickt.

„Und ich hab nicht gemerkt, wie doll du sie dir gewünscht hast. Du musst ja denken, dass ich ein Trampel bin."

Kalle nickt, aber nur ganz leicht.

„Vielleicht denkst du auch, dass ich gar nichts verstanden habe von dir ..."

„Wie – verstanden?"

„Naja ... das mit der Plüschkatze sieht ja so aus, als hätte ich nicht mitgekriegt, was an dem Katzenwunsch das Wichtige ist für dich."

„Mhm."

„Ich versuch's mal mit meinen Worten, und du sagst, ob es so stimmt oder nicht. Die Katze ist, glaub ich, nicht das Wichtige. Das könnte auch was anderes sein ... eine Maus ..."

„Nee, nicht so klein ..."

„Oder ein Meerschweinchen?"

„Nee, die kacken bloß ihren Käfig voll!"

„Das Wichtige ist, dass es etwas Lebendiges ist?"

„Ja. Wo ich mit reden kann."

„Du meinst, wenn du mit einer Katze redest, dann hört sie zu?"

„Weiß ich nicht. Vielleicht. Die versteht ja nichts ... das weiß ich. Aber trotzdem."

„Ich glaube, ich weiß, was du meinst. Eine Katze macht von alleine was. Sie schnurrt. Oder sie miaut. Sie zeigt dir, wenn sie raus möchte."

„Ja. Oder wenn sie Hunger hat. Oder wenn sie schmusen will. Irgendwie ... gibt die Antwort ... also, die redet mit einem."

„Und die Plüschkatze ist bloß ein Ding. Atmet nicht, frisst nicht, will nichts, und du bist ihr piepegal."

„Mhm."
„So ein Plüschteil mit Plastikflocken drin – das ist dann schon eine Enttäuschung. Das
ist ja wirklich zum Heulen."
Jetzt kann Kalle weinen. Oma nimmt ihn in den Arm. Kalle weint sich aus, und die
Oma klopft ihm sacht auf den Rücken dabei, bis er sich sattgeweint hat. Dann, nach-
dem die Oma ihn noch einmal tüchtig gedrückt hat, fühlt er sich viel leichter.

Der siebte Sinn: Unser Einfühlungsvermögen

Eltern (und Großeltern) brauchen die Fähigkeit – und sie haben sie! –, sich für die
Belange des Kindes zu öffnen, sich einzufühlen in den weiten Bereich der Gefühle
und sich darauf einzulassen, auch und vor allem auf die schmerzlichen. Es kann nicht
oft genug gesagt werden: Das Mitschwingen mit dem Kind, das Sich-Einfühlen-kön-
nen ist eine Grundvoraussetzung für ein reifungsförderndes Zusammenleben. Manchmal kann das sehr schwer sein, denn auch Eltern sind zuweilen müde und erschöpft,
gestresst, unwillig oder wütend und deswegen in dem Augenblick nicht in der Lage,
sich einzufühlen.
Umso wichtiger ist es dann, wenn Eltern in ihrem Umfeld Verwandte, Nachbarn und
Freunde haben, die einspringen können, wenn die Mutter überfordert ist, oder die Geduld aufbringen, wenn der Vater nicht mehr weiter weiß.
Und wenn es in der Öffentlichkeit eines gut besuchten Ladens unmöglich ist, gelassen Herr (oder Frau) der Lage zu sein? Ich finde, dann ist solch ein Ausrutscher auch
keine Katastrophe.
Vielleicht ist es tröstlich für Eltern zu wissen, dass, wenn sie sich in ihr Kind hineinversetzen wollen, sie sich auf ihr Gefühl verlassen können, auf einen 7. Sinn, von dem
sie sich in der Regel leiten lassen. Nur gelegentlich wird bewusst, was da eigentlich
geschieht, was sich da ereignet zwischen Kind und Eltern – und mit welchen Konsequenzen, mit welch nachhaltigen Wirkungen!
Das Mit-Erleben und Nach-Spüren ist das Instrument, mit dem Eltern die Quellen
unerträglicher Unzufriedenheit erkennen können, um sie so weit zu beseitigen, wie
dies nur möglich ist.
Erwachsene können sich zum Beispiel vorwegnehmend in das Kind einfühlen vor
einem ängstigenden Zahnarztbesuch. „Wie geht es mir, wenn ich auf dem Stuhl sitze?
Wie ging es mir früher, als Kind? Was habe ich befürchtet, dass passieren könnte?
Welche Schauergeschichten haben wir als Kinder vom Zahnarzt erzählt? Wie alt war
ich, als mein erster Weisheitszahn gezogen wurde? Wie war das, als ich meine
Zahnspange kriegte? – Und wie alt ist mein Kind heute?" Das ist das Eltern-Werk-
zeug, um das Kind auf ein unerfreuliches Ereignis vorzubereiten. Sie können das
Schlimme (den Zahnarztbesuch, den Schmerz beim Behandeln einer Wunde usw.)
nicht wegmachen. Aber Sie können es in Worte fassen und handhabbar machen, damit
es nicht überwältigend wird.

Tim war mit der Mutter zu Besuch bei einem gleichaltrigen Jungen. Der wollte Tim um keinen Preis mit seinem neuen Feuerwehrauto spielen lassen, ja, er durfte es nicht einmal berühren. Auf dem Heimweg sagt die Mutter: „Das war schlimm – dass Bert dich nicht mit dem Auto spielen lassen wollte."
„Bert ist blöd. Richtig blöd!"
„Hm. Er hat das Auto grade erst von seinem Papa geschenkt bekommen. Vielleicht lässt er dich, wenn du das nächste Mal fragst."
Die Mutter lässt Tim seinen Ärger, sein ganzes „Bert-ist-blöd" aussprechen, sie kann mitempfinden, *wie* blöd die Situation war. Sie erklärt kurz und der Wahrheit entsprechend, aber, und das ist das Entscheidende, sie redet Tim nichts aus. Sein Gefühl ist Realität, sein Ärger ist nun einmal vorhanden, und mit ihrer Begleitung hilft die Mutter Tim, damit klarzukommen. Er wird bis zum nächsten Mal warten und sich dann vielleicht eine Weile mit seinem Polizeiauto begnügen.
Für Kalles Großmutter ist ihr verkehrtes Geschenk (die Katze aus Plüsch) auch eine Frustration: Sie ist enttäuscht, weil sie nicht die Freude bereiten konnte, die sie sich vorgestellt hatte. Aber sie kann damit umgehen und sich Kalle und seinem Kummer zuwenden. Es gelingt ihr herauszubringen, was am Haustierwunsch für Kalle bedeutungsvoll war. Übrigens: Kalle hat, anders als Sie vielleicht erwartet haben, kein Haustier bekommen. Das ging halt nicht, weil die Eltern das klar entschieden hatten. Die Großmutter hatte aber einen Einfall und ist ihrerseits konstruktiv mit ihrer Frustration umgegangen: Sie geht jeden Donnerstagnachmittag mit Kalle zum Tierheim. Dort holen sie einen Hund ab und führen ihn eine Stunde lang spazieren. Das ist zwar nicht so schön wie ein eigenes Haustier, aber dafür hat Kalle etwas, das er mit Oma gemeinsam machen kann. Und das ist auch schön.
Tim, den der Freund nicht mit seinem neuen Feuerwehrauto spielen ließ, wird in seinem Ärger von der Mutter unterstützt, Kalle von der Großmutter. Die beiden sind nicht allein. Das beseitigt weder den Ärger noch die Enttäuschung oder den Kummer um den unerfüllbaren Wunsch, aber es macht die Gefühle, die Frustration, aushaltbar. Solche Nähe und Unterstützung sind das Beste, das Eltern oder andere Bezugspersonen geben können.

Was Eltern tun können

• Signale erkennen, wenn's wirklich zu viel ist
Pias Mutter (s. S. 93) hat, ohne sich dessen bewusst zu sein, genau das Richtige getan, als sie zuerst einmal abgewartet hat, so konnte Pia ihre ersten Trost-Inseln bauen, sich selbst für eine kleine Weile beruhigen und einen kleinen Aufschub ertragen. Eltern beachten die Mimik ihres Kindes und kennen den körpersprachlichen Ausdruck. Dadurch können sie auch beim Vier-, Sechs- oder Achtjährigen sicher sein: Jetzt ist es *wirklich* zu viel, hier ist die Grenze des Zumutbaren erreicht. Und dann *müssen* sie Abhilfe schaffen.

• Die Gefühle aussprechen ...

Frust-Situationen lösen Gefühle aus. Enttäuschung, Ernüchterung, gescheiterte Hoffnung, Unbehagen, Verdrossenheit, Ärger, Wut. Die können auftauchen, sich steigern und schließlich das anrichten, was Sven nach seinem Erlebnis im Schwimmbecken (S. 88) als „ein Kuddelmuddel" beschreibt. Damit meint er einen heftigen Wust von Gefühlen, der über Kinder hereinbricht und die Eltern genauso ergreifen kann. So schimpft Svens Mutter in ihrem ersten Schrecken (S. 86).

Es ist ganz natürlich, wenn in kritischen Situationen Aufregung ausbricht, und die kann schließlich alle Beteiligten ergreifen. Wichtig ist, hinterher, wenn der Sturm sich gelegt hat und alle wieder ein bisschen klarer sehen können, den „Kuddelmuddel" anzuschauen. Natürlich kann niemand den ausgestandenen Frust ungeschehen machen. Aber es ist möglich, die unterschiedlichen Gefühle zu benennen, die da beteiligt waren.

Das macht den ausgestandenen Schrecken verständlicher, es lässt Kinder und die Eltern sich und einander besser verstehen. Ihre Reaktionen werden nachvollziehbar und begreiflich. Das ganze Geschehen verliert die Aura von etwas Unbegreiflichem, das „einfach über alle hereingebrochen" ist. Alles das, was die Mutter (oder in Kalles Beispiel die Großmutter, S. 96) in Worte zu kleiden hilft, nimmt Gestalt an und wird zu etwas, das man aus verschiedenen Richtungen anschauen und begreifen kann. Es wird handhabbar, und dadurch verlieren spätere „Kuddelmuddel" im Leben viel von ihrem möglichen Schrecken.

• ... oder auf andere Weise ausdrücken

Die Gefühle in Worte zu fassen ist gut, aber manchmal kann es hilfreich sein, zusätzlich noch ein anderes Ausdrucksmittel zu wählen, etwa das Malen. Die Bilder, die Tommy und Corinne malen (S. 92), spiegeln noch deutlicher, real sichtbar das, was die beiden erlebt haben. Durch das Aufbewahren oder Verbrennen wählt jedes Kind seine Möglichkeit, die erlebte und erlittene Krise auf seine Weise zu einem Ende zu bringen. Das Aufhängen eines Bildes stellt eine Art „Mahnmal" oder Memorial dar. Manchmal ist das einem Kind wichtig als Zeichen dafür, dass es eine Hürde überwunden und eine Krise gemeistert hat. Das Bild-Verbrennen macht für ein anderes Kind Schluss mit dem Geschehen und schafft symbolisch das Belastende „aus der Welt".

Egal welche Form der Darstellung Eltern und Kind bevorzugen: Die Kinder lernen dabei, etwas Bedrückendes, „Schlimmes" von innen nach außen zu bringen (und die Eltern üben es!).

Das klingt vielleicht banal und ist doch oft so schwer! Wer hat es noch nie erlebt, dass jemand gekränkt, erzürnt, wütend, enttäuscht ist, also belastet von einem quälend unangenehmen Gefühl, schweigt, sich nicht mitteilen, nicht darüber sprechen kann. Dieses Schweigen ist belastend und schmerzhaft. Wenn Eltern ihren Kindern helfen, das Bedrückende zu „verwörtern", bereiten sie den Boden für die notwendige Konfliktfähigkeit. Kinder brauchen die Gewissheit: Man kann über alles reden, auch und gerade über „schlimme Sachen"!

• **Weinen zulassen**

Das Weinen ist nicht nur ein Appell an die Erwachsenen, „alles wieder gut" zu machen. Auch das ist wichtig. Die Großmutter schafft für Kalle (S. 97) eine Atmosphäre, in der er sich ausweinen kann über den Schmerz, den sie ihm unwillentlich bereitet hat. Das Weinen des Kindes ist sein Weg, sich Schlimmes von der Seele zu spülen. Und da unterscheidet sich das Kind von keinem Erwachsenen! Das Weinen hat seinen Platz, und es braucht seine Zeit. Es schmerzt Eltern natürlich, wenn ihr Kind weint. Darum sollten sie wissen, dass das Weinen ihrem Kind gut tut und es von Schmerzen befreit. Dann fällt es ihnen leichter, ihm die Zeit zu lassen, die es braucht, um wieder zu sich und ins Gleichgewicht zu kommen. Ich kenne Menschen, die einige Jahre Therapie gebraucht haben, um die Fähigkeit zu weinen wieder zu erlangen. Sie hatten diese Fähigkeit verloren, weil die Erwachsenen in ihrer Kindheit es nicht haben ertragen können, wenn sie ihrem Kummer auf diese Art Luft gemacht haben.

• **Frustrationserfahrungen ermöglichen**

Eltern können schon sehr früh ohne Vorsatz oder „Programm" die Frustrationstoleranz ihrer Kinder erhöhen, indem sie alltägliche Frust-Situationen nicht verhindern und ihnen damit wegnehmen, sondern vielmehr zumuten. Pia (S. 93) ist ein Beispiel dafür. Durch solche „Zumutungen" erreichen Eltern, dass das Kind eine weitere Stufe der Selbständigkeit erklimmt.

Die Geschichte von Cornelius' Mutter (S. 94) zeigt das sehr gut: Sie steht unter Druck und *kann* nicht sofort! die unangenehme Situation ihres Kindes in eine ihm angenehme verwandeln. Manchmal müssen Kinder ihren Frust aushalten und zugleich erfahren sie dabei, dass sie das auch können. Oder sie finden selber Auswege wie Cornelius (S. 96). Dabei machen sie die Erfahrung: „Ich bin nicht hilflos ausgeliefert, wenn etwas Unangenehmes geschieht! Ich kann eine Menge aushalten, ohne kaputt zu gehen, und ich kann manchmal sogar allein etwas verändern!"

• **Selbstvertrauen erkennen und sich daran (mit)freuen**

Wenn ein Kind Frustrationen erträgt, die seinem Alter angemessen sind und wenn es einen Ausweg findet aus seinem Dilemma, hat es allen Grund, stolz auf sich zu sein! Es kann stolz sein, wenn es kreativ eine Lösung gefunden hat wie Cornelius (S. 96), der dem Baby vorliest. Dadurch gewinnt ein Kind Selbstvertrauen. Und das wird es ihm in künftigen Stürmen erleichtern standzuhalten und nicht vorzeitig aufzugeben. Ein guter Vorrat an Selbstvertrauen ist ein Polster, das die unvermeidlichen Stöße des Lebens mildern kann.

• **Gestatten Sie sich Fehler und Unvollkommenheiten!**

Den meisten Eltern gelingt das „Krisenmanagement", wenn sie nicht von dem Gedanken beherrscht werden, alles richtig machen zu *müssen*. Es gelingt ihnen meistens automatisch, ohne groß darüber nachzudenken, aus dem Bauch heraus. Und wenn es manchmal nicht oder nicht so gut gelingt, so ist auch das in Ordnung. Ungeschick-

lichkeiten, Fehler – all das gehört zum Elternsein dazu. Es ist menschlich! Kinder, die sich grundsätzlich geliebt wissen, zerbrechen nicht daran. Eltern müssen nicht vollkommen sein, es genügt schon, als Eltern „ausreichend gut" zu sein (s. a. S. 185).

Frust macht erfinderisch

Wut und feindselige Aggression sind nicht die einzigen Reaktionen auf Frust, die Eltern beobachten können. Es gibt auch andere Antworten auf unerfüllte Wünsche, auf ein Nicht-Haben, Nicht-Bekommen oder Nicht-Dürfen, das hat Cornelius bereits gezeigt, als er beschloss, dem Baby „vorzulesen", wenn er schon auf dem Kinderwagen sitzen muss: Not macht erfinderisch!

Linus baut eine Hockerleiter
Der dreijährige Linus braucht dringend das Müllauto, das hoch oben im Regal steht. Selbst wenn er sich noch so weit hochreckt und dabei die Zungenspitze vor Anstrengung hinausstreckt: Er reicht nicht heran. Erst quengelt er nach der Mama, aber die kann ihm gerade nicht helfen. Dann hüpft er ein paar Mal mit ausgestrecktem Arm hoch, doch bringt ihn das auch nicht näher an sein Ziel. Zögernd probiert er zu klettern. Er weiß, dass er das nicht darf, und das Regal schwankt auch schon ein wenig. So belässt er es bei dem einen zaghaften Ansatz. Dann aber weiß er, wie es klappen kann: Er holt zwei Hocker aus dem Kinderzimmer und stapelt sie aufeinander!
Er hat sich erfindungsreich selbst geholfen. Damit hat er ein Stück Autonomie gewonnen und wieder einmal erlebt, dass er dem Leben und seinen Erschütterungen nicht hilflos ausgeliefert ist. Er hat erfahren, dass er positive Kräfte entwickeln kann, die ihm aus einer misslichen Lage helfen können. Der Mutter ist zwar beinahe das Herz stehen geblieben, als sie den kleinen Kerl auf den übereinander gestapelten Hockern entdeckte, aber sie konnte ihren Schrecken in Freude darüber verwandeln, dass Linus sich so gut zu helfen wusste. Und sie ist sehr erleichtert, dass er dieses Abenteuer gut überstanden hat. (Dass sie ihm später vorsichtshalber zeigt, wie er einen weniger kippeligen Turm zum Hochsteigen bauen kann, nimmt der guten Erfahrung nichts von ihrem Wert.)

Susi und die Anziehstraße
Susi ist knapp drei. Sie möchte unbedingt mit ihrer Freundin den neuen Matsche-Sandkasten auf dem Spielplatz einweihen. Ganz früh war sie schon wach, und nach dem Frühstück brennt sie darauf, endlich loszulaufen. Es kann ihr gar nicht schnell genug gehen mit dem Frühstück. Und angezogen ist sie auch noch nicht!
Eigentlich ist das Anziehen morgens eine hübsche Sache: Die Mama macht das so schön kuschelig und lustig. Sie schmusen noch ein bisschen dabei, es gibt kleine Krabbelgeschichten, wenn Susis Hände in die Ärmel kriechen, und eine Abschluss-Kitzelei beim Zuknöpfen. Angezogenwerden – dabei kann Susi handgreiflich fühlen,

dass die Mama sie immer noch lieb hat, auch wenn da jetzt dieses neue Baby ist ... In den letzten Wochen hat Susi ihrer Mama gezeigt, dass sie schon ganz schön groß geworden ist. Sie hat nicht nur ihre Söckchen allein über die Füße gezogen, was wirklich eine tüchtige Fummelei ist für ihre kleinen Finger, sie hat auch geübt, allein ins Unterhöschen zu klettern. Die Mama musste es nur richtig herum auf den Boden legen. Mit dem Unterhemd ging es schon beinahe richtig. Ganz stolz war sie auf diesen Fortschritt!

An diesem Morgen geht alles ganz anders. Susi ist eilig und ungeduldig, weil sie aus dem Haus will. Aber die Mama kann ihr nichts passend auf den Boden legen. Die Mama hat keine Zeit. Das Baby hat die Windeln voll, und Mama muss sich erst darum kümmern. Das dauert ja endlos! Susi wird ungeduldig. Sie zieht ihren Schlafanzug schon einmal aus. Sie mault, aber das ändert nichts, Mama ist mit dem Baby beschäftigt. Susi will aber jetzt endlich angezogen werden! Nein, eigentlich will sie endlich fertig angezogen *sein*! Wenn sie doch nur erst so groß wäre wie Mama oder sogar wie Papa, dann müsste sie nicht immer warten!

Schließlich hat sie eine Idee: Sie holt ihre Sachen und bittet die Mutter, ihr die richtige Reihenfolge der Kleidungsstücke zu *sagen*. So reiht sie alles auf dem Boden auf und kann sich allein anziehen. „Anziehstraße" nennt sie ihre Erfindung, und der Mutter gefällt die Idee gut. Vom Hemd über die Unterhose bis zu T-Shirt, Jogginghose, Socken und Schuhen liegt jetzt eine „Strecke" vor ihr. Sie schafft sich mit einiger Mühe hindurch. Stolz baut sie sich auf: Sie ist fertig! Und: Sie hat ein Stück Unabhängigkeit gewonnen!

„Not" hat Susi ebenso wie Linus „erfinderisch" gemacht. Der Frust hat erst einmal Enttäuschung und einen kleineren Ärger bereitet, der war jedoch erträglich. Dieses „normale" Unbehagen, das zwangsläufig immer wieder im Alltag geschieht, hat eine Produktivkraft aufgerufen: Die Kinder haben Auswege gesucht und – gefunden.

Eltern lieben ihre Kinder, klar, und Eltern leiden oft genug mit ihnen, wenn sie Ärger, ein Problem, eben „Frust" haben. Daher ist es verständlich, wenn sie die Kinder trösten, ihnen helfen und alles Ungemach rasch beseitigen wollen. Es ist wirklich manchmal sehr schwer auszuhalten, wenn ein Kind sich mit einem Problem herumschlägt wie beispielsweise Linus, der nicht an sein Müllauto kommt. Auch ist für manche Mütter schon das erste Quengeln eines Babys wie Pia nur schwer zu ertragen. Denn: Mütter wollen ihre Sache gut machen, sie wollen sie oft genug besonders gut machen, und sie fühlen sich schlecht, wenn das Kind weint oder wütend ist, weil etwas nicht klappt. Dadurch wird die natürliche Hilfswilligkeit und elterliche Sorgebereitschaft „angeknipst", und das gesamte „Programm Mütterlichkeit" steht zum Einsatz bereit. Das „passiert einfach", es läuft automatisch ab und wird oft gar nicht recht bewusst. Im Bemühen, eine vorbildliche Mutter, ein perfekter Vater zu sein, springen die Eltern aus Liebe sofort hinzu, um rasch etwas für das Kind zu tun.

Gewiss, das Kind muss sich dann nicht mehr mit seinem Problem herumschlagen, es braucht sich nicht mehr zu plagen. Aber: Etwas „für das Kind tun" heißt oft genug, ihm etwas „aus der Hand nehmen". Eltern nehmen dabei dem Kind womöglich nicht

nur eine Last ab, sie nehmen ihm damit auch etwas weg: Die Chance nämlich, kleine Frust-Portionen ertragen zu lernen, sich „Trost-Inselchen" zu bauen wie Pia, Zuversicht in die eigenen Kräfte und Selbstvertrauen zu erwerben wie Susi und Linus, und das stolze Gefühl: „Ich hab's geschafft!"

Dem Kind das Problem zu lassen, bedeutet ja nicht, dass Eltern sich sadistisch aufbauen und zusehen, wie das Kind verzweifelt! Eltern können abschätzen, wann etwas zu viel ist für ihr Kind! Man kann dieses Problem-Überlassen auch nicht wie ein erzieherisches „Aktionsprogramm" üben, etwa: Dreimal täglich eine Portion Übungs-Frust. Die Dinge ereignen sich im Alltag ganz von selbst. Nebenher, wenn die Mutter jetzt „nicht kann", weil sie telefoniert oder das Baby wickelt. Ein aufmunterndes „probier's mal selbst, ich helf dir, wenn's gar nicht geht" kann das Kind ermutigen, nicht gleich aufzugeben. Eltern merken im Eifer des Gut-Sein-Wollens manchmal gar nicht, wie gut sie ihre Kinder auf den Weg zur Selbständigkeit bringen könnten, wenn sie manches eben *nicht* für ihr Kind täten! Frust kann, das habe ich gezeigt, wütend machen und auch destruktive Folgen haben. Aber es ist mir hoffentlich in diesem Kapitel auch gelungen, Ihnen die andere Seite des Frusts zu zeigen. Diese positive Seite formuliere ich zusammenfassend so: Irgendjemand hat einmal behauptet, Faulheit sei die Mutter aller Erfindungen. Ich glaube, da gibt es auch noch einen Vater: den Frust! Wenn Ihnen das im richtigen Augenblick einfällt – und ich freue mich, wenn ich dazu beitragen konnte – dann wird es Ihnen leichter fallen, mit den negativen Folgen von Frust entspannter umzugehen. Zu Ihrem eigenen und zum Nutzen Ihrer Kinder und anderer Mitmenschen.

Kapitel 7
Wenn Gefühle wehtun

Die bisherigen Kapitel haben gezeigt, dass Wut, Ärger, Zorn und Aggression mit Enttäuschungen, Schmerzen und anderen negativen Empfindungen zu tun haben.
In diesem Kapitel erzähle ich Geschichten davon, wie Kinder mit ihren Gefühlen in Krisen geraten, wie sie darauf mit feindseliger Aggression reagieren und wie Eltern oder auch Lehrer damit umgehen können. In der ersten Geschichte steht Eifersucht im Mittelpunkt, in der zweiten Geschichte geht es um Scham.

Markus oder Eifersucht kann ganz schön wütend machen

Markus ist knapp drei Jahre alt. „Ich krieg eine Schwester!", hat er wochenlang ver-kündet. „Und mit der kann ich dann Eisenbahn spielen!" Nun, die Schwester ist da, winzig in dem Körbchen, das Markus ihr großmütig abgetreten hat. Er braucht das doch nicht mehr, er, der Große, ist aus dem „Babykram" raus. Er ist schließlich schon fast ein Kindergartenkind!

Ein paar Tage harrt er geduldig aus, wenn Mara gestillt wird. Sie muss schließlich noch ein bisschen wachsen, bevor Markus mit ihr spielen kann. Das sieht er ein. Er schaut beim Windeln zu, hilft gelegentlich beim Baden, hebt den runtergefallenen Waschlappen auf und seufzt: „So viel Arbeit für so ein kleines Baby!" Irgendwie steht das in keinem Verhältnis ...

Markus wird ungeduldig

Als Mara zwei Wochen alt ist, ist sie immer noch winzig. Also ist es immer noch nichts mit Eisenbahnspielen. So ein Mist. Das hatte er sich irgendwie anders vorgestellt. Markus' Geduld nähert sich einer unsichtbaren, aber deutlichen Grenze. Er mosert, als die Mutter ihn bittet, doch eben mal eine Spuckwindel aus dem Körbchen zu holen. Er quengelt, als die Mutter die kuschelige Vorlesestunde abbricht, weil „dieses Wurm" Schnupfen hat und brüllt. Markus hat auch schon Schnupfen gehabt, jawohl, und sogar Husten. Hat er etwa gebrüllt? Nein. Natürlich nicht! Er ist doch fast ein Kindergartenkind. Aber dieses blöde Bündel da ... brüllt einfach rum! In seiner Vor-lesestunde! Kann sich das dumme Ding denn nicht zusammennehmen? Schließlich nimmt er sich auch zusammen. Obwohl ... eigentlich ... er hätte schon Grund zum Weinen!

Jetzt geht die Mutter in die Küche und macht ein Teefläschchen zurecht. Tee! Braucht er etwa Tee? Phhh! Wieder dringt ein Klagelaut aus dem Babyzimmer. Markus rutscht vom Stuhl und geht zu Maras Körbchen. Sie weint. Ihre Nase ist verrotzt. Markus nimmt die Spuckwindel und wischt dem Baby über die Nase. Der Rotz muss weg! Er wischt noch einmal, ein bisschen fester. Mara schreit lauter. „Ist die doof", wo Markus doch bloß nett ihre Rotznase abgeputzt hat. „Sei still!", sagt Markus. Mara schreit. „Halt die Klappe!" Mara schreit. „Du sollst die Klappe halten!" Jetzt schreit Markus auch schon beinahe und haut auf das Bündel unter der Bettdecke.

Alle Enttäuschung über diese unbrauchbare Schwester

In diesem Schlag bündelt sich alle Enttäuschung über diese „unbrauchbare" Schwes-ter, aller Schmerz über die Geduld, die er in seine Hoffnung auf eine Spielkameradin investiert hat und die so gar nicht belohnt wird, die Wut darüber, dass Mara sich nicht einmal freut, wenn er ihr die Nase putzt, obwohl das ja nun wirklich nicht seine Aufgabe ist! Er ist doch hier nicht die Mutter! Dabei schafft die Mutter es ja nicht ein-

mal, dieses schreiende Ding abzuschalten. Die Mutter – paaah!, die ist sowieso nur für diesen Giftzwerg da. Wer gibt denn mal Markus eine Flasche? Und wer windelt denn ihn? In seiner Verbitterung vergisst er ganz, dass er sich eine Windel schwer verbitten würde. Pampers sind für Babys. Für Kindergartenkinder sind sie ein Angriff auf die Würde!

Der Zorn steigert sich, Enttäuschung, Traurigkeit über das, was Markus für Untreue der Mutter hält, kommt dazu, Wut brodelt. So kommt es zu dem Schlag.

In dem Moment kommt die Mutter ins Zimmer. „Markus, was machst du denn?"

„Ich hab ihr bloß die Nase geputzt ...", sagt Markus, und das ist ja auch fast nicht gelogen. Irgendwie weiß er, dass da etwas falsch war. Ganz falsch und vielleicht auch ... böse. Er schaut betreten. Gleich muss er weinen.

„Manchmal ist das alles zum Weinen, nicht?"

Die Mutter nimmt das Baby aus dem Körbchen, trägt es ins Wohnzimmer, setzt sich dort aufs Sofa. Nicht auf den Sessel, in dem sie sonst immer sitzt mit diesem neuen Baby.

„Komm, Markus, setz dich zu mir", sagt sie. Markus schiebt sich halb brummig, halb erleichtert aufs Sofa. „Komm noch ein Stückchen näher zu mir", bittet die Mutter. Er rutscht näher an sie. Die Mutter legt einen Arm um ihn: „Gell, das ist blöde, dass Mara ausgerechnet jetzt so einen Schnupfen hat." Markus brummelt. „Du hast es ganz schön schwer im Moment, glaub ich ..."

Als die Mutter nun mit dem Arm ihren Großen an sich drückt, kuschelt er sich an und schluckt. „Manchmal ist das alles zum Weinen, nicht?" Markus nickt. Und dann weint er. Mara nuckelt in Mutters rechtem Arm an ihrem Tee, Markus schluchzt in Mutters Bluse: „Ich will kein Baby mehr ..."

Der Satz sticht der Mutter in die Seele. Es ist ein Vorwurf an sie. Sie spürt den Vorwurf, dass sie ihrem Sohn untreu geworden ist, dass sie ihn verraten, ihn im Stich gelassen hat.

Sie hat es sich so sehr gewünscht, zwei Kinder zu haben, zwei die sich mögen und miteinander spielen, zwei, von denen jeder einen Partner hat, einen Kumpel, einen Verbündeten. Und jetzt? Jetzt schlägt Markus verschiedene Methoden vor, wie sie das Baby loswerden könnten. Die Mutter nimmt etwas wie Mordlust wahr. Sie ist erschrocken. Aber sie weiß, und wir wissen es auch, dass das Totwünschen und Totdenken in der Phantasie seinen Platz haben darf. Weil Denken, Wünschen und Tun zwei völlig verschiedene Welten sind.

„Ja, Markus. Das versteh ich gut. Mara ist viel länger klein als du dir das gedacht hast. Das ist wirklich blöd für dich, wenn du noch nicht mit ihr spielen kannst. Wo du dich doch so darauf gefreut hast! Und wenn sie krank ist, braucht sie noch mehr Hilfe ... das ist eine Plage für dich. Und dann hast du das Gefühl, ich lasse dich im Stich ... Wenn Mara weg wäre, dann hättest du mich wieder für dich alleine ... Da musst du daran denken, wie du sie wegmachen könntest ... Auch wenn wir beide wissen, dass das gar nicht geht. Nur, vom Hauen wird gar nichts besser. Dafür ist Mara noch zu klein."

Praxis-Tipp: Eine Trulla für Markus zum Hauen und Füttern

Als das Baby sich beruhigt hat und wieder im Körbchen liegt, nimmt die Mutter Markus mit in den Keller. „Ich glaub, ich hab was für dich", sagt sie. Sie gräbt in einem alten Koffer und befördert eine Lumpenpuppe ans Licht. „Das ist meine alte Trulla", sagt sie. „Meine Tante hat sie mir gemacht, als ich ein kleines Mädchen war. Und jetzt schenke ich sie dir. Weißt du, wenn du so richtig wütend bist auf Mara, wenn du sie hauen möchtest oder so, dann kannst du lieber die Trulla hauen. Die Trulla kann das ab."
„Hast du früher auch die Trulla gehauen?"
„Ja", sagt die Mutter. „Wenn ich mich über meine Schwester geärgert habe, dann habe ich die Trulla verkloppt. Einmal hab ich sie auch die Treppe runtergeschmissen." – „Hast du deine Schwester nicht lieb gehabt?"
„Doch, schon. Nur manchmal gar nicht. Und dann durfte ich die auch nicht hauen, weil sie noch so klein war."
Die Mutter hilft Markus, sich selbst zu verstehen. Ein Dreijähriger braucht noch oft Unterstützung bei seinen inneren Kämpfen. Er braucht einen Begleiter durch den Dschungel der heftigen Emotionen, die da immer mal wieder freigesetzt werden (s. auch Besprechung des Buches von Hiawyn Ora und Tony Ross: „Die zweite Prinzessin", S. 200).
Dass die Mutter als kleines Mädchen selbst eifersüchtig war, dass sie auch gewütet und geweint hat, kann Markus entlasten: Er ist nicht „verkehrt" mit seinen hässlichen Gefühlen; die Mutter hat das auch schon erlebt! Sie hat es sogar überlebt! Dann ist also mit ihm alles in Ordnung, und er muss nicht befürchten, ein fieses Monster zu werden.
Und noch etwas: Er weiß, dass die Trulla ein Verbindungsglied zwischen Mutter und ihm ist, ein sichtbares Zeichen dafür, dass Mutter auch ziemlich abscheuliche Sachen verstehen kann.
Manchmal füttert Markus die Trulla. Richtig liebevoll kann er das. Und dann wieder gibt es Tage, da sitzt die Trulla in der Ecke, und Markus ranzt sie an: „Du kriegst heute nix, du Blöde, du!" Dann weiß die Mutter: Markus hat daran zu knacken, dass sie gerade sehr viel Zeit für Mara braucht, weil sie zum Kinderarzt muss oder weil sie ihr Schläfchen macht und Mutter jetzt nicht sofort mit Markus auf den Spielplatz gehen kann ... Dafür muss Trulla büßen. So! Dazu ist sie auch da!

Die Geschwisterkrise

Alle Mütter wissen, dass es eine Krise für ein Kind ist, wenn es Bruder oder Schwester wird. Und sie erkennen die Anzeichen dieser Krise: Die zweijährige Erstgeborene wird unleidlich, quengelt viel und stellt sich quer, wo sie vorher leicht zu lenken war. Sie will plötzlich nicht mehr groß sein, obwohl sie doch bisher alles Große für erstrebenswert hielt! Sie will nicht mehr aus dem Becher trinken, sondern lieber wieder ein Fläschchen – möglichst in Mutters Arm. All ihr „will leine!", ist verstummt. Stattdessen klagt sie „auch!"

Manche Mütter erleben die erste Zeit daheim mit dem Baby und dem Erstgeborenen als Qual.

Birgit findet: „Es ist die Hölle!" Nach den ruhigen Tagen in der Klinik fühlte sie sich fit für den Alltag. Nun ist sie seit knapp einer Woche zu Hause und fühlt sich elend. Sie klagt einer Freundin ihr Leid: „Nichts kriege ich auf die Reihe. Nichts! Ich könnte rund um die Uhr bloß noch heulen."

„Was ist denn los?"

„Wenn ich das so genau wüsste! Es ist einfach nur noch ... grässlich. Ich sollte das nicht sagen. Schließlich sind die Kinder gesund, und es ist undankbar, wenn ich mich beklage, aber ... ich komm nicht klar mit den Kindern. Eins ginge ja – aber zwei? Es geht einfach nicht!"

„Was geht denn grade ab bei euch?"

Viktor dreht durch

„Viktor dreht völlig durch. Wenn ich die Kleine stille, quengelt er los. Dass er trinken will. Dass er Hunger hat. Dass er raus will. Oder er schmeißt Sachen rum, wirft mit seinen kleinen Autos – stell dir das doch vor! Wenn er das Baby damit trifft! Und neulich hat er sich an den Hund rangemacht. Ich hab gestillt. Viktor saß erst ganz ruhig auf dem Boden und hat mit Duplos gespielt. Dann wollte er trinken. Ich hab ihm gesagt, dass er jetzt warten muss, ich kann jetzt nicht. Da ist er losgezogen zum Hundekorb. Der Hund hat geschlafen – und er hat ihn an den Ohren gezogen. Und ihn angeranzt. Als der Hund sich getrollt hat, ist er hinterher und hat ihn am Schwanz gezogen. Er weiß, dass er das nicht darf. Er weiß, dass das gefährlich ist. Ich hab's ihm schon zigmal gesagt – völlig zwecklos! Er dreht durch! Ich bin bloß froh, dass der Hund noch so geduldig ist."

„Viktor ist ganz schön eifersüchtig, was?"

„Und wie! Ich kann's ja auch verstehen. Wär ich auch an seiner Stelle. Aber das hilft mir nicht weiter! – Ich mach doch schon alles, was mir die anderen Mütter aus der Stillgruppe geraten haben: Er darf wieder aus dem Fläschchen trinken, wenn er will. Ich hab ihm eine kleine Babypuppe geschenkt, die darf er selber versorgen. Manchmal knallt er sie bloß auf den Boden – okay, soll er! Ist ja bloß eine Puppe. Er darf beim Baden oder Windeln mithelfen. Wenn das Baby schläft, kriegt Viktor seine Vorlesezeit oder eine Kuschelrunde oder was er gerade möchte. Und wenn er nachts weint, geh ich ja auch hin! Ich bin doch keine Rabenmutter!"

„Nee, bist du nicht. Das weiß ich sicher! Du weißt, was los ist mit ihm. Du hast eine Menge Tipps gekriegt, wie du ihm die Sache mit dem neuen Baby erleichtern kannst – bist du nun so runter, weil Viktor nervig ist? Oder was ist zu viel?"

„Da ist vieles ... Das Baby schläft noch nicht durch. Das kann ich eigentlich ab, schließlich liegt es neben mir und ich brauch's bloß rüberzunehmen. Das geht fast im Schlaf. Aber der Große, wenn der auch noch losplärrt nachts, weil er auch zu mir will – das ist schon viel. Ich möchte doch auch mal schlafen!"
„Ist es der fehlende Schlaf, der dich so schlaucht?"
„Auch, ja. Aber nicht nur. Ich fühle mich so beschissen. Weißt du, es ist so schrecklich, dass ich dem Großen nicht wirklich helfen kann. Es macht mich völlig fertig, dass ich ihm nicht alles das geben kann, was er braucht."
„Was er haben will – solltest du sagen. Du verlangst verdammt viel von dir!"

„Ich hab immer davon geträumt, dass ich es besser mache als meine Mutter."

„Naja, guck mal, das Baby kriegt die Brust und ist meistens ziemlich zufrieden. Und der Große, dem ich bisher alles gegeben habe, was er brauchte, der kommt zu kurz. Irgendwie ist das doch so, dass ich ihm die ganze Sache eingebrockt habe! Schließlich hab ich das Baby gekriegt und ins Haus geschleppt. Ihn hat doch keiner gefragt, ob er das will oder nicht!"
„Na weißt du – so weit kommt das noch, dass Mütter ihre Kinder um Erlaubnis fragen, ob sie bitteschön noch ein Baby kriegen dürfen!"
„Nein, ganz so ist es ja nicht!"
„Aber ein bisschen glaubst du das, oder?"
„Irgendwie schon ... Ich denke immer, dass ich an seinem Unglück ... Schuld bin ..."
„... und dass du es deswegen auch wieder gutmachen musst?"
„Ja. Schließlich bin ich doch seine Mutter! Wer soll denn sonst dafür sorgen, dass er ... glücklich ist?"
„Siehst du das wirklich so: Du bist verantwortlich dafür, dass er sein Leben ohne Krisen leben kann?"
„Wenn du das in dem Ton fragst, kann ich eigentlich nicht ja sagen ... obwohl ich es denke!"
„Und warum kannst du nicht ja sagen, wenn du doch ja fühlst? Das wär jetzt mal interessant!"
„Ach, du bist schrecklich! – Ich weiß natürlich, dass es ein Leben ohne Krisen nicht geben kann. Und dass ich meinem Kind nicht alle Steine aus dem Weg räumen kann. Aber ich ertrage den Gedanken nicht, dass ich ihm einen Stein hingeschmissen habe!"
„Jetzt musst du bloß noch dazusagen, dass du das zu deinem eigenen egoistischen Vergnügen gemacht hast! – Wenn du das jetzt sagst, also, dann weiß ich, dass du völlig durchgedreht bist."
Birgit beißt auf ihre Unterlippe und schweigt. Sie denkt nach. Dann sagt sie: „Ich hab immer davon geträumt, dass ich es als Mutter mal viel besser mache als meine Mutter. Weil ich doch viel mehr Sachen gelesen habe als sie. Weil ich vorbereitet bin und mehr

... weiß. Glaub ich jedenfalls. Und weil ich auf jeden Fall noch weiß, wie es sich anfühlt, ein Kind zu sein. Meine Kinder sollten sich besser fühlen als ich!"
„Über deine Mutter kann ich nichts sagen, ich kenne sie zu wenig. Sie kann aber nicht schrecklich gewesen sein! Du hast doch offenbar eine Menge Gutes von ihr abgekriegt."
„Ich wollte aber besser sein."

„Gib deinem Mann mal die Möglichkeit, Vater zu sein!"

„Schmink dir mal das ‚besser‘ ab! Das macht dir bloß Stress. Sei doch bloß einfach gut genug. Und guck mal, ob du nicht deinem Mann mal die Möglichkeit gibst, Vater zu sein. Der kann vielleicht auch nachts aufstehen und ein Kind trösten. Jedenfalls manchmal. Oder er kann dich am Wochenende länger schlafen lassen. Und ehe du völlig abdrehst – hast du keine Freundin, die du mal bitten kannst, dass sie kommt und hilft? Dass sie mal mit Viktor spazieren geht oder irgendwas Tolles macht?"
Birgit schaut sie hilflos an. Die Freundin lacht: „Du könntest ja mal mich fragen, abwechslungsweise!"
„Hm ..."
„Ich weiß – du hast gedacht, dass du immer alles alleine kannst. Und du hast gedacht, wenn du um Hilfe bittest, dann denken alle, dass du unfähig bist ..."
„Irgendwie ... ja ..."
„Na weißt du! Du bist ziemlich prima als Mutter. Aber du bist nicht hundertzwanzigprozentig perfekt, und du bist nicht allmächtig. Ich übrigens auch nicht. Und überhaupt, du könntest mir ja mal die Chance geben, dir zu helfen. Etwas abzunehmen. Nützlich zu sein."

Wenn ein Nein kein klares Nein ist.
Oder: Wenn Mama inwendig wackelt

„Danke. Ich glaub, das mach ich wirklich bald! – Aber sag mir, was ich mit dem eifersüchtigen Quälgeist machen kann!"
„Was hast du denn vorher gemacht, wenn er Mist gebaut hat?"
„Dann hab ich ihm natürlich gesagt, was geht und was nicht."
„Genau. Und warum tust du das jetzt nicht?"
„Tu ich doch – aber er hört einfach nicht. Den interessiert das nicht! Das macht mich noch rasend!"
Die meisten Mütter kennen die hilflose Wut, die Birgit „rasend" macht. Alles, was sie sagen oder tun, scheint vom Kind abzuprallen. „Als sei ich überhaupt nicht da", beschreiben sie es dann. Daran steckt auch oft etwas Wahres. Das will ich erklären. Birgit hat gesagt, dass sie „Schuld" sei an Viktors Unglück. Sie fühlt sich schuldig.

Und mit diesem unbehaglichen Gefühl geschieht es, meist unbemerkt, dass etwas in der Stimme, irgendetwas in Haltung und Gesichtsausdruck zeigt, dass sie ein schlechtes Gewissen hat. Selbst wenn sie das Schuldgefühl „lachhaft" und „unbegründet" findet, so macht es sie doch eine Spur unsicher und sie „wackelt inwendig".

Bisher konnte Birgit in Viktors Augen „gemein" sein, indem sie alle Verbote ausgesprochen hat, die nötig waren. Sie hat alle nötigen Neins! gesagt und zwar meistens so, dass er begriffen hat: Hier ist Schluss! Jetzt aber fühlt sich Birgits Nein! anders an: wie ein Nein-aber-vielleicht-doch-Ja. So als würde sie Viktor am liebsten ein Stück entgegenkommen. Wenn sie schon frecherweise ein neues Kind ins Haus geholt hat, will sie nicht auch noch eine „gemeine" Mama sein, die Nein! sagt.

Natürlich ist keine Mutter *wirklich* gemein – aber wenn Mütter vor Verboten, Grenzensetzen und Neins! zurück schrecken aus Schuldgefühlen und Angst, in den Augen ihres Kindes eine „Rabenmutter" zu sein, so vermittelt ihr inneres Schwanken dem Kind, dass die Grenzen nicht mehr so eindeutig sind wie sonst. Das verunsichert wiederum das Kind. Und Unsicherheit kann Viktor im Moment gar nicht gut vertragen – seine Welt ist doch eh schon aus den Fugen, weil er vom Thron gestürzt ist!

„Und was kann ich jetzt machen?" Darauf gibt es (leider) keine einfache konkrete Antwort. Bevor Sie mich jetzt steinigen oder das Buch wütend in die Ecke werfen, lesen Sie noch ein paar Zeilen weiter. Sie wissen so gut wie ich, dass es kein Leben ohne Krisen geben kann. Es gibt auch kein Patentrezept, wie Sie mit (allen!) Krisen im Handumdrehen fertig werden. Aber es gibt ein paar Dinge, auf die Sie sich besinnen können, wenn es wieder einmal dicke kommt.

Sie sind nicht die Einzige, die von Zweifeln geschüttelt wird: Ob Sie wirklich dem Erstgeborenen eine Konkurrenz hätten vor die Nase setzen dürfen, ob Sie die Situation vernünftig in den Griff kriegen können, oder was sonst an quälenden Gedanken an Ihnen nagt. Seien Sie sicher: Anderen Eltern geht es auch so oder ähnlich. Und Sie sind deswegen nicht schlechter oder ungeschickter.

Sie sind sicher eine ausreichend gute Mutter, auch wenn Ihr Kind jetzt großen Eifersuchtskummer hat und Ihnen das Herz schwer ist.

Und wenn Sie sich nicht immer zureden wollen wie einem lahmen Esel, dann seien Sie doch einfach nur ein bisschen geduldig mit sich. Jeder Tag verändert Sie, Ihr größeres Kind und Ihr Baby ein bisschen und damit auch die Situation.

Wahrscheinlich scheint es Ihnen nur so, wenn Sie den Eindruck haben, dass „alle" anderen Mütter den Schritt zur Mutter-zweier-Kinder besser meistern als Sie.

Vielleicht reden sie bloß nicht über ihre Probleme? Die meisten von den Müttern, die mit solchen Sorgen zu mir kommen, wissen gar nicht, dass es viele andere Mütter gibt, denen es ähnlich geht. Schließlich sind alle zum ersten Mal Mutter von zwei Kindern. Und das muss man genauso lernen, wie man es lernen muss, Mutter zu sein.

Erinnern Sie sich daran, wie Ihr Großer laufen gelernt hat. Er hat es einfach immer wieder *gemacht*. Nach jedem Hinplumpsen ist er aufgestanden und hat weitergemacht. Mit der Zeit ist es immer besser geworden. Machen Sie es ihm nach. Mit dem Muttersein ist es ähnlich.

Von Scham zur Keilerei

Im Sportunterricht sollen die Jungen über den Kasten springen. Holger, er ist neun, fürchtet sich ein bisschen vor Hindernissen, deswegen bremst er seinen Schwung ab und schafft den Sprung nicht. Das ist nicht das erste Mal, und es wird mit jedem Mal schwieriger, weil alle zugucken, weil Holger glaubt, dass alle anderen sein Scheitern bereits erwarten. Das alles ist ihm schrecklich peinlich, und das wiederum erhöht seine Anspannung und prompt schafft er es wieder nicht. Christian grinst schadenfroh und überheblich. Für ihn gibt es kein Problem im Sport. Beim Umziehen spöttelt er, nennt Holger einen „Schlaffi“, eine „Memme“, und erzählt der grienenden Gruppe, dass Holger sowieso nicht richtig ticke, der habe ja eine Freundin, der sei ja schon selber ein verkleidetes Mädchen ...

Holger spielt wirklich gern mit einem Mädchen aus der Nachbarschaft, das ist wahr. Aber die Behauptung, er habe eine Freundin, was so viel bedeutet wie er sei verliebt! – das ist zu viel. Holger wird nun auch noch rot, weil er sich schämt, dermaßen bloßgestellt zu werden! Es ist ihm peinlich, weil die anderen schon kichern. Und er fühlt sich einen Augenblick hilflos und ausgeliefert. Fast schon wollen ihm Zorn- und Scham-Tränen hochsteigen. Das Weinen kann er jedoch niederkämpfen, stattdessen tritt er erbittert nach Christian. Im Handumdrehen ist eine Keilerei im Gange.

Versuchen wir einmal, genau „hinzufühlen“ zu dem, was abläuft, so stellt sich das in etwa so dar: Christians Spott, seine Überheblichkeit und die öffentliche Bloßstellung verursachen Schamgefühle. Die Scham betrifft Holger auf peinvolle Weise. Seine individuelle Toleranzgrenze ist überschritten, eine Welle von Wut kommt in ihm hoch. Es ist, als werde ein Signal zum Gegenangriff geblasen. Im selben Augenblick gibt es einen Energiestoß, mit dem Holger seine Selbstachtung verteidigt und weitere Verunglimpfung abwehrt.

Auch Scham kann also, wie jeder andere übermäßige Schmerz und jede unerträgliche Belastung, feindselige Aggression hervorrufen. Sie richtet sich gegen den Verursacher, gegen den Angreifer. Und zwar richtet sie sich ebenso gegen den vermeintlichen Verursacher wie gegen den tatsächlichen Ausgangspunkt des Schmerzes. Diese Aggression ist eine Selbstschutzmaßnahme mit dem Ziel, einen Quälgeist „abzuschalten“. Und wenn wir es genau bedenken, ist der nahezu „automatische“ Ablauf dieser Aggression eine sinnvolle Sache:

Wenn Sie von einer Mücke belästigt werden, klatschen Sie sie an die Wand. Auch das ist eine Selbstschutzmaßnahme, aus der Sicht der Mücke freilich destruktiv. Holger versucht mit seinem Tritt, wie man so sagt, Christian „das Maul zu stopfen“. Zumindest ist sein erster Tritt eine deutliche Warnung: „Achtung! Dies ist der Anfang. Es können jedoch noch schärfere Attacken folgen!“ Allgemeiner formuliert: Die Selbstschutzmaßnahme soll die Umwelt so verändern, dass der Schmerz (die Beschämung, das Unwohlsein ...) vermindert und die Situation erträglich wird.

Holger könnte sich, so mag er es empfinden, durch eine erfolgreiche Prügelei profilieren. („Mann – ist der stark!“ – „Wow, der hat Mut!!“) Er kann dabei die erlittene

Schmach ausgleichen und seinerseits Christian bloßstellen und beschämen. Damit wäre dann das Schamgefühl weg von Holger – weitergegeben an Christian. Solche Gedanken gehen Holger nicht bewusst durch den Kopf. Das ist vielmehr eine Kurzfassung der „Gedanken", die dem Mechanismus der Abwehr und des „Weitergebens" von Schamgefühlen zugrundeliegen.

Wir sehen an dieser Situation, wie eine Keilerei entstehen kann. Holgers Tritt, den er zu seinem (psychischen) Selbstschutz einsetzt, bringt Christian auf die Palme: Er lässt sich doch nicht treten! Also schubst er Holger von sich weg. Holger stolpert gegen Frank, der gerade seine Schuhe anzieht und umkippt. Frank fühlt sich „umgeschmissen" und mischt nun seinerseits mit, mit Schubsen, Schlagen, Boxen, blauen Flecken, Schrammen, Nasenbluten ... Keiner will einen Angriff auf sich sitzen lassen, er verlöre doch das Gesicht! Und diese Blöße will sich niemand geben.

An diesem Punkt zeigt die Weisheit unserer Sprache auf die Scham hin: „Sich eine Blöße geben" hat mit Körperscham zu tun, mit der Peinlichkeit, nackt gesehen zu werden, und mit der schrecklichen Verlegenheit, in die einen eine solche Lage bringt.

Dass keiner sein Gesicht verlieren darf, wenn es einen wirklich Frieden geben soll, haben Diplomaten und Verhandlungspartner in Friedensfragen sehr ernsthaft zu bedenken. Wer mit Kinderkeilereien zu tun hat, muss das ebenfalls berücksichtigen!

Eine abgewürgte Keilerei mit einem „aufgezwungenen" Frieden lebt rasch wieder auf, weil die Beschämten, die Geduckten eben nicht zufrieden und ruhig sein können. Wir können aber auch nicht abwarten, bis irgendwann ein schmerzhafter Höhepunkt erreicht ist, der die Kampfhähne zum Aufgeben und Wundenverbinden zwingt.

Friedenskonferenz

Holgers Lehrer hatte sich mit einem lauten Wort Gehör verschafft und eine „Konferenzrunde" einberufen. Dabei ging es nicht um Fragen wie „wer hat angefangen?", oder „wer ist Schuld?". Vielmehr forderte der Lehrer die Kinder auf, eine Friedenskonferenz zu spielen, in der es um ein Ende der kämpferischen Auseinandersetzung ging. „Stellt euch vor: Drei Könige haben Krieg gegeneinander geführt, aber keiner hat bisher wirklich gewonnen. Der Winter steht vor der Tür. Wenn sie weiter Krieg führen, verhungern die Menschen in ihren Ländern. Keiner will noch mehr Krieg. Natürlich will auch keiner als Verlierer dastehen ... Eure Aufgabe ist, die drei an einen Tisch zu bringen und zu einer Einigung zu führen."

„Da muss einer gewählt werden, der ein Gesetz erlässt, dass jetzt Frieden ist", schlägt ein Junge vor, und ein Mädchen ergänzt: „Und wenn die wieder anfangen, Krieg zu machen, dann ... dann.. also, dann wird der bestraft."

„Nee, dann ist ja doch wieder Krieg", wendet ein anderer ein. „Und überhaupt: Wen sollen die denn wählen? Aus welchem Land sollte der denn sein?"

„Ich weiß", ruft ein energisches Mädchen. „Ist doch klar, das muss der Papst machen! Der kann das!"

Der Lehrer nickt bedächtig: „Dann gäbe es so eine Art Ober-König, einen Super-Boss, der für alle der Bestimmer ist?"

„Ja!" Das finden die meisten gut. Doch der Lehrer gibt zu bedenken, ob das eigentlich bei den Kindern zu Hause funktioniert, oder in der Schule, wenn ein Oberster Boss „AUFHÖREN" sagt.

Während ein paar Kinder darüber streiten, wie das denn ist, meldet sich Fips zu Wort. Fips ist der Schmächtigste in der Klasse. Mit Kräftemessen und Schlägern hat er es nicht so, aber er ist immer für eine neue Idee gut. „Ich möchte mal wissen" beginnt er zögernd, „um was die Könige sich eigentlich gekloppt haben. Wie das angefangen hat!"

„Das ist doch blöde! Das fragt meine Mutter auch immer: Wer hat denn angefangen. Das ist doch Quark, weil: Das weiß keiner mehr genau." Das hat er gut beobachtet.

„Nein", sagt Fips, „nicht: wer angefangen hat, sondern *wie* und *um* was ging's denn!"

Die streitende Fraktion wird aufmerksam. „Was soll das denn heißen?", will einer wissen.

„Krieg ist doch teuer" sagt Fips. „Das Geld gibt man doch bloß aus, wenn man hinterher etwas kriegen kann, was einem vorher gefehlt hat ... oder so."

„Da ist was dran" bestätigt der Lehrer den Denkansatz.

Jetzt tragen die Kinder zusammen, was den Königen gefehlt haben könnte: „Vielleicht gab's in einem Land nicht genug Getreide?" Missernten – davon haben sie schon mal im Unterricht gesprochen.

„Oder es gab nicht genug Wasser", schlägt ein Kind vor.

„Oder zu viel, so wie das bei uns regnet! Da hatten die vielleicht dauernd Hochwasser!"

„Vielleicht hätte ein König gern ein Stück von dem Nachbarland ..." sagt Paul. Und seine Zwillingsschwester Finja fügt hinzu: „Wie bei uns. Unsere Zimmer sind fast gleich, bloß dass du eine Tür zum Balkon hast und ich nicht. Da haben wir im Sommer ganz oft Krach gekriegt ..."

Der Lehrer schreibt groß an die Tafel: INTERESSEN DER KÖNIGE und darunter alles, was den Kindern einfällt „Getreide", „Wasser", „Kanäle", „Küste", „Hafenstadt", „Bodenschätze", „Erdöl", „Gold". Als sie eine ganze Liste von Interessen beisammen haben, fragt er, was das nun bedeutet, was sie damit anfangen können in ihrer Friedenskonferenz.

Erst sind die Kinder verblüfft. Aber dann kommen ihnen nach und nach Einfälle. Paul und Finja haben sich zum Beispiel einen Handel ausgedacht, wie sie mit der einen Balkontür für zwei Zimmer friedlich auskommen können: Wenn Finja ihrem Bruder das Akku-Aufladegerät leiht, wenn sie es gerade nicht braucht, dann kann sie anstandslos durch sein Zimmer auf den Balkon gehen ... Und jetzt können die Friedensverhandlungen losgehen: Mit dem Tausch von Sachen, die einer hat, gegen Sachen, die ein anderer braucht.

Wenn das kein Anfang ist!

Shalom!

Das ist ein Weg, der Kindern die Verantwortung für den Frieden zunächst weitab vom konkreten Schauplatz im Hier und Jetzt überträgt und sie nebenbei recht gut im Verhandeln schult. Sie brauchen gelegentlich vielleicht einen Hinweis, dass dieser König sich ungerecht behandelt fühlt und jener nicht das Gesicht verlieren möchte. Aber man kann darauf vertrauen, dass sie eine Friedensmöglichkeit finden. Die Kinder werden ihren Ehrgeiz dreinsetzen und keinesfalls ... das Gesicht verlieren wollen!

Erst in einem nächsten Schritt gilt es dann, die in der Königskonferenz gewonnenen Strategien und Friedenspläne auf die Gruppe im Umkleideraum anzuwenden. Es gibt übrigens wirklich Erzieherinnen und Erzieher, die Alltagsszenen zwischen den Kindern aufgreifen und verfremdet durchspielen. Es sind nicht viele – aber wer einen kennen gelernt hat, kann unglaublich viel von ihm lernen!

Leider weiß ich nicht, wie die Geschichte zuende gegangen ist. Aber ich bin sicher: Bei einem Lehrer wie dem von Holger kann man mit dem Besten rechnen.

Kapitel 8

Jannik oder das große Nein!

Elke ist verzweifelt. Sie hat im Augenblick nur noch Krach mit ihrem Sohn Jannik. Der ist gerade vor zwei Monaten zwei geworden.

„Ich hab das Gefühl, für Jannik ist alles nur noch Nein!" erzählt sie ihrer Freundin Trudi. „Er will immer das Gegenteil. Egal, was ich sage – er sagt Nein."

Der Kampf mit Jannik geht schon morgens los.

Elke erzählt weiter. „Er gehorcht einfach nicht! Stell dir vor, ich sage, dass wir jetzt ins Bad gehen, Gesicht und Hände waschen. Da baut er sich vor mir auf und sagt NEIN! Und guckt mich grinsend dabei an! Ich halte das kaum aus!"

„Mhm", sagt Trudi. „Das kenn ich. Da kommt man sich vor wie der letzte Heini. Völlig machtlos. So als wär man gar nicht richtig da. Ich weiß noch, wie das bei meinen beiden war!"

„Nein, es ist, als ob ich gar nicht da wäre. Ich bin da, das weiß ich – und Jannik weiß das auch. Es fühlt sich mehr so an, als wär ich ein großer Klotz, gegen den er dauernd treten muss. Als ob ich im Weg rumläge ..."

„Aber der Klotz scheint ja wohl wichtig für Jannik zu sein", sagt Trudi.

„Wichtiger Klotz!"Elke schnaubt wütend: „Was meinst du, wie egal mir das ist, ob ich ein wichtiger Klotz für ihn bin oder nicht. Ich hab's einfach satt!"

Dann schweigt sie, erschrocken über ihren Wutausbruch. Obwohl Trudi ihre Freundin ist, fällt es ihr nicht leicht, über sich zu sprechen. Sie hat das Gefühl als sei sie untauglich als Mutterund gescheitert an der Aufgabe, die sie sich doch selbst gewünscht hat. Schließlich sagt sie: „Das Schlimmste ist – ich benehme mich, wie ich mich nie, nie benehmen wollte!" – „Wie?"

„Ich schreie rum mit ihm. Manchmal geht das morgens schon los, dass ich rumbrülle. Ich halte das kaum aus, wie ich mich aufführe! Was soll ich bloß machen? Das ist doch sicher nicht gut, wenn ich immer Janniks Willen breche! Aber ich habe das Gefühl, ich tue das dauernd. Und weißt du, was am schlimmsten ist? Jannick macht mich nach! Er stellt sich hin, wenn ich schimpfe, stemmt den Arm in die Seite, wie ich das mache. Dann legt er den Kopf schräg und grinst. Und neulich hat er dabei ‚Was soll *das* denn?!' gesagt!"

Trudi stellt sich die Szene vor, wie der kleine Mann sich vor seiner Mutter aufbaut, ihre Haltung nachmacht und auch noch diesen Satz herbetet, den die Mutter schon so oft gesagt hat. Sie kann nicht anders, sie muss darüber lachen.

„Entschuldige, ich lache nicht über dich, Elke. Ich weiß natürlich, dass das für dich grässlich ist – Jannik baut sich vor dir auf und macht dich nach. Da käme ich mir auch verarscht vor ... Ich stelle mir das vor wie wenn er dein Spiegelbild mimt."

„Ja, genau. Wie ein kleiner Spiegel. Aber ein *Zerr*spiegel! Ich *bin* doch eigentlich gar nicht so, wie er mich da nachmacht! *Er* macht doch, dass ich mich so bescheuert benehme!"

Trudi meint: „Das ist wirklich schwer zu ertragen ... Er macht genau das nach, was du an dir überhaupt nicht leiden kannst. Wie ein Spiegel, in den du gucken *musst*, obwohl du gar nicht wissen willst, was du da siehst ..."

„Weißt du, was mir gerade einfällt? Als ich noch klein war, da hatte ich wohl auch so eine eklige Zeit. Puuh, meine Mutter hat mir das mal erzählt, wie schrecklich ich da war. Ich erinnere mich bloß noch daran, wie schrecklich ich *sie* fand. Und einmal, als ich ganz furchtbar wütend rumgebrüllt habe, da hat sie tatsächlich den Spiegel von der Wand genommen und mir vor die Nase gehalten ... Ich hab mich dann schrecklich geschämt. Aber wütend war ich trotzdem noch. Und wie!"

„Und jetzt hält dir Jannik so einen Schäm-dich-Spiegel vor? Das ist ja ein Ding! Als hätte er sich mit deiner Mutter über dich als kleines Mädchen unterhalten ... Das ist natürlich Quatsch ..."

„Ja, das ist allerdings Quatsch! Aber es stimmt schon: So klein wie er ist, kommt er mir manchmal auch wie ... wie ein erwachsener Lehrer vor oder so etwas Ähnliches ...“

„... der dich ganz brutal mit der Nase auf etwas stößt ...“

„... und mir ein schlechte Gewissen macht.“ Elke kommen fast die Tränen. „Aber was soll der Scheiß?“

Jannik kommt aus dem Kinderzimmer, er möchte nachsehen, ob die Mama noch da ist. Bevor er wieder abzieht, verwickelt er allerdings rasch noch Trudi in ein „Gespräch“: Er schleicht auf allen Vieren schnüffelnd um den Couchtisch zu Trudi.

„Bist du ein Hund?“, fragt Trudi.

„Nein!“

„Bist du eine Katze?“

„Nein!“ Es ist Jannik anzusehen, dass er das Spiel genießt.

„Bist du vielleicht ein Meerschweinchen?“

„Nein!“ Er strahlt über's ganze Gesicht.

Oder bist du ein „... Kälbchen?“

„Nein!“

Das geht eine ganze Weile so weiter, jedes Nein! erfüllt Jannik mit größerem Entzücken.

„Bist du der Nein?“, fragt Trudi schließlich.

„Nein!“ Jannik lacht laut.

„Bist du der Neinsager?“

„Nein!“ Er lacht noch mehr.

„Alles ist nein?“, fragt Trudi.

„Nein!“, jubelt Jannik, „na-hein!“, bevor er wieder zu den anderen Kindern ins Kinderzimmer geht.

Trudi hat sich amüsiert bei diesem Nein-Spiel, Elke weniger: „Wenn ich bloß ‚nein‘ höre, ist bei mir schon Schluss mit lustig“, sagt sie.

„Weißt du, wie mir das mit dem Nein vorkommt?“, sagt Trudi. „Er ist alles *nicht*, was ich ihm anbiete. Was ich ihm auch vorschlage – er ist es nicht, kein Hund, keine Katze, nichts, was er früher immer gern gewesen ist. Er ist etwas grundsätzlich Anderes als alles, was ich auf der Platte habe.“

„Genau. Und das reicht mir jetzt allmählich!“

„Kann ich verstehen. Aber guck trotzdem noch einmal hin, was er da macht. Das scheint mir nämlich irgendwie ganz logisch. Der Kerl ist mit seinem Nein! gerade auf dem Anders-Trip.“

„Was?“

„Er muss einfach *anders* sein. *Anders* als Katze und Hund. *Anders* als ich. *Anders* als sein Papa.“

„Und vor allem *anders* als ich ...“

„Genau! Und das ist doch wichtig, wenn er weiß, dass er *anders* ist als alle anderen.“

„Also, ich weiß nicht ...“ Elke zweifelt.

Trudi versucht es erneut: „Ist dir das mal passiert, dass auf einer Party irgendeine Frau das gleiche Kleid anhatte wie du?"

„Pfui Spinne, nee! So was ist mir Gott sei Dank noch nie passiert."

„Aber mir. Die Story ist jetzt mal nicht so wichtig. – Es wäre also ziemlich scheußlich, wenn auf einer Fete jemand so rumliefe wie du. Jetzt denk mal, was Jannik macht. Dem geht es nicht um Feten und Klamotten – so weit ist er noch nicht. Dem geht es um sich selbst. Er will ja vielleicht fühlen, wer er ist. Was er kann. Wie er ist ...“

„Und dazu muss er mich zur Verzweiflung bringen?"

„Mal langsam. Vielleicht macht *er* das ja gar nicht ...“

„Jetzt hör aber auf! Meinst du, *ich* mache das mit mir? Ich bin doch nicht blöde!"

„Nein, blöde bist du nicht. Aber vielleicht ist ja das Verzweifeltsein und der Ärger und das alles etwas, das gar nicht anders geht? So eine Art Preis, den Eltern bezahlen müssen? – Lass uns noch mal weiter sehen. Als er noch in seiner Wiege gelegen hat, da warst du immer gleich da, wenn er Hunger hatte. Immer hast du gewusst, was ihm fehlt, und du hast immer gewusst, was er gern mag, was er lustig findet oder gemütlich – einfach alles. Das war für ihn vielleicht so, als hättet ihr beiden immer dieselben Gefühle. Da könnte ein Kind ja die Vorstellung haben, dass es wie Mama ist.“

„Meinst du wirklich, ein Kind *denkt* das?"

„Nein, nicht *denken* so wie wir denken. Mehr empfinden ... etwas wahrnehmen, ohne es mit Wörtern im Kopf zu denken ... Besser kann ich das nicht ausdrücken.“

„Ich glaub, ich hab's verstanden. – Und wenn er jetzt dauernd Nein! sagt, dann beweist er sich, was er kann und dass er stark ist?"

„Auch, ja. Vor allem aber kann er spüren, dass er anders ist. Und bevor ich wirklich wissen kann, *wer* und *wie* ich bin, merke ich doch erst einmal, dass ich anders bin als das Neben-mir.“

„Hm.“

„Ich hab ein Beispiel, das du vielleicht nachfühlen kannst. Neulich hab ich im Garten gesessen, im Gras, mit dem Rücken an den Kirschbaum gelehnt. Ganz lange hab ich so gesessen. Es war warm, so richtig duselig. Und auf einmal hab ich im Stillsitzen gedacht, dass ich gar nicht mehr richtig merke, wo eigentlich mein Rücken aufhört und wo der Baum anfängt.“

„Und dann?“

„Ich hab mich erst mal gewundert über das komische Gefühl. Und dann hab ich ganz leicht den Rücken bewegt, hab die Schultern ein bisschen hochgezogen und mich am Baum geschubbert. Und dann war auf einmal ganz klar: Hier bin ich zuende – da fängt der Baum an.“

„Und das Schubbern ist so etwas wie Janniks Nein?“

„Genau. So stell ich mir das vor.“

Die gewaltigen Neins!, das lautstarke Ich-will! oder das Ich-will-nicht! sind die Anzeichen des gefürchteten Trotzalters. Ich bin mir gar nicht so sicher, ob dieser „Trotz" wirklich an ein bestimmtes Alter gebunden ist. Er fällt vielleicht bei einem anderthalb- oder zweijährigen Kind so dramatisch aus (und deswegen auf!), weil der kleine Neinsager sprachlich noch nicht sehr weit gediehen ist. Statt mit *Wort*gewalt muss er sich mit *Stimm*gewalt behaupten oder mit dem Einsatz seines ganzen Körpers: Hinschmeißen, mit Armen und Beinen um sich schlagen – all das, was Mütter fürchten und was sich im schlimmsten Fall öffentlich ereignet.

Das Trotzkind will!! oder will! nicht!!, es sagt oder schreit sein Nein! und rennt damit gegen eine Grenze, gegen ein elterliches Gebot oder Verbot. Das stößt Eltern erstmals auf, wenn das Kind etwa achtzehn Monate alt ist. In diesem schrecklichen ersten Mal bricht die kuschelige Welt des Gute-liebe-Mama-Seins in Stücke. Die Mutter-Baby-Harmonie ist mit einem Schlag beim Teufel. Und das beunruhigt nicht nur, nein, es bricht einem das Herz und kann einen fuchsteufelswild werden lassen. Es ist nur zu verständlich, dass Mütter den ultimativen Tipp suchen, wie denn dieser Trotz zu behandeln sei, damit er künftig nie wieder vorkommt – oder doch wenigstens nur noch ganz, ganz leise und nicht dermaßen schmerzhaft!

Den Tipp habe ich selber einmal gesucht, vor langer Zeit ... Wie kommt mein Kind, dieses bescheuerte Kind, dieses Elendswurm, jetzt dazu, ein solches Theater zu machen! Mich (die ich doch so toll bin) in Grund und Boden zu trotzen! Diese verdammte Hilflosigkeit, die einen anfällt, als sei es die posthume Rache der toten Eltern: „So, nun weißt du mal, wie das ist!" Meine Mutter hat mir, als ich einmal besonders „schlimm" war, entnervt gewünscht, ich solle mal so ein Kind haben wie ich eines bin bzw. war. („Und?", hat meine Tochter gefragt. „Naja", habe ich gesagt, „es ist schon viel Ähnlichkeit da ..." Das fand sie in Ordnung.)

Trotz, dieses Aufbegehren gegen das Gebot eines Großen, eines (All)mächtigen ist nicht zu verhindern. Jedenfalls vernünftigerweise nicht. Trotz ist der alltägliche Sündenfall, der nötig ist, um ein Ich zu werden, ein erlebtes, gefühltes Ich, das *anders* ist, anders als Mama, anders als Papa, eben ein Ich! Trotz ist der Anfang vom Raus! aus dem Paradies der Mama-Baby-Harmonie und vom Rein! in die Socken des Ich-bin-ein-Individuum.

Trotz ist der Aufbruch in die Erkenntnis des Getrenntseins: „Mama ist eine Insel, ich bin eine Insel. Genau besehen, sind wir einander, ich ahne es, noch viel fremder. Und das tut weh!" Und muss doch sein: Trotz ist notwendiger Schmerz für beide Seiten. Wachstumsschmerz.

Ich weiß nicht, ob ich theologisch richtig liege, doch sehe ich im Ungehorsam von Adam und Eva genau diese Art von Aufbruch: Trennung, Selbst-Werden und Erkenntnis. Was immer Adam und Eva erkannt haben: Sie haben sich und einander erkannt, als Individuen, herausgefallen aus der Geborgenheit des Paradieses – und dadurch wurde Weiterentwicklung möglich.

Kürzlich hörte ich von einer sechsundzwanzigjährigen Frau, die endlich von daheim ausgezogen war, um, wie man so schön sagt, „in die Gänge zu kommen" und allein ihr Studium und ihr Leben anzupacken, wenn auch noch in derselben Universitätsstadt. Sie war noch nicht lange von ihren Eltern weg, ein paar Wochen vielleicht, da rief die junge Frau morgens bei ihrer Mutter an. Sie brauche, bitte, die Hilfe der lieben Mama, weil ihr nämlich sehr schlecht sei, und ob die allerliebste Mama sie bitte

ganz schnell zur Vorlesung fahren könne – ? Die liebe Mama hat die junge Frau tatsächlich zur Vorlesung gefahren. – Ich bin ziemlich sicher, dass diese junge Frau ihre Trotzperiode entweder verschlafen hat oder in der Familie Trotz grundsätzlich nicht vorkam. So hatte sie die Chance verpaßt, sich von Mama zu lösen und selbständig zu werden. Und da konnte es damit auch nicht klappen, als sie schon von zu Hause ausgezogen war.

Trotz können und sollten wir also vernünftigerweise nicht verhindern, so sehr Eltern sich auch wünschen mögen, sich „lieb" und „gut" zu fühlen. Was bleibt denn dann? Was bleibt, ist Mutmachen zum Aushalten, Aussitzen und TROTZdem auf elterlichem Gebot beharren. Also: Hänschen will keine frische Pampers? will nicht auf den Wickeltisch? – In fröhlicher Routine Hänschen schnappen, ihn mit freundlichen Worten auf den Wickeltisch bugsieren und ihm frische Pampers anziehen, wenn die alten zum Himmel stinken. „Ja, mein Schatz, du willst das nicht – und ich will keinen Stinker um mich haben. Du darfst brüllen, weil dich das ärgert, und ich ziehe dir frische Windeln an, weil du stinkst, und das mag ich nicht."

Hänschen will nicht essen, presst die Lippen aufeinander, öffnet sie höchstens einen Spalt für sein entschiedenes Nein? „Okay, Schatz. Wenn du nicht willst – dann sind wir jetzt fertig. Nach dem Spielplatz gibt es wieder Essen." Ende der Fütteraktion. Die nächste Mahlzeit ist tatsächlich nach den zwei Stunden auf dem Spielplatz.

Und wenn die Mama Angst hat, dass Hänschen verhungert? Wenn sie sich schuldig fühlt, weil sie ihrem Kind die notwendige Nahrung vorenthält? Wenn sie sich für einen Ausbund von Boshaftigkeit hält? Hänschen *wird* nicht verhungern, dazu braucht es länger als die Zeit eines Spielplatzbesuchs.

Aber die Mama kann etwas für sich tun. Sie kann sich mit anderen Müttern austauschen über die Trotz-Varianten anderer Kinder. Sie kann sich wenn nicht getröstet fühlen so doch wenigstens erkannt in der Not, die sie im Augenblick leidet. Und sie kann sich womöglich etwas sicherer fühlen, wenn sie weiß, dass es anderen genauso geht. Zu wissen, dass man nicht allein ist mit diesen Kümmernissen und dass man sein Unglück nicht selbst verschuldet hat, ist schon eine ganze Menge und lässt einen ein bisschen leichter durchhalten.

Kapitel 9

Wenn sich die Aggression nach innen wendet: Selbstverletzungen und Depression

In diesem Kapitel erzähle ich Geschichten, in denen die Lebenskraft Aggression sich nicht richtig entfalten kann. Wenn Kindern das widerfährt, reagieren sie mit Verhaltensweisen, die Eltern manchmal überfordern.

„Es tut gut, auch einmal
ein stilleres Kind in der Klasse zu haben"

Carolin ist „aggressionsgehemmt"

Carolin, sieben, geht in die erste Klasse. „Sie ist schrecklich schüchtern", sagt ihre Mutter, Frau Borkert. „Das war sie schon im Kindergarten." Allein ist Carolin nie auf den Spielplatz gegangen, immer hat sie gewartet, bis die Mutter sie begleitet hat. Der Mutter war das recht, so konnte sie sicher sein, dass ihrem Mädchen nichts geschah. Der Lehrerin fällt auf, dass Carolin sehr still ist, in sich zurückgezogen. Wenn jemand auf sie zugeht, zieht sie sich zurück. Der Sportlehrerin fallen Carolins eigenartige Bewegungen auf. Sie hat den Eindruck, als liefe Carolin „mit gebremstem Schaum", als könne sie spontan keine weitausgreifenden Bewegungen vollziehen.

Den Eltern ist aufgefallen, dass Carolin sich manchmal „komisch" bewegt. Der Kinderarzt hat sie beruhigt: „Organisch ist alles in Ordnung. Es kommt schon vor, dass ein Kind sich anders bewegt. Sie sagen ja, dass Carolin sehr zurückhaltend ist. Das spiegelt sich in den Bewegungen. Die Seele und der Körper sind nun mal eins." Er rät der Mutter, darauf zu achten, ob Carolin sich wohl fühle oder ob ihr irgendetwas Sorgen mache, ob sie vielleicht bedrückt sei. Dann werde man weiter sehen.

„Sorgen", sagt Frau Borkert, als sie ihrem Mann von dem Arztbesuch erzählt. „Nein, wirklich: Carolin hat doch keine Sorgen! Sie hat alles, was ein Kind sich nur wünschen kann." Und Herr Borkert meint: „Wahrscheinlich verwächst sich das."

Dann fällt den Lehrern auf, dass Carolin von anderen Kindern geneckt, gehänselt und manchmal auch boshaft geärgert wird. Die Jungen in der Klasse haben schnell herausgefunden, dass Carolin hilflos ist, wenn ihr jemand aus Blödsinn das Mäppchen wegnimmt, damit ein paar Schritte weiter rennt, ihr hinhält, „nimm's dir doch!", und bei ihrem Zugriff einem anderen Jungen zuwirft. Sie wartet, ob die Lehrerin eingreift und ihr hilft. Meistens tut sie das auch, aber sie sieht nicht immer, was geschieht. Und Carolin wehrt sich nicht gegen solche Übergriffe. Sie schämt sich, wenn alle Kinder ihre Stifte auspacken sollen und sie ohne ihr Mäppchen dasteht. Sie kriegt es zwar immer wieder auf den letzten Drücker hingeschoben, aber in den Augenblicken vorher steht sie unter großem Druck: Sie hat Angst. Und sie schämt sich, weil die Jungen lachen und manche Mädchen darüber kichern, dass sie beinahe weinen muss. „Heulsuse" haben sie auch schon gesagt.

Tatsächlich kommt sie eines Tages verweint nach Hause. Nach langem Ausfragen bringt die Mutter heraus, dass „der blöde Torsten" Carolins Turnbeutel versteckt hatte. Und daher konnte Carolin sich nicht zum Turnen umziehen.

„Hast du gar nicht mitturnen können?" – „Doch, nachher schon." Carolin schluckt. „Ich hab den Beutel abgeholt." Ihr ist noch ganz bang bei der Erinnerung, wie sie ganz allein zum Hausmeister ging.

„Scheuer dem Torsten doch mal eine!", sagt die Oma.

„Bring dem Kind nicht solche Sachen bei", meint dann die Mutter.

Carolins Gesicht bekommt allmählich einen Zug von Bedrücktheit und Leid. Sie ist unglücklich. Ein paar Mal hat sie morgens ganz leise gesagt, dass sie nicht in die Schule gehen möchte.
„Warum denn nur?", fragt die Mutter erschrocken. „Willst du nicht mehr lernen?"
„Doch."
„Hast du Ärger mit der Lehrerin?", fragt der Vater.
„Nein."
„Ja, was ist denn dann?", fragt die Oma.
„Weiß nicht", sagt Carolin und macht sich endlich doch auf den Weg.

Was ist los mit Carolin? Sie hat die Hausis jeden Tag schnell gemacht, wenn sie sich erst einmal hingesetzt hat. Meistens schafft sie alle Aufgaben allein, also ist sie nicht von den schulischen Anforderungen überfordert. Oder doch? Frau Borkert spricht mit der Klassenlehrerin, Frau Gellert.
Frau Gellert mag Carolin gern. „Sie ist sehr ruhig und freundlich", beginnt sie. „Es tut gut, auch einmal ein stilleres Kind in der Klasse zu haben ... sonst ist das manchmal wie ein Sack Flöhe", lächelt Frau Gellert. „Aber ... Carolins Zurückgezogenheit finde ich manchmal bedenklich. Sie weicht vor Kontakten aus."
„Schüchtern war sie schon immer", erklärt Frau Borkert.
Frau Gellert schüttelt nachdenklich den Kopf: „Das ist mit Schüchternheit allein nicht mehr zu erklären ..." „Was ist das denn?", will Frau Borkert wissen.
Frau Gellert sucht nach einem passenden Wort. „Ich glaube, Carolin ist aggressionsgehemmt", sagt sie schließlich zögernd. Und sie empfiehlt der Mutter, eine Beratungsstelle aufzusuchen, damit man der Sache auf den Grund gehen kann.
Frau Borkert ist so bestürzt, dass sie nichts mehr fragen kann.
„Was heißt das: auf den Grund gehen? Und was für eine Sache?" Die Fragen gehen ihr auf dem Heimweg durch den Kopf, aber sie weiß keine Antwort. Abends berichtet sie ihrem Mann von dem Gespräch. Nun sind beide verstört.
„Versteh ich nicht", sagt Herr Borkert. „Es war doch bisher alles in Ordnung! Wieso soll denn jetzt auf einmal etwas falsch sein an dem Kind?"

Der Gedanke, ob sie vielleicht etwas falsch gemacht hat in der Erziehung, nagt an der Mutter. Schließlich hat sie sich die meiste Zeit um Carolin gekümmert, niemand sonst. Laut sagt sie: „Vielleicht haben wir irgendetwas falsch gemacht? Oder etwas übersehen? Vielleicht ... ist was schief gelaufen?" Sie nagt an ihrer Unterlippe.
Da braust ihr Mann auf: „Aggressionsgehemmt! Was soll das überhaupt heißen? – Soll Carolin etwa so ein Rabauke sein wie gewisse Kinder aus dem Wohnblock? Frech? Aufsässig?!" Er ist entrüstet.

Nein, aggressiv soll ihre Carolin bestimmt nicht werden, gibt Frau Borkert zu. Und kann denn überhaupt daran etwas falsch sein, dass ein Mädchen wohlerzogen, bescheiden und zurückhaltend ist?

Nach dem ersten Schrecken sind die Eltern gekränkt. Beratungsstelle? Sie sind doch in der Lage, ihr Kind zu erziehen! Und was geht das überhaupt die Lehrerin an?

Nach einigen Tagen jedoch lässt die Empörung nach. Vielleicht ist ja doch irgendetwas dran an dem, was die Lehrerin gesagt hat? Der Mutter geht das nicht mehr aus dem Kopf, und sie beobachtet Carolin aufmerksam. Auf der Wendeplatte vor dem Wohnblock lärmen Kinder. Frau Borkert macht Carolin darauf aufmerksam: „Geh doch mal runter! Die anderen spielen draußen fangen!"

Carolin hat keine Lust. „Fangen ist blöd", sagt sie.

Nach einer Weile versucht es die Mutter noch einmal: „Geh doch raus – Tina und Anke machen Gummihupf!"

„Mag nicht", sagt Carolin. Dabei steht sie am Fenster und schaut den anderen zu.

„Sehnsüchtig", denkt Frau Borkert. „Das soll einer verstehen!"

Bisher hatte Frau Borkert in solchen Situationen nur mit den Schultern gezuckt. „Wer nicht will, der hat gehabt", hatte sie gedacht und Carolin gewähren lassen. Später sind sie dann meist miteinander rausgegangen, Mutter und Tochter. Zum Spielplatz. Oder sie waren im Park spazieren. Oder Eis essen.

„Das ist ja auch was Hübsches", hatte Frau Borkert immer gedacht, „ein Kind, das nicht herumstreunt, nichts anstellt und nicht dauernd klingelt, weil es was zu trinken braucht oder aufs Klo will oder sich über ‚die Doofen da draußen' beschwert." Das Theater kriegt sie manchmal bei ihrer Freundin mit. Grässlich findet sie das. Aber heute will sie genauer hinsehen. Was die Lehrerin gesagt hat, hat sich ihr im Kopf festgesetzt. Sie wartet noch eine Viertelstunde, dann wird sie energisch und schiebt Carolin zur Tür: „Du gehst jetzt einfach mal eine Stunde an die frische Luft. Sonst vermoderst du noch!"

Carolin zieht ein weinerliches Gesicht, aber die Mutter lässt sich nicht beirren. „Eine Stunde", sagt sie. „Dann kannst du ja wieder kommen, wenn du keine Lust mehr hast."

Das Mädchen geht los, Frau Borkert nimmt sich eine Arbeit in der Küche vor, von da aus kann sie die Wendeplatte gut überblicken. Es dauert lange, bis Carolin endlich aus der Haustür tritt. Sie schiebt sich ein paar Meter zur Seite, bleibt stehen und schaut zu den Mädchen mit dem Gummihupf. Sie verschnaufen gerade. Anke und Tina sind in Heftchen vertieft. Sie betrachten und tauschen Bilder. „Pferdebilder", denkt Frau Borkert. „Carolin liebt die! Na, mal sehen, ob sie nicht doch zu den anderen geht."

Und tatsächlich: Carolin setzt sich in Bewegung. „Na also", denkt Frau Borkert. „Ist doch alles in Ordnung!"

Aber nichts ist in Ordnung. Denn kurz drauf ist Carolin schon wieder oben. „Das ist langweilig", sagt sie bedrückt und will sich ins Kinderzimmer verziehen. Frau Borkert nimmt sie an der Schulter und sagt: „Das gibt's doch nicht. Langweilig! Du kannst doch Gummihupf! Und Pferdebilder magst du auch!"

Carolin schüttelt den Kopf. Ihre Arme hängen schlaff hinunter und sie sieht aus wie ein Häufchen Elend.

„Was ist denn nur los?" Frau Borkert macht sich Sorgen. „Bist du krank? Ist dir schlecht?"

„Nööh", haucht Carolin.

„Ja, was ist denn dann?" Die Mutter kommt sich vor, als habe Carolin eine Tür zuge-macht, so unzugänglich wirkt das Mädchen. Zugleich aber auch unsicher, geradezu verängstigt.

Frau Borkert zieht Carolin in die Küche. „Jetzt trinken wir erst einmal eine heiße Schokolade", verordnet sie. „Und dann sagst du mir, was los ist. Das kann doch nicht nichts sein!"

Schließlich erfährt Frau Borkert die Geschichte:

Carolin hatte von der Oma einen „Zauberkugelschreiber" bekommen: dick, aus durchsichtigem Plastik, mit einer Flüssigkeit gefüllt, in der Glimmerplättchen treiben, die man durch Schütteln in Bewegung hält. Traumhaft fand Carolin das, und sie schau-te versunken dem Glitzertreiben zu. Jetzt ist der Zauberkuli weg.

„Hast du ihn verloren?" Carolin schüttelt den Kopf, ihre Unterlippe zittert.

„Weißt du denn, wo er jetzt ist?" Carolin nickt.

„Und? Wo ist er?" Frau Borkert bemüht sich um Geduld, doch dann rutscht ihr her-aus: „Jetzt lass dir doch nicht die Würmer einzeln aus der Nase ziehen!"

Da fängt Carolin an zu weinen und unter Schluchzen erzählt sie, dass ihre Banknachbarin Anke ihr den Kuli „eingetauscht" hat gegen einen Sticker. Der sieht aber schon ziemlich verknittert aus und keiner sonst wollte ihn haben.

„Warum um Himmels willen hast du dich denn von Anke beschwatzen lassen?" Das kann Frau Borkert wirklich nicht begreifen. Aber alles Reden, Fragen und Erklären führt zu nichts anderem, als dass Carolin immer verzweifelter schluchzt. Schließlich würgt sie heraus: „Ich wollte doch auch mitspielen!"

„Was? Was soll das denn heißen?" Die Mutter ist aufgebracht. „Was sind denn das für Zustände an der Schule", fragt sie sich erschrocken, und zu Carolin gewandt: „Jetzt erzähl doch der Reihe nach ... ich schimpfe auch nicht mit dir ... ich hab nur einen Schrecken gekriegt, weil sich das so schlimm anhört!"

Frau Borkert wischt Carolin die Tränen ab. „Und? Haben sie dich dann mitspielen lassen?"

Carolin nickt.

„Und was war eben?"

„Tina hat gesagt, sie möchte auch so einen Kuli. Und dann kann ich mitmachen beim Gummihupf." Carolin fängt wieder an zu weinen: „Aber ich hab doch keinen Kuli mehr!"

Frau Borkert fallen lauter kleine Gegenstände von Carolin ein, die in den letzten Wochen verschwunden sind. Das Katzen-Radiergummi. Der Hunde-Anspitzer. Ein winziger Diddle-Notizblock.

Die Mutter fühlt sich hilflos. Sie nimmt Carolin in den Arm, wiegt sie hin und her. „So geht das nicht", sagt sie schließlich und denkt: „Ich glaub, wir brauchen doch Hilfe."

Abends bespricht sie die Geschichte mit ihrem Mann.

„Das ist ja vielleicht ein raffiniertes kleines Biest, die Anke", sagt Herr Borkert. „Da soll doch der Deibel ..."

„Hab ich auch sofort gedacht", sagt Frau Borkert. „Aber ich weiß nicht ... Die Mädchen sind doch alle bei Carolin in der Klasse! Sie haben schon im Kindergarten miteinander gespielt!" Sie zögert.

„Ja und? Wenn ich jemand schon ewig kenne, kann der trotzdem irgendwann einen Mist bauen!" Herr Borkert weiß, wovon er spricht. Das hat er schon erlebt.

„Ich kenne doch die Mädchen, seit sie auf der Welt sind", beharrt Frau Borkert. Wie oft waren sie nicht schon bei ihr! Früher haben die Mütter wechselseitig die Mädchen zu sich geholt, wenn eine Mutter zum Arzt musste oder zum Frisör. Da hat sie die Kinder doch irgendwie auch liebgewonnen!

„Die sind nicht wirklich übel", sagt sie. „Und die Mütter kenne ich auch schon ewig."

„Das sagt gar nichts", meint Herr Borkert entschieden. „Bloß weil du alle kennst ... "

„Ich sag ja nicht, dass die Mädchen Engel sind", gibt Frau Borkert zu. „Ich hab bloß so ein Gefühl, irgendetwas stimmt da nicht."

„So ein Gefühl!" Herr Borkert seufzt:. „Wenn ich das schon höre, Gefühle und Ahnungen! Hast du Fakten?"

„Nein, hab ich nicht", gibt Frau Borkert zu. Und damit ist für ihren Mann die Sache erst einmal erledigt.

In den nächsten Tagen fragt Frau Borkert die Lehrerin, was sie von der Kuli-Tausch-Geschichte hält.

„Erpressung?" Frau Gellert hat große Zweifel. Sie kann sich das nicht vorstellen. Sie verspricht, der Sache nachzugehen und mit den Mädchen zu reden.

Sowohl Anke als auch Tina erzählen, Carolin habe ihnen Bleistiftspitzer, Radierer und Notizblock geschenkt. So ganz richtig ist die Version der Mädchen sicher nicht, denkt Frau Gellert und nimmt sich noch Carolin vor. Anschließend reimt sie sich die Geschichte so zusammen: Carolin wollte gern mit den anderen spielen. Und weil sie vor lauter Schüchternheit nicht einfach hingehen und mitmachen konnte, hat sie immer mal wieder den Kindern etwas als Geschenk angeboten, manchmal Süßigkeiten, manchmal einen Aufkleber und zuletzt die „verschwundenen" Gegenstände aus ihrer Schultasche. Als wolle sie die Kinder freundlich stimmen, damit sie Carolin nicht fortschicken.

Das hatten die Mädchen zwar gar nicht vorgehabt, aber nachdem Carolin von sich aus Geschenke gebracht hatte, waren sie der Versuchung erlegen, heiß erwünschte Gegenstände zu „erbitten" mit dem Zusatz: „Dann darfst du auch mitmachen!"

Das war natürlich nicht Ordnung. Anke und Tina wussten das sehr gut. Aber Carolin hatte es ihnen sehr leicht gemacht, sie zu beschwatzen. Ihnen war nicht wirklich bewusst, wie sehr sie Carolin unter Druck setzten.

Frau Gellert berichtet nach ein paar Tagen, was sie herausgefunden hat.

„Aber wieso lässt Carolin sich zu einem so dummen Tausch bequatschen?", fragt Frau Borkert. „Wieso sagt sie nicht einfach Nein!?"

Die Mutter weiß keinen plausiblen Grund dafür und hat auch keine Ahnung, wie sie ihrem Kind helfen könnte. Als Frau Gellert diesmal die Beratungsstelle erwähnt, erschrickt Frau Borkert nicht mehr. So viel hat sie in diesem Gespräch verstanden: Es reicht nicht aus, Anke und Tina ins Gewissen zu reden, wenn sich nicht gleichzeitig bei Carolin etwas ändert.

Sie bespricht sich mit ihrem Mann. Der ist nicht begeistert, dass „diese leidige Angelegenheit" immer noch nicht beendet ist. Er ist immer für „kurzen Prozess" und dafür, dass Störfälle rasch beseitigt werden.

„Das ist aber kein Störfall", wendet Frau Borkert ein. „Das sind Kinder. Und vielleicht hat Carolin ja wirklich ein Problem. – Du fragst doch auch deinen Spezi, wenn was an deinem Auto ist und du weißt nicht gleich, was es ist!" Sie hofft, dass er nicht sofort kontert, dass Kinder ja wohl keine Autos sind. Nein, es kommt nichts in der Art. Stattdessen meint er, Frau Borkert solle sich erst einmal erkundigen, welche Möglichkeiten es gibt, wenn Eltern sich Sorgen um ihr Kind machen.

Frau Gellert hatte ganz allgemein von Beratungsstellen gesprochen, nun bietet sie noch an, einen Kontakt zum Schulpsychologen herzustellen. Eine Freundin von Frau Borkert hat von einer „Beratungsstelle für Erziehungs- und Lebensfragen" gehört. Eine andere Mutter hat mit einer Psychotherapeutin gute Erfahrungen gemacht, die auf die Behandlung von Kindern und Jugendlichen spezialisiert ist. Die Eltern entscheiden, erst einmal bei einer Beratungsstelle in ihrer Nähe nachzufragen.

Was ist los mit Carolin?

Carolin ist tatsächlich „aggressionsgehemmt". Die angeborene Fähigkeit zur Aggression, die „konstruktive Aggression", ist bei Carolin verkümmert. Ihr ist die Möglichkeit abhanden gekommen, auf neue Situationen, neue Erfahrungsmöglichkeiten und neue Menschen interessiert zuzugehen. Sie hat keine Freude an all dem, was andere Kinder freut: neugierig sein, Dinge untersuchen, die eigenen Kräfte ausprobieren, sich mit anderen messen. Im Gegenteil – so etwas versetzt Carolin in Angst und Schrecken. Die Hemmung, sich etwas anzueignen, sich gegen Unbequemlichkeiten, Neckereien oder Kränkungen zu wehren, führt schließlich dazu, dass Carolin sich gar nicht mehr getraut, etwas für sich zu beanspruchen, ja, dass sie sogar andere Kinder dafür „entschädigt" oder „bezahlt", wenn Carolin mitspielen möchte.

Weil ihre Fähigkeit, auf andere zuzugehen, verkümmert ist, hat Carolin das Gespür dafür verloren, dass andere Kinder sie nett finden und durchaus mit ihr würden spielen mögen. Carolins Selbstwertgefühl ist so gering, dass sie glaubt, sie müsse erst einmal etwas verschenken, damit die anderen sie wertvoll oder liebenswert finden.

Auch ihren Bewegungen sieht man die Hemmung an: Ihr Laufen wirkt verhalten, zögerlich – als dürfe sie gar nicht weit ausgreifen und „Raum gewinnen", wie man sagt. Beim Werfen und Fangen ist sie ungeschickt – etwas in ihrem Innern scheint sie zu bremsen. Die Aggressionshemmung hat sich ausgedehnt, sie umfasst nun weite Bereiche.

Carolin ist, daran hat die Dame an der Erziehungsberatungsstelle keinen Zweifel, deutlich depressiv.

„Das gibt's doch nicht", meint Frau Borkert. „Kinder können nicht depressiv sein!"
Herr Borkert pflichtet ihr bei: „Das kann gar nicht sein. Bei uns in der Familie ist noch
nie jemand depressiv gewesen!"
Die Beraterin erklärt den Eltern, dass eine Depression nicht unbedingt genetisch be-
dingt sein muss. Auch tragen Eltern nicht Schuld daran, wenn ihr Kind depressiv wird.
„Das Leben läuft nicht in einer geraden Linie", sagt sie. „Die Kurven, Umwege und
Unebenheiten tragen oft dazu bei, dass ein Kind nicht so heranwächst, wie es unter
anderen Bedingungen hätte heranwachsen können."
Schließlich schlägt sie vor, sich gemeinsam diesen Weg anzuschauen, wie verschlun-
gen und wie schwierig er war, und wie die Familie ihn bis heute bewältigt hat. Auf
diese Weise können sie am Ende in etwa nachvollziehen, wie Carolin diesen Weg verarbeitet hat. Denn das sei sicher: Jeder Mensch ist nicht einfach nur „Opfer" seines
Schicksals, sondern er reagiert auf das, was ihm zustößt; jeder Mensch beantwortet
die Ereignisse auf seine eigene Weise, mit den Kräften, die ihm zur Verfügung stehen,
mit seinen individuellen Möglichkeiten, sich anzupassen oder Erleichterung zu verschaffen oder zu kämpfen.

Schicksalsschläge, Trennungen:
Wie Carolin depressiv werden konnte

Herrn Borkerts Vater war plötzlich verstorben, und obwohl Herr Borkert seine
Ausbildung zum Versicherungskaufmann noch nicht ganz beendet hatte, entschloss er
sich, das Schuhgeschäft seines Vaters weiterzuführen. Das sei er seinem Vater schuldig, meinte er. Frau Borkert arbeitete zunächst in ihrem Beruf als Sprechstundenhilfe
weiter und gab ihren Job erst nach Carolins Geburt auf. Das erste halbe Jahr in Carolins Leben verlief ganz gut. Dann ließ das Schuhgeschäft nach, es klappte wirt-
schaftlich nicht mehr, und Frau Borkert arbeitete bei ihrem Mann mit, um im Geschäft
eine Stelle zu einzusparen. Die Mutter von Herrn Borkert kümmerte sich um das
Baby.
Seine Mutter sei, erinnert sich Herr Borkert, nach dem Tod ihres Mannes sehr froh
gewesen, mit Carolin wieder einen neuen Lebensinhalt zu haben. „Supervorsichtig"
sei sie mit dem Baby umgegangen. Und als Carolin laufen lernte, habe die Oma schon
sehr übertrieben ängstlich aufgepasst, dass ihrem „Goldstück" nichts passiert, sie
wollte ja nicht noch so einen furchtbaren Verlust erleiden wie durch den Tod ihres
Mannes.
Als Carolin anderthalb Jahre alt war, musste Herr Borkert Konkurs anmelden. Das war
eine schlimme Zeit! Er versuchte, seine abgebrochene Ausbildung fortzusetzen. Frau
Borkert suchte sich wieder eine Stelle als Sprechstundenhilfe, und die Oma bemühte
sich ebenfalls, noch einmal beruflich Fuß zu fassen. Carolins andere Großmutter erbot
sich, das Kind zu hüten. Weil diese weit entfernt wohnte, wurde Carolin montags zu
ihr gebracht und Freitagmittag nach Hause geholt.

Das bedeutete für Carolin Abschied von ihrer Lieblingsoma.
Wenn die Mutter Carolin montagmorgens bei der Großmutter ablieferte, war das jedes
Mal ein Drama. Die Mutter stieg immer ganz schnell wieder ins Auto, und Carolin
weinte herzzerreißend. Wie atmete die Großmutter auf, wenn das Auto der Mutter
außer Sichtweite war, das Weinen des Kindes nach und nach in Schluchzen überging
und Carolin langsam still wurde. Hier, weit weg von zu Hause, in der neuen Umgebung, wo sie niemand anderen kannte, war sie sehr ruhig und gut zu haben. Alle waren
es zufrieden, niemandem fiel es als etwas Besonderes auf.
Als Carolin vier Jahre alt war, holten die Eltern sie ganz zu sich. Herr Borkert hatte
eine gute Stelle, und er und seine Frau beschlossen, dass sie jetzt endlich eine „richtige" Familie sein wollten mit einem Vater, der arbeitet, und einer Mutter für das Kind.
In der Erleichterung, endlich die Geldsorgen hinter sich zu haben und bei ihrem Kind
bleiben zu dürfen, sah Frau Borkert manche Verhaltensweisen bei Carolin zu optimis-
tisch als vorübergehend an. Weil sie jetzt endlich ganz für Carolin da sein konnte,
übersah sie völlig, dass das Kind schlimme Trennungserlebnisse verarbeiten musste:
erst die Trennung von der Mutter, als sie von der Oma gehütet wurde, dann die
Trennung von der Oma, als sie zur Großmutter kam, und dazu die montäglichen
Abschiede von den Eltern. Die vielen Trennungen und dazu die übertriebene Vorsicht
der Oma, die den Verlust ihres Mannes durch das Hüten des Kindes zu überwinden
versuchte. All das ist nachvollziehbar und verständlich, aber es hatte zur Folge, dass
Carolin sich kaum noch getraute, „aggressiv" etwas für sich zu beanspruchen: Sie
bremste ihre konstruktiven Kräfte; ihre Aggressionshemmung war der Ausdruck ihrer
Depression.
Dahinter steht ein seelischer „Mechanismus". Als die Beraterin das Wort nennt, atmet
Herr Borkert auf: Das ist ein Begriff, mit dem er etwas anfangen kann; wenn ein
Mechanismus falsch oder gar nicht funktioniert, dann kann man etwas tun, um ihn zu
reparieren. Sie erklärt diesen Mechanismus so: Carolins aggressive Kräfte hatten keinen Raum, sie konnte sie nicht wirklich ausleben, weder die positiven noch die negativen. Wenn Carolin in Ansätzen neugierig-forschend ihre kleine Welt erobern wollte,
spürte sie die Ängste der Großmutter. Diese Ängste sind nachvollziehbar. Sie hatte
vor nicht allzu langer Zeit ihren Mann verloren und nun fürchtete sie im Übermaß,
dass Carolin etwas geschehen könnte. Die Großmutter war nur dann entspannt, wenn
Carolin lieb und ruhig war. Carolin spürte die Unruhe und Angst der Großmutter,
wenn sie „zu wild", „zu forsch", kurz: zu kindlich-bewegt war. Vielleicht befürchtete
sie, dass es wieder eine Trennung gebe, wenn sie nicht ganz brav und lieb sei. Sie ver-
hielt sich so, wie sie meinte, dass die Großmutter entspannt und freundlich-zugewandt
bleiben werde. Das war ihr natürlich nicht bewusst! Das ist eine Anpassungsleistung,
wie sie Kinder unterschiedlich stark immer vollbringen!
Die negativen aggressiven Regungen verbannte Carolin: Sie zeigte keine Wut, wenn
die Mutter fort fuhr, sie zeigte keine Enttäuschung oder gar Ärger, wenn die Großmutter ihr aus Vorsicht verbot, mit der Schere zu schneiden, ihre Brotscheibe selber
in Stücke zu zerteilen, mit dem kleinen Fahrrad zu fahren oder auf Baumstämme zu

klettern. Hinter der freundlichen und stillen Fassade köchelten viele zornige und enttäuschte Gefühle, aber etwas in Carolin machte, dass sie sie nicht mehr wahrnahm und still wurde. Dieses Etwas war auch die (natürlich unbegründete!) Angst, dass sonst wieder eine Trennung drohte.

Als Kinder- und Jugendlichen-Psychotherapeutin weiß ich:
„Wenn Aggression nicht nach außen darf, richtet sie sich nach innen, gegen das eigene Selbst."

Für Carolin heißt das: Die ungelebte Aggression richtet sich gegen Carolin selbst, indem sie ihren gesunden Egoismus tötet, die Lebenskräfte bremst, Freude verdirbt, ein unliebenswürdiges Selbstbild fördert und Ängste schürt: „Wenn ich nicht Omas stiller kleiner Sonnenschein bin, will sie mich bestimmt nicht mehr haben ... muss ich weg ... werde ich zurückgegeben ..." „Ich darf nur bleiben und werde nur lieb gehabt, wenn ich still und lieb bin ..." Niemals hätte Carolin sich mit einem Wort wie „Scheißmama!" Luft gemacht, wenn das Auto der Mutter losfuhr. Und niemals hätte sie „doofe Oma!", gesagt, wenn die Großmutter sie nicht toben oder etwas vermeintlich Gefährliches tun ließ. Das übermäßige Eindämmen notwendiger aggressiver Regungen über einen längeren Zeitraum kann sich auch ganz anders auswirken.

Ein Beispiel: Britta verletzt sich selbst
Die vierjährige Britta bekommt auffällig oft blaue Flecken, Kratzer und Schnitte an Armen, Beinen und dem Gesicht. Sie fällt häufig hin und stößt sich an Möbeln. Dabei ist sie kein ungeschicktes Kind! Die Untersuchungen beim Kinderarzt haben auch nicht den Schimmer eines Verdachtes ergeben, dass neurologisch etwas nicht in Ordnung wäre.

Sieht man allerdings genauer hin, fällt auf: Wenn Britta sich über ihre kleine Schwester Jule ärgert, sie auszankt und die Mutter mit ihr schimpft, kratzt Britta ihren Arm oder beißt in ihre Hand. Andere Kinder beginnen in solchen Situationen, exzessiv an den Nägeln zu beißen oder Hautstückchen neben den Fingernägeln abzureißen, bis es blutet. Das Nägelkauen ist immer mehr als nur ein dumme Angewohnheit; deswegen ist es nötig, abzuklären, was dahinter steckt, wenn es über einen längeren Zeitraum besteht. Wenn Eltern ihrem Kind diese „Unart" lediglich „abgewöhnen", bleibt womöglich die innere Not des Kindes weiter bestehen, die das Nägelbeißen verursacht hat!

Britta verletzt sich selbst. Das nennen wir „Autoaggression", d. h. eine Aggression, die sich gegen sie selbst richtet. (Die Vorsilbe „auto ..." kommt aus dem Griechischen und bedeutet „selbst ..."). Diese Autoaggression umfasst nicht nur, dass Britta sich selbst verletzt, indem sie sich in die Hand beißt, sondern auch, dass sie zu kleineren Unfällen neigt: hinfallen, sich anstoßen und auf diese Weise Schmerz erleiden.

Für viele Eltern ist auf den ersten Blick nicht nachvollziehbar, dass Unfälle (ich meine damit sowohl größere, „richtige", Unfälle als auch Bagatellen) nicht nur „dumme Zufälle" sind, sondern „absichtlich" passieren können. Das klingt vielleicht zunächst befremdlich und an den Haaren herbeigezogen.

Gabriels Unfall: eine Selbstbestrafung
Gabriel ist fünf Jahre alt, nein, noch nicht ganz: Es fehlen noch genau zwei Tage. Er freut sich auf seinen Geburtstag und ist gespannt, was er wohl geschenkt bekommt. In Mamas Schrank, das hat er neulich genau gesehen, liegt ein verschnürtes Päckchen. Gabriel möchte so gern wissen, was darin ist. Nur ein kleines bisschen hineinspikkeln! Während die Mutter nach dem Essen ihre Ruhezeit hat, in der Zeit, in der niemand sie stören darf, auch Gabriel nicht, schleicht er noch einmal zum Schrank, öffnet die Tür und fasst das Päckchen an. Das Papier knistert verheißungsvoll, doch erkennen kann er nichts. Er will nicht das ganze Geschenk sehen, o nein! Nur wenigstens die Farbe des geheimnisvollen Gegenstands! Das Verlangen treibt ihn an. Er holt Mutters Schere: nur ein ganz kleines Loch ins Papier schneiden ... Er ist geübt im Umgang damit. Trotzdem rutscht er an irgendetwas ab und schneidet sich in den Finger. Nicht fest, aber es tut weh und blutet ein bisschen.
Was ist passiert? Gabriel hat etwas getan, von dem er wusste, dass es nicht in Ordnung ist und dass die Mutter es nicht billigen würde. Das kleine Gewissensstimmchen in seinem Innern hat sich nicht durchsetzen, hat ihn nicht vom Schnippeln abhalten können. Es hat sich jedoch auf andere Weise bemerkbar gemacht. Ohne dass es ihm bewusst geworden wäre, hat sich das feine Stimmchen eingeschaltet, hat Gabriel einen winzigen Moment zur Unaufmerksamkeit „verführt": Da ist es passiert! Nun schnippelt er nicht mehr weiter. Und den Schmerz im Finger verbucht er unter „das ist die Strafe". Damit hat er, so empfindet er es, die Missetat gesühnt.

Britta verletzt sich: Fortsetzung
Sehen wir noch einmal Britta an. Dass sie sich verletzt, ihr autoaggressives Tun, ist ihr nicht bewusst. Wer einmal versucht hat, einem Kind das Kratzen oder Ähnliches „abzugewöhnen", kann bestätigen, dass es zweck-, frucht- und wirkungslos ist. Genauso wirkungslos wäre es, Britta zu verbieten, sich zu kratzen oder zu beißen. Genauso gut könnte man ihr verbieten hinzufallen oder sich zu stoßen. Wie der Kinderarzt bestätigt, ist das nicht durch neurologische Ausfälle verursacht. Schlechtes Sehen konnte er ebenfalls ausschließen. Die Autoaggression hat für Britta einen Sinn: Sie hat keine Hilfe dabei erfahren, sich gegen ihre kleine Schwester angemessen zu wehren. Daher konnte sie keine Möglichkeit finden, um ihre zornigen Gefühle der Schwester gegenüber auf geeignete Weise auszudrücken. Da diese Gefühle aber vorhanden sind und sich nicht wegreden lassen, wendet Britta sie gegen sich selbst.
Das klingt nach einer bewussten und gezielten Aktion. Das ist es nicht. Was Britta tut, wird unbewusst gesteuert. Sie „weiß" nicht, warum sie es tut. Sinn und Zweck solcher Selbstverletzungen lassen sich in Psychotherapien ergründen, und von daher stammt das Wissen um die „innere Logik" solcher nach außen unsinnigen Handlungen. Britta bestraft sich damit dafür, dass sie in Wut geraten ist; sie hält sich vielleicht insgeheim für ein verachtenswert schlechtes Mädchen und findet in diesen Selbstbestrafungen eine Möglichkeit, ihr vermeintliches „Sündenkonto" auszugleichen, damit sie sich wieder „lieb", frei von Schuld, und im Einklang mit der Welt fühlt.

Einmal hat sich ein sechsjähriges Mädchen während seiner Therapiestunde bei mir so fest in die Hand gebissen, dass es ein wenig blutete. Das konnte ich nicht zulassen, obwohl das Mädchen selbst keinen Schmerz wahrzunehmen schien. Mir tat es weh! Ich habe die Hände des Kindes in meine Hände genommen, festgehalten und gesagt: „Ich will nicht, dass du dir wehtust. Wenn du dich beißt, dann tut mir das auch weh Und das will ich auch nicht. Wenn du dich blutig beißt, fühlen wir uns beide schlecht. Deswegen passe ich auf, dass das nicht passiert." Das Mädchen hat mich verwundert angesehen, aber auch erleichtert. Verwundert, weil ich etwas von ihm fühlen konnte, und erleichtert, weil ich ihm versichert hatte, ich werde auf es Acht geben.

Die Mutter zeigt Brittas Zorn einen Weg

Nachdem die Mutter diese Zusammenhänge verstanden hat, gibt sie Britta die Möglichkeit, über ihren Zorn auf die kleine Schwester zu sprechen. Sie nimmt ihre Große auf den Schoß und sagt: „Ja, das ist wirklich schlimm für dich, wenn du dich über Jule so ärgern musst!" Und sie erlaubt Britta, dass sie, wenn es nötig ist, mit ihrer kleinen Schwester schimpft. Sie wird nicht zulassen, dass sie Jule unzumutbar plagt! Sie wird einschreiten, wenn Britta ihren Zorn in einer Form äußert, die nicht mehr tragbar ist. Grundsätzlich aber darf Britta sich gegen Übergriffe von Jule zur Wehr setzen und ihren persönlichen Bereich verteidigen.

Manchmal könnte es Britta helfen, wenn sie eine „Trulla" hätte wie der dreijährige Markus (s. S. 106), eine Puppe, die heftigen Attacken standhält und die alle wütenden Angriffe übersteht. Britta könnte dann ihre Wut auf die Schwester an der Trulla auslassen. Mit Hilfe der Trulla könnte Britta ihre Wut ausdrücken: „Ich könnte dich an die Wand schmeißen!", oder „Ich haue dich so lange, bis du mich nicht mehr ärgerst!" Wenn die Trulla die „bösen" Gefühle abkriegt, bleiben die freundliche Regungen für die kleine Schwester ungetrübt. Denn natürlich hat Britta die Schwester auch lieb!

Happyend für Carolin

Carolin, dies von Geburt an eher ruhige und in sich gekehrte Mädchen, hat die Erlebnisse in den schwierigen Jahren auf ihre Weise zu Erfahrungen verarbeitet: die frühen Trennungen hatten in ihr den Grundstein gelegt zu der Überzeugung, dass sie wohl ein unmögliches Kind sei, das niemand längere Zeit um sich haben mochte. Also machte sie sich „unsichtbar", indem sie nicht weiter auffiel und keinesfalls etwas tat oder sagte, von dem sie glaubte, es könne die Großmutter stören, erschrecken oder aufregen. Auch wollte sie keinesfalls die Mutter kränken – aus Angst, sie könne sonst fortbleiben. Niemals hatte ihr jemand so etwas angedroht! Der Gedanke ist in ihr entstanden, weil viele „kleine" Montags-Trennungen eine bei Kindern oft ansprungbereite Verlassenheitsangst im Verein mit dem Gefühl, kein wirklich liebenswertes Kind zu sein, immer wieder belebt hat. Ihr Bestreben war, nur ja nichts zu tun, was ihr Missbilligung eintragen könnte.

Und das hatte schließlich dazu geführt, dass Carolin alle Äußerungen, die positiven wie die negativen, nahezu einstellte: Sie protestierte nicht gegen die vielen Ortswechsel, sie getraute sich nicht zu widersprechen oder Wünsche anzumelden, sie war ein „pflegeleichtes" kleines Mädchen, das zwar öfter weinte, das aber „leicht zu lenken" war.

Auch das ist „autoaggressiv", denn Carolin versagt sich damit weite Bereiche kindlicher Lebendigkeit und verletzt sich dadurch – nicht körperlich, nicht sichtbar durch Verletzungen oder Unfälle. Es ist eine unsichtbare Selbstschädigung, die allerdings, wenn sie nicht behandelt wird, dramatische Folgen haben kann.

Zum Glück konnte die Erziehungsberaterin den Eltern die Zusammenhänge erklären, wie Carolin depressiv geworden war. Sie nahm den Eltern auch die Angst vor einer Psychotherapie, denn wie viele Eltern fürchteten auch Herr und Frau Borkert, eine Therapeutin würde ihnen Vorwürfe machen.

„Eltern sind doch immer an allem Schuld, oder?", hatte Herr Borkert gesagt.

„Nein", hatte die Beraterin ihnen gesagt. „Die allermeisten Eltern geben ihren Kindern das Beste, was sie geben können. Aber erstens ist manchmal das Leben stachliger als Eltern und Kinder es sich wünschen. Und zweitens verarbeiten Kinder die Dinge, die ihnen begegnen, ganz unterschiedlich. Schuld – nein, Schuld hat keiner von Ihnen auf sich geladen. Kein Therapeut wird Ihnen Vorwürfe machen!"

Carolin hat eine Weile gebraucht, bis sie gemerkt hat, dass Therapie keine Strafe ist und dass sie auch nicht deswegen dort hin geht, damit die Therapeutin ein „nettes" oder liebenswertes Mädchen aus ihr macht. Sie hat nach einer Weile „Nein!", sagen gelernt. Und einmal, daran erinnert sie sich noch sehr gut, einmal hat die Therapeutin ihre Stunde nicht verschoben, obwohl Carolin zu einem Geburtstag eingeladen war. Da hat sie zu ihrer Therapeutin gesagt: „Das ist doch Hühnerkacke! Du bist eine dumme Ziege!" Sie ist selbst ein bisschen erschrocken, aber so war ihr zumute, verdammtnochmal! Die Welt ist nicht untergegangen davon, die Therapeutin hat Carolin nicht rausgeschmissen, und sie hat nicht gemeckert. Sie hat über's ganze Gesicht gegrinst und gesagt: „Wir haben's bald geschafft!"

Da ist Carolin rot geworden vor lauter Stolz.

Und heute hat sie schon lange keine blauen Flecken mehr.

Strafen, Grenzen, Konsequenzen

Wie reagieren Eltern sinnvoll, wenn Kinder nicht tun, was sie sollen? Wenn sie über die Stränge schlagen oder sich daneben benehmen? Dass schlagen nicht vernünftig ist, sagen die einen. „Ein Klaps hat noch keinem geschadet" sagen die anderen. Und wieder andere lehnen Strafen grundsätzlich ab. Was aber sonst?

Ein Vater zieht die Notbremse

Ein grauer Sonntag, Regen und keine Aussicht auf ein bisschen Sonne. Die fünfjähri-
ge Helen: „Mamaaaa, geh'n wir jetzt raus?" – „Nein." Das Wetter ist so schlimm,
dass es heute keine zweckmäßige Kleidung gibt. Es stürmt, und es schüttet wie aus
Eimern vom Himmel. Und – Helen quengelt. Ihre Puppen hat sie schon für Wochen im
Voraus gefüttert, zigmal aus- und wieder angezogen. Es ist sooo langweilig. Sie mault.
Vater übt sich in Verständnis und Langmut. Memory, Quips, Lass dich nicht fangen
sind ausgespielt. Helen nörgelt. Mutter regt an ... Lesen, Malen, Ausschneiden ...
Helen nörgelt. Vater und Mutter sind allmählich erschöpft. Mutter gräbt die letzten
Lieder aus: Grün, grün, grün sind alle meine Kleider ... Laurentia, liebe Laurentia
mein ... Helen ärgert ihren kleinen Bruder Uli, der an einem Turm baut und schreiend
protestiert. Pumuckl-Hören, au ja! Ein paar Minuten, dann quäkt und kreischt Helen
wie Pumuckl. Die Mutter übt sich in Verständnis: „Ich weiß, dass es dir stinkt, Schatz,
wir finden das Wetter auch Mist. Aber bitte, bitte ... mir tun die Ohren weh."
„Huiiiii!" Helen pumucklt weiter, stößt Ulis Turm um, der Kleine heult, wehrt sich,
strampelt wütend. Da legt sich Helen neben die Turmtrümmer und strampelt auch.
Bausteine fliegen, Uli schreit auf, Helen kann aber lauter ...
„Jetzt reicht's!" Das war Vaters Bariton. „Helen, du gehst jetzt bitte ins Kinder-
zimmer. Du kannst nachher wieder zu uns kommen, wenn du dich beruhigt hast und
dich beherrschen kannst." – „Strafe muss sein", sagt der Volksmund.

War das jetzt eine Strafe, die der Vater verhängt hat?
„Natürlich war das eine Strafe", werden viele sagen. „Und nicht nur das, sie war nötig,
sie war gerecht – und konsequent: Wer sich nicht in die Familie einfügen kann oder
will, der muss eben für eine Weile ausgeschlossen werden, damit er nicht alle verrück
macht. Die Strafe hat Helen gezeigt, dass sie die Familie nicht tyrannisieren kann."
Andere werden sagen: Dies war keine Strafe, sondern eine nachdrückliche Mitteilung
an das Kind mit folgendem Inhalt: „Ich, Vater, nehme nicht hin, dass du mich und die
anderen mit deinem unbeherrschten Benehmen tyrannisierst." Eine solche nachdrückliche Mitteilung, man mag sie nun Strafe nennen oder nicht, ist in der Situation nicht
nur angemessen, sondern auch notwendig. Sie macht Helen klar, dass es eine Grenze
(s. S. 146 und 150) gibt, dass sie sie überschritten hat und dass die Eltern das nicht
dulden.

Schimpfe, Schläge, Fernsehverbot:
Auf der Suche nach dem Sinn des Strafens

Während die Familie durch die Pfützen stapft und Helen mit Uli mitten hineinspringt
in die Tümpelchen auf dem Weg, möchte ich das Wort „Strafe" ein wenig abhören. Es
kommt aus dem Mittelhochdeutschen und bedeutete ursprünglich „Schelte" und „Ta-
del". Das stimmt noch immer: Kinder erleben Schelte und „Ausgeschimpft Werden"
als Bestrafung.

Im Internet schrieb jemand: „Strafe ist etwas, das man tun muss, was man nicht mag oder etwas, was einem angetan wird, was man nicht mag, aufgrund von etwas, was man getan hat, was andere nicht mögen." (www.assoziations-blaster.de)

Wenn man Kinder fragt, welche Strafen ihnen einfallen, so sind das vor allem:
- „Motze", also Schelte, Schimpfe: laute, böse Worte,
- Fernseh- oder Computerverbot,
- Telefonierverbot,
- lästige Haus- oder Gartenarbeiten erledigen,
- Taschengeldkürzung,
- Haus- oder Stubenarrest
- und auch Schläge.
- Manche Eltern reden eine gewisse Zeit nicht mehr mit dem Kind.
- Etliche meinen: „Das Kind muss den Schaden wieder gut machen."

Fragt man sich, was die Eltern mit ihren Strafen – seien es nun Schläge, Fernsehverbot oder Unkrautjäten – erreichen wollen, scheint zunächst eines klar: Die Kinder sollen Regeln einhalten, die die Eltern in ihrem Familienleben für wichtig erachten. Und das sind zumeist Regeln, die für alle gelten oder zumindest gelten sollten.

Das Prinzip des Strafens und seine Elemente hängen eng mit der Kultur zusammen, in der sie sich entwickelt haben, und sind von ihr geprägt.

Wenn von Strafe die Rede ist, fällt vielen Menschen das biblische „Auge um Auge, Zahn um Zahn" ein.

Es kommt gleich dreimal in den Büchern Mose vor, nämlich da, wo dem Volk Gesetze gegeben werden. Die Gesetze regeln das Zusammenleben, sie stellen eine Ordnung her. Diese biblische Ordnung hat zum Grundsatz, dass ein Täter durch das gleiche Übel bestraft wird, das er selbst zugefügt hat (ein Mörder wird mit dem Tod bestraft). Dieser Grundsatz heißt *Talion*. In unserer Rechtsprechung ist er längst nicht mehr gültig. Trotzdem wirkt er im Rechtsbewusstsein der Menschen bis heute nach. So wird z. B. schnell die Forderung nach der Todesstrafe laut, wenn ein besonders grausamer Mord geschehen ist.

Im Talionsgesetz des „Auge um Auge, Zahn um Zahn" scheint etwas Archaisches ausgedrückt zu sein, das wir in uns selber spüren können, wenn wir „rachsüchtig" sind. Nicht nur am Stammtisch, auch bei Kindern ist das Denken und Fühlen im Sinne des Talionsgesetzes verbreitet. So brüllt der sechsjährige Carol, dem sein Bruder beim Toben das Lieblings T-Shirt am Halsausschnitt eingerissen hat: „Ich hol mir dein T-Shirt, und das reiß ich dann auch kaputt! Dann kannste mal sehen!"

In diesem „Dann kannste mal sehen!", steckt etwas, das wir alle kennen: Wer mir wehgetan hat, der soll spüren, wie das ist, damit er sich das „vorstellen" kann. Im Prinzip ist das auch sinnvoll, denn schließlich brauchen wir für unser Zusammenleben ganz dringend die Fähigkeit, uns in den Anderen, in unser Gegenüber einzufühlen. Die Frage ist nur, ob Carol diese Fähigkeit bei seinem Bruder wirklich fördert, wenn er ihm auch das T-Shirt einreißt!

Um die Frage nicht offen stehen zu lassen: Nein, Einfühlungsvermögen wird durch rachsüchtige Strafe nicht befördert. Empathie oder Einfühlungsvermögen kann sich nur bei Kindern entwickeln, die sich geliebt fühlen und dadurch in der Lage sind, sich mit den sie liebenden Erwachsenen zu identifizieren und sich so verantwortlich zu verhalten, wie diese es tun.

Was ist also eine Strafe?

Eine Strafe ist die schmerzhafte Antwort auf ein unerwünschtes Verhalten. Dahinter steckt die Idee, dass der Bestrafte, um erneuten Schmerz zu vermeiden, in Zukunft ein solches Verhalten unterlässt und sich stattdessen „richtig" verhält.

„Strafe muss sein", heißt es oft. Fragt man warum, bekommt man häufig eine Antwort, die in die Richtung geht: „Durch so eine ‚Missetat' ist die Ordnung gestört. Und die Strafe bringt sie wieder ins Gleichgewicht."

Dies ist ein eher philosophischer oder religiöser Gedanke, den man aber auch bei Juristen findet. Die sprechen dann von „Sühne".

Die Ordnung wiederherstellen, den Übeltäter bessern.

Die Strafe soll darüber hinaus noch etwas bezwecken: Sie soll andere abschrecken.

Sühne – Besserung – Abschreckung: Diese drei Absichten der Strafe kennt auch der gelernte Jurist. Insofern unterscheidet sich das „Volksempfinden" prinzipiell nicht von dem, was hier als Expertenmeinung gelten kann.

Was davon bleibt, wenn wir uns als Eltern ehrlich fragen: Wenn ich mal den Impuls in mir spüre, dem Sohn einen Klaps auf den Po zu geben oder ihn anzubrüllen, was will ich denn dann erreichen?

Eines ist klar: Dieser Impuls hat was mit der Gefühlsökonomie in einem selbst zu tun. Der Ärger der Mutter über das „blöde" Kind will sich in Aktion umsetzen. Schreien und Hauen sind sozusagen die nächstliegenden Aktionen, durch die die Wutenergie abgeführt werden kann. Erinnern wir uns daran, dass ein Ereignis, das Wut in uns erzeugt, Energie bereit stellt, die in unserer Ur-Ausstattung genau wie Angst entweder dazu dienen soll, wegzulaufen oder sich zu verteidigen.

Aber es gibt auch einen „rationalen" Aspekt der Angelegenheit. Er zielt darauf, dass wir um unserer selbst und um des Kindes willen daran interessiert sind, dass es die Grenzen einhält, die durch die Regeln gegeben sind, die für unser Zusammenleben notwendig sind.

„Jetzt reicht's!", hatte Helens Vaters gesagt. „du gehst jetzt bitte ins Kinderzimmer. Du kannst nachher wieder zu uns kommen, wenn du dich beruhigt hast und dich beherrschen kannst."

Diese Strafe war ganz eindeutig dafür gedacht, Helen deutlich zu machen, dass sie mit ihrer Quengelei eine Grenze überschritten hatte.

Ob dies eine sinnvolle und für Helen hilfreiche Maßnahme war, werden wir später besprechen. (s. S.146)

Was nützen Strafen

Es gibt eine breite Diskussion um Strafen. Aus der wissen wir, dass mit Strafen auch im Justizleben kaum erreicht wird, was mit ihnen erreicht werden soll.

Das einzige Ziel, das erreicht wird, ist bei den meisten Strafen die „Sühne", also die Wiederherstellung der gestörten geistigen und höheren Ordnung. Aber das interessiert ja meist niemand. Und es ist nicht überprüfbar.

Anders sieht es schon mit der Besserung der Straftäter aus. Es ist ein Gemeinplatz, dass das „Gefängnis die Schule des Verbrechens" ist. Woraus folgt, dass Resozialisierung nicht regelmäßig das Ergebnis des Einsperrens ist. Was sich auch aus den oft sehr langen Vorstrafenregistern bei „schweren Jungens" ablesen lässt. Es gibt auch Fälle, in denen die Resozialisierung glückt. Aber aus denen wird man kaum ableiten können, dass die heute üblichen Strafen dazu wirklich taugen.

Ganz schlecht sieht es für die Strafe aus, klopft man sie auf ihren dritten Zweck, nämlich die Abschreckung, ab. Um diesen Zweck zu erreichen, gibt es in den USA die Todesstrafe. Und jeder weiß, wie oft sie auf grausame Weise vollstreckt wird. Trotz der überfüllten Todestrakte in amerikanischen Gefängnissen und trotz der zahlreichen spektakulären Hinrichtungen in den USA haben die Vereinigten Staaten eine sehr viel ausgeprägtere Gewaltkriminalität als etwa die Staaten der Europäischen Union, in denen die Todesstrafe schon lange abgeschafft ist.

Psychologie der Strafe

Ganz ähnliche Probleme wie sie die Gesellschaft mit der Strafe hat, gibt es – wie vor allem die Lern- und Verhaltenspsychologie herausgefunden hat – auch beim Strafen von Kindern.

Das Erste, was diesen an Effektivität interessierten Wissenschaftlern auffiel, ist, dass durch die Strafe der Blick auf das negative Verhalten gelenkt wird.

Strafe ist eine Form von Zuwendung, wenn auch eine negative Form. Wenn Kinder unter einem Mangel an Zuwendung leiden, ist es ihnen lieber, sie bekommen einen Anbrüller, als dass sich überhaupt niemand um sie kümmert. Das bedeutet: Wenn Kinder zu wenig Zuwendung bekommen, wird durch die Strafen die Wahrscheinlichkeit erhöht, dass die Kinder das Bestrafte immer wieder tun, um sich die Aufmerksamkeit der Eltern zu sichern.

Der Anbrüller oder der Klaps dienen, wie schon gesagt, der Abfuhr des Ärgers beim Erwachsenen, also dessen Energieausgleich. Dieser Vorgang ist am ehesten vergleichbar der Sühne. Im Gefühlshaushalt des Erwachsenen und, nach dem Erleben mancher Kinder, im Kosmos wird die Ordnung wieder hergestellt. Das aber kann keinen ernsthaften Grund für Strafen darstellen.

Um die gewünschten Verhaltensänderungen herbeizuführen, um positives Verhalten beim Kind herauszumodellieren, haben die Verhaltenspsychologen Programme entwickelt, die dem Strafen genau entgegengesetzt sind: Da geht es um „positive Rückmeldungen auf erwünschtes Verhalten", also um „positive Verstärkung", was oft fälschlicherweise mit „Loben" übersetzt wird. Es stimmt: Diese Programme funktionieren. Aber sie sind ziemlich anstrengend für die Erwachsenen. Ich ziehe Verhaltensweisen vor, wie sie im zweiten Teil dieses Kapitels beschrieben werden.

Es gibt noch einen weiteren Grund, den die Verhaltenspsychologen gegen die Strafen anführen können: Gestrafte Kinder reagieren gerade in den Situationen ängstlich oder unsicher, vor denen sie geschützt werden sollten. Beispiel: Ein Kind wurde schrecklich angebrüllt oder bekam sogar Haue, als es einmal beinah unters Auto gelaufen ist. In der Ernstsituation ist es plötzlich reaktionsunfähig und bleibt wie erstarrt auf Zebrastreifen stehen. So kann ein dressiertes Kind zu Tode kommen.

Analog zu dem Problem, dass die Gefängnisstrafe die Straftäter nicht bessert, haben wir hier das Problem der Ineffektivität von Strafen bzw. Dressur.

Ähnliches ist auch zur Abschreckung zu sagen, wie vielleicht viele Eltern bestätigen können, die sich an entsprechende Geschichten aus ihrer Kindheit erinnern.

Glücklicherweise gibt es etwas Besseres als Strafen, um Kinder zum Einhalten der Grenzen zu bringen, die nun einmal notwendigerweise in einer Familie gesetzt werden müssen, damit das Zusammenleben einigermaßen klappt. Und das ist auch deswegen gut, weil viele Eltern aus ihrer eigenen Geschichte Einwände gegen Strafen haben und Hemmungen zu strafen.

Warum Strafen für Eltern schwierig ist

Wenn Kinder sich nicht so verhalten, wie sie sollen, überschwemmt Eltern leicht eine ganze Flut von Gefühlen. (s. a. „Wie gut müssen gute Eltern sein?" S. 173) Wie gern möchte die Mutter dem Übeltäter einen richtigen Denkzettel verpassen und ein bisschen Rache üben im Zorn, weil „das Maß voll" ist und sie außer sich gerät vor Wut oder Gereiztheit. Oder beim Vater schleichen sich Rachegelüste ins Herz, weil er an dem Tag wahrlich schon genug hat einstecken müssen. Er explodiert förmlich!

„Mir reicht's jetzt! Ich nehm dich nie wieder mit!"

„Du kannst dir das Eisessen abschminken! Wer sich so aufführt, der kriegt den ganzen Sommer keines mehr!"

„Wenn du das noch mal machst, bin ich nicht mehr deine Mama!"

Solche Reaktionen auf unerwünschtes Verhalten kommen Ihnen sicher bekannt vor. Sie zeigen, dass Eltern in solchen Situationen vor Ärger und Wut oft hilflos sind. Diese Gefühle überfordern die meisten. Und so stoßen sie bisweilen Strafandrohungen aus, die abwegig sind und gar nicht dazu passen, dass sie ihre Kinder lieben. Da sprudeln Eltern spontan etwas heraus, das ärgergetränkt und unrealistisch ist: „Du gehst jetzt ins Auto zurück und wartest, bis wir wiederkommen!"

Das Kind ist aber erst drei, und die Eltern wollen eine Einkaufsrunde durch die City machen.

Das Drohen mit drastischen Strafen, das manchmal komische, ja, groteske Züge annimmt, wird verständlich, wenn man sich vergegenwärtigt, dass viele Erwachsene solche Drohungen als Kinder oft selbst erlebt haben und dass in unserer Gesellschaft solche Strafen immer noch eine große Rolle spielen. Manchmal kann man derartig massive Strafandrohungen nachvollziehen, wenn Eltern eigene Straf-Geschichten aus ihrer Kindheit berichten.

Schlimme Erinnerungen an Strafen

Bei manchen Eltern löst das Wort „Strafe" unangenehme Erinnerungen oder Vorstellungen von Herabsetzung und Demütigung aus. Bisweilen spielt eine alte Kinderangst vor der Hölle mit hinein. Strafe – das klingt in ihnen nach Eingeschüchtert-Werden, nach dem entsetzlichen Gefühl von erlittener Abhängigkeit und Schmerzen-Zugefügt-bekommen, die damals „heilsam" sein sollten.

Solche Erinnerungen machen es Eltern sehr schwer, auf kindliche „Vergehen" angemessen zu reagieren. Eltern möchten nach einem hässlichen Zwischenfall möglichst rasch wieder zur Tagesordnung übergehen. Dahinter steht der Wunsch, das Unangenehme, die Unbotmäßigkeit des Kindes wie auch die eigene Wut und Hilflosigkeit möglichst schnell „wegzumachen", am liebsten so gründlich, als sei dies alles gar nicht erst geschehen.

Das hängt damit zusammen, dass neben den aktuellen Ärger-Gefühlen über das Fehlverhalten des Kindes kaum bewusst wahrnehmbare alte Gefühle hochgeschwemmt werden: z.B. wie der Vater sich einmal als kleiner Bub gefühlt hat. Er hatte damals „Mist" gebaut. Eine drakonische Strafe hatte ihn tief beschämt, und er war sich wie eine totale Niete vorgekommen, ein Nichts, „menschliche Ausschussware", wie das in der folgenden Geschichte deutlich wird.

Wie Herr Moll gedemütigt wurde

Herr Moll mochte als Kind nichts Fettes essen. Vor Saucen mit Fettschicht oder Fleisch, das reichlich mit Fett durchwachsen war, ekelte er sich. Sein Vater vertrat jedoch den Standpunkt, dass der Junge seinen Teller leer essen muss, auch wenn er sich nicht selbst aufgefüllt, sondern der Vater ihm eine Portion zugeteilt hat. Eines Tages gab es Linsen mit Speck. Der Junge bat um eine kleine Portion, aber der Vater befand, sein Sohn müsse tüchtig essen, damit aus ihm „was wird", und füllte ihm reichlich auf. Der Magen des Jungen krampfte, als er zu essen begann, und er schob nur sehr langsam einen Bissen nach dem andern in den Mund.

„Iss schneller", befahl der Vater, aber der Junge konnte nicht. Ekel würgte ihn, und er war den Tränen nahe.

„Nun mach schon", versuchte die Mutter ihn aufzumuntern. „Wenn's kalt ist, schmeckt es doch nicht."

„Ich kann aber nicht mehr", sagte der Junge.

Der Vater wurde sauer. „Ich glaube, mein Herr Sohn muss heute wieder mal Theater machen", sagte er gefährlich ruhig.
Und als der Junge ihn hilflos ansah, wurde er wütend: „Du kannst doch nicht dauernd mit uns Hugoles spielen, verdammt noch mal! Hier wird aufgegessen! Du bleibst jetzt da sitzen, bis der Teller leer ist!"
Der Junge saß reglos vor seinem Teller. Das Essen wurde kalt, die Fettschicht erstarrte allmählich, und der Geruch verursachte dem Kind Übelkeit.
„Mir ist schlecht", murmelte er. Für den Vater war das die nackte Provokation. Er donnerte: „Du musst nicht glauben, dass du damit durchkommst! Du bleibst da sitzen, bis du aufgegessen hast."
Herr Moll erinnert sich, dass ihm irgendwann seine Mutter heimlich geholfen hat, den Teller zu leeren. „Na siehst du", hat sein Vater später gesagt. „Hast ja doch noch was gelernt."
Das hatte er auch: Er hatte gelernt, was eine grausame Strafe ist. Und er hat sich vorgenommen, mit seinen Kindern behutsamer umzugehen. Aber die Erinnerung an das qualvoll lange Sitzen vor dem Teller, das Gefühl, ausgestoßen und erniedrigt zu sein, färbt heute noch manchmal seinen hochkochenden Ärger mit Rachegelüsten ein, wenn sein Kind ihm ein bockiges „Neiiin!", entgegensetzt.

In den dunklen Keller gesperrt
Frau Reimers erinnert sich, dass sie einmal während eines Wutanfalls von ihren erbosten und hilflosen Eltern in den dunklen Keller gepackt wurde. Sie weiß noch sehr gut, wie sie bald aus ihrer Wut auftauchte und dann vor Angst und Entsetzen in der Finsternis schrie.
Sie erzählt: „Ich kroch die Kellertreppe hoch. Die Tür war verschlossen. Ich lag auf dem kalten Boden und drückte mein Gesicht ganz nah an den Spalt unter der Tür – von dort kam Licht. Ich habe verzweifelt geweint. Es kommt mir vor, als seien es Stunden gewesen, bis endlich die Tür wieder aufging ..."

Grausame Strafen haben Tradition

Noch in den 60er Jahren des vorigen Jahrhunderts hat ein „Moraltheologe" namens Bernhard Stoeckle geschrieben: „Ein Kind, das trotz Ermahnung seine Sachen nicht aufräumt, muss gewiss nicht gleich zum Psychologen geschickt werden: Es erhält passenderweise Spielverbot. Der herumtollende Sohn, der es immer wieder versucht, zerzaust und mit schmutzigen Fingern sich an den Tisch zu setzen, kann erwarten, dass er von der gemeinsamen Mahlzeit ausgeschlossen wird. (B. Stoeckle, Strafe als Erziehungshilfe, München 1969, S. 153, zit. nach Deißler 1981, S. 81–82)
Die hier durchscheinende Tradition des Strafens hat sicher sehr viel zu tun mit dem, was Erwachsene, Eltern, Erzieher oder Pädagogen als Kinder an vergangenen Strafgeschichten erlebt haben und jetzt noch als Leid-Bündel mit sich schleppen. Erzie-

hung ohne Strafe kann dann kaum einen Platz in ihrem Weltbild finden. Die festge-wachsenen frühen Erlebnisse prägen das heutige Tun, und es dauert *sehr* lange, bis sie überwunden sind. Diese alten Kränkungen können noch nach vielen Jahren in kriti-schen Situationen hochkommen. Weil das Gefühlsdurcheinander sehr verwirrend ist und äußerst unangenehm, soll es so schnell wie möglich vorbei sein.

„Schnell" bedeutet dann oft den Griff in die pädagogische Mottenkiste. Motze, Haus-arrest, Fernsehverbot, Rasenmähen & Co sind so eine Art „Währung", mit der für eine Missetat oder einen Regelbruch bezahlt wird. Das Bezahlen des Preises führt nur allzu leicht dazu, dass sich der Ablauf Sünde-Bezahlen-Sünde-Bezahlen endlos wiederholt. Bevor wir uns der Frage zuwenden, wie dieser Teufelskreis durchbrochen wird, ver-suche ich zu verdeutlichen, dass Grenzen setzen keine Sache ist, die nur die Er-wachsenen und die „Gemeinschaft" betrifft. Tatsache ist, dass Kinder für ihre Ent-wicklung und ihr Großwerden Grenzen nötig haben.

Kinder brauchen Grenzen

Wer mit Kindern zu tun hat, mit ihrem Übermut, ihrer Neugier, kurz: mit ihrer quirli-gen Umtriebigkeit, muss öfter Grenzen setzen. So kommt dieses Thema in vielen Geschichten dieses Buches vor, nämlich immer dann, wenn eine Mutter oder ein Vater einem Kind etwas untersagt oder ihm Einhalt gebietet.

Was „Grenzen setzen" bedeutet

Claudia bringt sich in Gefahr

Claudia ist drei Jahre alt. Sie geht gern spazieren, und dabei ist ihr äußerst wichtig, dass niemand sie an der Hand führt. „Alleine laufen" ist ihre Devise. Das darf sie auch, als die Mutter an diesem Tag mit ihr zum Spielplatz geht, denn die Straße ist eine sehr ruhige Wohnstraße. Unterwegs treffen sie eine Bekannte, und die beiden Frauen unterhalten sich kurz. Plötzlich, die Mutter schaut gerade anderswo hin, springt Claudia auf die Fahrbahn. Zum Glück kommt kein Auto! Hätte sie eines kommen hören, hätte die Mutter sicher besser aufgepasst. Sie erschrickt furchtbar. „Claudia!" macht einen Satz und packt sie. „Du darfst nicht vom Gehweg runter! Da kann dich ein Auto überfahren. Das tut sehr weh, und du kannst tot sein!"

Claudia ist mindestens so erschrocken wie die Mutter, weil die Mutter sie so heftig gepackt hat. Zugleich ist sie wütend, hemmt die Mutter doch ihren Bewegungsdrang und hält sie fest, obwohl Claudia doch gerade entdeckt hat, dass sie nicht nur allein laufen, sondern auch noch springen kann! Sie weint und möchte auf den Arm genom-men werden. Die Mutter hebt sie hoch und wartet einen Moment, bis sie beide wieder ruhiger sind. Dann sagt sie Claudia noch einmal sehr ernst, dass sie versteht, wenn Claudia allein laufen und springen möchte, dass sie aber nicht will, dass ihr etwas

Schlimmes geschieht, und deswegen dürfe sie nicht vom Gehweg weg auf die Straße laufen oder springen.
Dies ist *ein* Beispiel dafür, dass es zum Schutz des Kindes vor Schmerz und Gefahr bisweilen nötig ist, ihm Grenzen zu setzen.

Grenzen tun weh: Wenn Wut und Liebe zusammenprallen

Solche Grenzen behindern das Kind in seinem Streben nach Autonomie. Diese Behinderung erlebt das Kind als schmerzhaft. Schmerz macht wütend. Claudia ist darüber hinaus noch über die heftige Reaktion der Mutter erschrocken. Der Schreck ist ebenfalls ein Schmerz, der Zorn und Wut auf die Mutter hervorbringt, die das Kind liebt und behüten will!
Das Kind liebt die Mutter ebenfalls.
Und nun ist es auf die geliebte Mutter wütend. Das ist ein schlimmer Konflikt für das Kind: Liebe *und* Wut, diese so unterschiedlichen Gefühle, richten sich auf ein und denselben Menschen! Liebe und Wut – das Kind ist hin- und hergerissen. Es ist der Mutter gegenüber „ambivalent". Wir Psychotherapeuten nennen diesen Konflikt darum „Ambivalenz-Konflikt".
Dieses Liebhaben und zugleich Wütendsein erzeugt im Kind Angst davor, den geliebten Menschen, den Schutz und die Zuflucht, die er bedeutet, zu verlieren.
Allein ist es mit diesem Konflikt überfordert. Deswegen braucht es Hilfe.
Und die besteht am besten darin, dass die Mutter dem Kind deutlich macht: „Ich verstehe dich. Ich musste dir zwar eine Grenze setzen, aber das heißt nicht, dass ich dich nicht lieb habe."
Wenn Eltern dem Kind eine Grenze setzen, bereiten sie ihm einen mehr oder weniger schlimmen „Schmerz". Dieser Schmerz entsteht dadurch, dass die Lebenskräfte des Kindes in ihrer Entfaltung behindert werden. Die Reaktion auf diesen Schmerz reicht je nach Stärke vom milderen Ärger über Zorn bis hin zu heftiger Wut. Das Kind wird in einer solchen Auseinandersetzung wütend. Der Erwachsene fühlt sich aber auch nicht wohl in seiner Haut, wenn er dem Kind Grenzen setzen muss. Die Folge: In ihm entsteht Zorn auf das „unvernünftige" Kind.
Und jetzt geht es dem Erwachsenen wie dem Kind: Auch er liebt ja das Kind und gerät nun in einen „Ambivalenz-Konflikt". Das ist eine ausgesprochen schwierige und unangenehme Situation, denn es entstehen Schuldgefühle und Selbstzweifel im Erwachsenen, und er schämt sich, weil sich neben seinen „guten" beschützenden und liebevollen Gefühlen Ärger, Wut und feindselige Gedanken zu Wort melden. Es ist das Gleiche, was auch das Kind empfindet.
Wegen dieser widersprüchlichen und verzwickten Gefühlslage vermeiden Eltern es manchmal, eine nötige Grenze zu setzen. Sie möchten lieber zuwarten und hoffen, dass das Kind von allein „vernünftig" wird, oder sie lenken ab. Das kann man sich im Augenblick nachsichtig verzeihen, es kann aber keine Dauerlösung sein.

Warum Eltern Grenzen setzen müssen

Eltern müssen Grenzen setzen,

• um das Kind oder andere vor Gefahr zu schützen, wie im Beispiel von Claudia;
• um wertvolle Dinge zu schützen; der CD-Player steht so im Regal, dass die einjährige Iris noch nicht an ihn hinlangen konnte. Jetzt ist sie drei Jahre alt und darf CDs hören. Sie tut das auch gern, aber sie darf zunächst nur mit Hilfe des Vaters an dem Gerät hantieren;
• um dem Kind zu helfen, sich sozial akzeptabel zu verhalten. Claudia und Rocco müssen allmählich immer mehr Regeln des Zusammenlebens einhalten. Claudia darf im Wohnzimmer nicht die brüllende Löwin spielen, wenn der Vater telefoniert. Und Rocco darf in der Straßenbahn nicht mit den schmutzigen Schuhen auf die Sitzbank steigen, sondern muss sich damit begnügen, von Mutters Schoß aus die Einfahrt in den Tunnel zu erwarten.

Und was ist das, was Helens Vater in der Geschichte zu Beginn dieses Kapitels macht, als er die unerträglich pumuckelnde Helen ins Kinderzimmer schickt?
Die Stimmung an diesem trüben Tag hat sich durch den Bewegungsmangel und das enge Beieinandersein aufgeheizt. Natürlich drückt Helens Gelärme genau dieses Dilemma aus! Die Erklärung kann jedoch kein Grund dafür sein, dass Helen alle anderen Familienmitglieder tyrannisiert.
Der Vater ist genervt, gestresst und wütend. Und bevor die Situation völlig eskaliert, „trennt" der Vater die „Territorien": Indem er Helen ins Kinderzimmer schickt, weist er ihr einen Raum zu, in dem sie sich „runterpegeln" und zur Ruhe kommen kann. Damit sichert er einen halbwegs ungestörten „Lebensraum" für die Familie. Im Wohnzimmer können die anderen aufatmen und sich erholen, sie haben vorher auch „unter Strom" gestanden. Deswegen finde ich diese Erste-Hilfe-Maßnahme sinnvoll.
Wer auf Grund seiner eigenen Erlebnisse in der Kindheit einen wütenden Rausschmiss in dieser Szene sieht, ist vielleicht empört über den Vater – und über mich. Das ist nur natürlich! Aber ich finde diese Erste-Hilfe-Maßnahme sinnvoll, weil der Vater zwar aufgebracht war, aber doch besonnen handelte.
Und ich finde diese Erste-Hilfe-Maßnahme vor allem deshalb sinnvoll, weil der Vater später, während sie durch die Pfützen stapfen, zu Helen sagt: „Weißt du, wenn du so furchtbar pumucklig wirst, dann müssen wir alle miteinander zusehen, dass wir uns nicht verrückt machen. Ich glaube, dann ist es besser, wenn du dich im Kinderzimmer abregst. Deswegen schicke ich dich aus dem Zimmer, wenn du so ungebärdig bist. Mama und ich bleiben aber immer in der Nähe. Wir hören dich und wir passen auf dich auf." Wer auf schlimme Kindheitserfahrungen zurückblickt: Die wären nicht so schlimm gewesen, wenn sie ihm so vermittelt worden wären.
Jetzt kann Helen verstehen, was der Vater tut und warum er es tut. Sie kennt nun die Grenze, und sie kennt die Folgen, wenn sie über die Stränge schlägt.

Die Eltern wissen natürlich, dass so eine Aus-Zeit keinesfalls Stunden dauern darf, sonst würde sich Helen ausgestoßen und schrecklich fühlen! Wenn Helen nach ein paar Minuten hörbar ruhiger geworden ist, gehen der Vater oder die Mutter zu ihr. Sie trösten sie, wenn sie weint, und fragen schließlich, ob Helen etwas weiß, das sie jetzt tun möchte oder ob sie jetzt etwas miteinander machen wollen.

Der Schlampersack oder: Der Unterschied zwischen „Strafen" und „Folgen"

Der Anorak liegt auf dem Fußboden, statt am Haken zu hängen. „Wie oft soll ich dir noch sagen ... ich kann doch nicht immer hinter dir her räumen ... du bist aber auch schlampig! Häng sofort das Ding auf, sonst kracht's!" Hänschen hängt maulend „das Ding" auf. Morgen liegt der Anorak wieder auf dem Boden. Außer wenn es morgen warm ist. Dann liegt nämlich der Pulli da: „Mensch, mir ist vielleicht heiß!"
Dieses Schema läuft automatisch ab. Niemand denkt mehr darüber nach. Nicht die Mutter, die auch noch anderes im Kopf hat als herumfliegende Anoraks, und auch nicht das Kind. Das immer gleiche Schema verändert nichts am Verhalten des Kindes. Dabei möchte die Mutter im Grunde diese lästige „Klamottenrumschmeißerei" los sein. Und auch Hänschen findet die Meckerei und die diffuse Androhung „sonst kracht's" nicht schön. Aber wie könnte die Mutter ihre und die kindliche Gedankenlosigkeit durchbrechen? Ich werde in diesem Kapitel noch näher darauf eingehen. Hören wir mal, wie die Geschichte weiter geht.
Längst hat die Mutter die Faxen dicke. Der Tipp einer Freundin scheint ihr einleuchtend zu sein. Und so verkündet sie beim gemeinsamen Mittagessen: „Es nervt mich, wenn im Flur so viel Zeug rumfährt. Eigentlich hat nämlich alles seinen Platz. Ich werde von jetzt an nicht mehr darüber meckern." An dieser Stelle freuen sich vor allem die Kinder.
Dann fährt die Mutter fort: „Ich habe mir jetzt einen Schlampersack zugelegt. Da kommt alles rein, was rumliegt: Anoraks, Flöten, Schlüssel und", sie wirft ihrem Mann einen Blick zu, „Sachen wie Schraubenzieher. Eben alles, was nicht an seinem Platz ist. Abends vor dem Schlafengehen wird der Sack ausgeleert und jeder kann zurück bekommen, was von ihm darin gelandet ist."
Die Kinder sind empört: „Das ist ja gemein!", oder „Das kannst du doch nicht machen!"
Mit ihrem Mann hatte sie die Sache schon gestern Abend besprochen. Der war zwar skeptisch, hatte aber versprochen, den Versuch zu unterstützen.
„Es gibt aber für dich auch keine Ausnahmen," hatte sie gesagt. „Kann es nicht geben. Sonst funktioniert das nicht."
„Schon gut," hatte er gebrummt. Er war tatsächlich etwas beleidigt gewesen.
Die Mutter nimmt die verschiedenen Kommentare zur Kenntnis. „Das liegt ja bei euch", sagt sie. „Das Projekt Schlampersack läuft ab heute 15 Uhr."

Geglaubt haben sie es da natürlich noch nicht.
Am Nachmittag will Hänschen zum Kicken. Kein Anorak da. Und ohne Anorak darf er bei dem Wetter nicht auf den Bolzplatz. „Pech gehabt, junger Mann! Ich sag nur eins: Schlampersack."
„Ich brauch ihn aber jetzt! Ich will raus!"
„Der Schlampersack ist heute Abend dran."
„Kann ich nicht die neue Jacke – ?"
„Nein. Für den Bolzplatz ist der Anorak da und nichts anderes."
Hänschen seufzt. Was den Unterschied zwischen guten und Kick-Klamotten anbelangt, das weiß er, da war die Mutter schon immer konsequent. Also kann er heute nicht bolzen. Mist!

Ist das nicht eine versteckte Form von Hausarrest als Strafe für Hänschen? Nein. Denn hier geht es darum, dass Hänschen nicht gehen kann, weil sein Anorak durch Unachtsamkeit „verloren gegangen" ist. Er hat ja gewusst (wenn auch noch nicht richtig ernst genommen), dass der nicht aufgehängte Anorak im Schlampersack landet. Die Mutter hatte die Konsequenzen vorher angekündigt, Hänschen hat sich nicht darum gekümmert. Vielleicht war er gar nicht „schlampig", sondern hat ausprobieren wollen, ob die Konsequenzen *tatsächlich* eintreffen. Das ist gut möglich. Jetzt weiß er jedenfalls *sicher*, was mit umherliegenden Sachen geschieht.

Es geht um die *Folgen* seines Tuns. Gewiss fühlt sich Hänschen gestraft, weil er nicht rausgehen kann. „*Ge*-straft" ist er sicher, jedoch nicht „*be*-straft"! Als die Mutter es endgültig leid war, ständig hinter allen Familienmitgliedern herzuräumen, beschloss sie, das Theater zu beenden. Sie verlangte kein Aufräumen von den Kindern („Jetzt räum' sofort deinen Mist aus dem Flur!"), keine Rücksichtnahme („Mein Gott, musst du denn immer dein Zeug hinschmeißen, damit ich das wegräume!"), keine Verhaltensänderung der anderen („Ihr könnt doch gefälligst mal dran denken, die Klamotten aufzuhängen!") – nichts dergleichen, denn das hatte ja vorher schon nichts gebracht. Sie sagte stattdessen klar und deutlich, dass sie nicht mehr weitermachen werde wie bisher! Und sie sagte, was sie fortan tun werde: Die Sachen einsammeln und in den Schlampersack packen, wo sie erst abends wieder herausgegeben werden.

Am Abend geht Hänschen im Schlafanzug in Mutters Zimmer. Jetzt wird der Schlampersack geleert, und der Junge hat seinen Anorak wieder. Es liegt bei ihm, ob er mit seinem Kleidungsstück fortan achtsamer umgeht.

Fragen Sie jetzt, ob das wirklich geklappt hat und die Familie künftig mehr Ordnung hielt im Flur? Es gab natürlich einige Male Geschrei („Ich brauche aber dringend ..."), und das setzte die Mutter einigen Anfechtungen aus. Sie blieb jedoch eisern dabei: Der Schlampersack öffnet sich erst abends. Und nur einmal, wirklich nur einmal ließ sie „Gnade vor Recht" ergehen, als nämlich der Vater Unterlagen fürs Geschäft neben dem Schuhschrank liegen gelassen hatte. Als er zurück gehetzt kam, fand er sie auf seinem Schreibtisch. Im Wesentlichen war jedoch Schluss mit Mutters Hinterherräum-Frust.

Praxis-Tipp

Wenn Sie in Ihrer Familie den Schlampersack einführen wollen, dann sollten Sie sich dafür einen Zeitpunkt aussuchen, an dem Sie gut beieinander sind – so ähnlich, als wollten Sie mit dem Rauchen aufhören.

Probieren Sie in Gedanken vorher die vielen Tricks und Überredungskünste durch, mit denen Ihre lieben Kleinen Ihnen Ihre Konsequenz abspenstig machen. Und überlegen Sie bei jedem Kniff, den die Kinder anwenden werden, wie Sie darauf reagieren.

Wenn Sie ein bisschen unsicher werden, spielen Sie das Ganze mit einer Freundin durch.

Ganz wichtig: Besprechen Sie die Sache auch mit Ihrem Mann.

Vereinbarungen und Konsequenzen: Kinder lernen aus den Folgen

Vielleicht überlegen Sie, wieso hat das geklappt? Wo doch alles Reden, Beschwören und Meckern vorher für die Katz war.

Eine Standpauke geht oft zum einen Ohr rein und zum andern raus. „Hab ich vergessen" ist dann eine viel benutzte Antwort auf Vorhaltungen oder ein „Kann doch mal passieren" aus schmollendem Kindermund.

Eltern können Kinder nicht wirklich zwingen, sich an Regeln zu halten, also aufzuräumen und keine Sachen umherliegen zu lassen. Eltern können jedoch, wenn sie den Anblick des „Saustalls" nicht mehr ertragen, aus dem Spiel aussteigen, hinter den Kindern herzuräumen und so doch noch eine erträgliche Atmosphäre zu schaffen. Dann können Eltern ankündigen, was sie stattdessen tun werden, wenn das Kind die von ihnen gesetzte Grenze überschreitet. Und so geht das mit anderen solchen „Spielen", wenn die Mutter nicht mehr mitmacht: Siehe z. B. *Nadines Morgentrödelei* (S. 151) oder auch *Henning, der Vergessliche* (S. 152).

Das Kind weiß nun: „Wenn ich dasunddas mache, wird unweigerlich jenesundjenes geschehen." Es kennt die Folgen seines Tuns. Es liegt bei ihm, sie herbeizuführen – oder nicht. Die Konsequenzen sind unangenehm oder lästig, und kein Kind, niemand, wird *absichtlich* etwas tun, das ihm unangenehm ist! So einfach ist das „Erfolgs-Geheimnis" der Konsequenzen.

Eine Schwierigkeit sei aber nicht verschwiegen. Mit angekündigten Konsequenzen zu arbeiten, bedeutet, dem Kind auch Verantwortung für sein Tun zu übertragen. Es bedeutet auch, ihm zu helfen, größer zu werden. Manchmal kann das einer Mutter auch gegen den Strich gehen. Aber da hilft nichts: Hier muss sie sich entscheiden.

Wie man Grenzen setzt

• Eltern sollen die Grenzen klar und deutlich formulieren, mit einer kurzen (!) Erklärung, wie z. B.:
„Papa kann beim Telefonieren nichts verstehen, wenn die Löwin jetzt brüllt:"
„Gleich möchte jemand anderes hier sitzen, und der will sich nicht schmutzig machen."
„Ich kann nicht Auto fahren, wenn ihr auf dem Rücksitz tobt."

• Sinnvoll ist es, mit dem Grenzensetzen eine „Vereinbarung" zu treffen.

Beispiel:
Der Vater möchte, als er heimkommt, im Fernsehen einen Bericht ansehen, der ihm sehr wichtig ist. Da stürzt Rocco ins Zimmer, begrüßt ihn stürmisch und will bei ihm bleiben, mit ihm gucken. Er rutscht schon aufs Sofa, will auf Vaters Schoß und versucht, ihn abzulenken. Der Vater sagt ihm, dass er jetzt eine halbe Stunde Ruhe haben möchte und dass Rocco bei ihm bleiben kann, wenn er ganz still ist.
Wenn das zu schwer für ihn sei, müsse er entweder in seinem Zimmer spielen oder zur Mama gehen."
„Okay", sagt Rocco. Er will lieber still und beim Papa sein. Aber nach ein paar Minuten kann er es nicht mehr aushalten. „Papa? Papa, im Kindergarten ..."
Der Vater sagt ihm ruhig, dass er sicher viel zu erzählen hat, dass er das auch nachher tun darf, dass er aber bis zum Ende der Sendung zur Mama gehen muss, denn die Mama stört er jetzt nicht.

Streng genommen ist das keine wirkliche „Vereinbarung". Denn an einer Vereinbarung im Wortsinne arbeiten beide Verhandlungspartner mit. Wenn ich von Vereinbarung rede, dann geht es darum, dass die Eltern dem Kind sagen, dass ein bestimmtes Verhalten bestimmte Folgen hat.
Roccos Vater sagt: „Wenn du still bist, kannst du mitgucken. Wenn du das nicht schaffst, musst du gehen."

• Die Vereinbarung hilft übrigens auch dem Vater. Wenn er sich von Rocco empfindlich gestört fühlt, wird er sauer. Und wenn er sauer ist, fällt es ihm viel schwerer, auf die Schnelle etwas Angemessenes zu finden, womit er sein Bedürfnis nach ungestörtem Fernsehen verteidigen kann.
Eine Vereinbarung schafft so etwas wie „Rechtssicherheit": Jeder der Beteiligten weiß, woran er ist. Die Eltern haben klargemacht, was sie möchten, und das Kind weiß, was geschehen wird, wenn es die Grenze überschreitet. Die Konsequenzen geben Sicherheit: Dem Kind, denn es kennt die Folgen seines Tuns; den Eltern, denn vorher bedachte Konsequenzen sind meist sinnvoller als in der Stresssituation hastig erdachte!

Verstehen Eltern das Grenzensetzen korrekt als etwas, das sie *für* das Kind tun, etwa weil es eine Situation noch nicht überblickt, weil ihm Kenntnisse, Einsicht und Selbstkontrolle fehlen, so verbessern sie ihre Chancen, die Situation mit dem Kind im „grünen Bereich" zu halten. Wenn sie sich aber doch ärgern, sind die Chancen größer, dass sie ihren Ärger über das Kind unter Kontrolle halten.

Zwei Mütter grenzen sich ab

Grenzen setzen ist für Eltern oft schwierig, weil Grenzen setzen bedeutet, sich von den Kindern abzugrenzen und ihnen Verantwortung für ihr Handeln zu übertragen, d. h. aber auch die Kinder ein Stück loszulassen, sie sozusagen „größer" werden zu lassen. Die beiden folgenden Geschichten zeigen, wie zwei Mütter diese Schwierigkeiten meistern und wie sie davon profitieren.

Nadines Morgentrödelei
Die Mutter muss morgens zeitig aus dem Haus, weil sie halbtags arbeitet. Vorher fährt sie Nadine noch rasch zum Kindergarten. Das hat bislang ganz gut geklappt, doch seit zwei Wochen gibt es jeden Morgen Theater, weil Nadine trödelt. Sie kann plötzlich nicht mehr ihre Sandalen zumachen, zieht ihren Pullover verkehrt herum an und das Essen dauert endlos. die Mutter mahnt und bittet und schimpft schließlich. Bis sie eines Tages genug hat von dem morgendlichen Drama. Abends setzen sich Mutter und Tochter aufs Sofa zum Vorlesen. Bevor die Mutter mit der Geschichte beginnt, sagt sie:
„Schatz, ich finde das doof, wie das morgens bei uns zugeht. Und du?"
„Das ist blöde, wenn du immer so meckerst", gibt Nadine zu.
„Mhm", stimmt die Mutter zu. „Das war ungemütlich, und wir waren beide immerzu sauer. Das ist nicht schön, wenn der Tag so anfängt. Ich möchte das anders haben."
Sie zeigt Nadine in der Küche die Uhr am Backofen und erklärt ihr: „Ich wecke dich jeden Morgen, wenn der große Zeiger hier oben auf der 12 steht. Dann frühstücken wir zusammen. Danach steht der Zeiger ungefähr hier unten auf der 6. Da räume ich die Küche auf und mache dein Vesper für den Kindi fertig, und du ziehst dich an. Und wenn der Zeiger dann hier weiter gegangen ist und wieder hoch auf die 12 – dann müssen wir beide aus dem Haus. Du in den Kindi – und ich ins Büro."
„Weiß ich doch", sagt Nadine. Die Mutter hat es ihr oft genug erklärt und gesagt, dass sie beide nicht zu spät kommen sollen.
„Okay, prima. Und jetzt pass auf: Ich werde morgens nicht mehr rummeckern, dass du dich beeilen sollst oder solche Sachen. Ich stell dir einen Reisewecker ins Zimmer, dann siehst du selber, wie viel Zeit du noch hast. Und wenn der Zeiger oben steht, dann fahren wir los."
„Wenn ich aber noch gar nicht fertig bin?" Nadine schaut die Mutter zweifelnd an.
„Ich bin sicher, dass die Zeit reicht. Früher hat sie nämlich auch gereicht. Und wenn nicht, dann musst du den Rest im Kindi erledigen."

„Und wenn ich aber noch gar nicht alles anhabe?" Nadines Blick ist unsicher.
„Also, was du noch gar nicht angezogen hast – das packe ich in den Rucksack. Das ziehst du dann im Kindi fertig an."
„Hilfst du mir denn dabei?"
„Nein, mein Schatz. Du kannst das ganz gut allein. Wenn du wirklich Hilfe brauchst – da musst du wohl die Erzieherin bitten. – Und wenn wir morgens nicht mehr so'n Stress haben, dann haben wir sicher nachmittags mehr Lust, miteinander was Schönes zu machen."
Tatsächlich stellt die Mutter nach dem gemeinsamen Frühstück Nadine den Reisewecker ins Zimmer. Und als der Zeiger wieder oben kurz vor der 12 steht, geht sie ins Kinderzimmer.
„So, Schatz, jetzt geht's los."
„Guck mal, Mama, der Pulli ist verkehrt rum", mault Nadine. „Und die Strümpfe hab ich auch noch nicht an!"
Die Mutter überhört den vorwurfsvollen Unterton. „Der Pulli ist verkehrt rum auch warm", sagt sie. „Da erfrierst du nicht. Strümpfe und Sandalen pack ich in deinen Rucksack zum Vesper."
Nadine geht auf Hausschuhen mit. Ihre Miene schwankt zwischen Abenteuerlust und Verlegenheit. Die Mutter begleitet die Kleine bis an die Tür vom Gruppenraum. Sie gibt ihr einen Abschiedskuss und sagt zu der Erzieherin: „Ich muss ins Büro. Und Nadine ist heute früh nicht ganz fertig geworden. Tschüss!"
Ein kleiner Bengel schreit von hinten: „Iiiih, die is ja sockfuß gekommen!" Aber da ist die Mutter schon zur Tür hinaus.
Nadine hat ein paar Tage geschwankt zwischen dem Genießen ihres offensichtlichen Sonderstatus als Teilangekleidete und einer leisen Beklemmung. Und dann klappte das Anziehen erstaunlich gut. Die Mutter hat ein paar Mal nachmittags gesagt: „Mir geht's richtig gut ohne die olle Meckerei. Da krieg ich Lust, mit dir was zu spielen! Was magst du denn?" Und dann haben sie zwei Extrarunden „Zicke-zacke-Hühnerkacke"* gespielt. Weil Nadine dabei immer gewinnt.

Henning, der Vergessliche
Henning, der Zweitklässler, geht gern in die Schule, aber: Er ist so schrecklich vergesslich! Mal lässt er den Turnbeutel im Flur liegen, mal vergisst er sein Pausenbrot oder sogar die Hausaufgabe. Die Mutter möchte Henning Schwierigkeiten ersparen. Er soll nicht unter seiner Vergesslichkeit zu leiden haben und womöglich Ärger kriegen mit der Lehrerin! Außerdem hat die Mutter ihren Jungen lieb und möchte ihm Gutes tun. Also bringt sie ihm immer wieder die vergessenen Dinge nach: Die Bade-

---

*Das ist ein herrliches Spiel, in dem es darum geht, sich die Lage von umgedrehten Bilden zu merken, um vorwärts zu kommen. Kinder sind darin ähnlich wie bei Memory nahezu unschlagbar. Es ist von der Jury „Spiel des Jahres" mit dem „Sonderpreis Kinderspiel 98" bedacht worden, Für 4 bis 99 Jahre, 2 bis 4 Spieler. Zoch Verlag, 49,95 DM

*sachen zum Schwimmunterricht, die Flöte zur Musikstunde und die Papiertaschen-
tücher, als er Schnupfen hat.*
*Eines Tages merkt die Mutter endlich, dass ihr die Nachtragedienste ziemlich auf die
Nerven gehen. „Kannst du denn nicht deine Siebensachen beisammen halten?", fragt
sie Henning. Der, mit rührendem Augenaufschlag: „Wenn ich's doch immer vergesse
... kann ich doch nix dafür!"*
*Nun, vielleicht kann Henning wirklich „nichts dafür". Und solange die Mutter ihm die
Sachen nachträgt, ist das ja auch sehr bequem für ihn.*
*Aber nun findet die Mutter, dass sie nicht länger die Gedächtnisschwäche oder die
Gedankenlosigkeit des Sohnes ausbaden will. Und so sagt sie ihm eines Abends:
„Henning, ich will dir nicht mehr deine Schulsachen hinterher tragen. Ich finde, du
kannst selbst dran denken, was du mitnehmen musst. Ich werde ab sofort nicht mehr
nachsehen, ob hier noch etwas liegt, das du in der Schule brauchst."*
*„Und wenn ich dann meine Sachen nicht habe?", fragt Henning. „Was dann? Dann
krieg ich ja einen roten Vergesser-Strich! Und bei drei Strichen gibt's Ärger!"*
*„Ja", sagt die Mutter. „Wenn das bei euch in der Klasse die Regel ist, dann gibt's wohl
Ärger, wenn du Striche ansammelst. Aber das geht sicher allen Kindern in der Klasse
so. Das liegt ja bei jedem selbst ..."*
*Henning hat es tatsächlich auf drei rote Vergesser-Striche gebracht. Als er sich bei der
Mutter beschweren wollte, hat sie ihm nur ganz ruhig erklärt, dass es ihr Leid tut, dass
er Ärger hat. Dann hat er noch eine Weile vor sich hin gebruddelt, aber vergessen hat
er so bald nichts mehr.*

Verantwortung übernehmen lassen

Nadines Trödelei und Hennings Vergesslichkeit sind nicht in der Weise „schlimm" wie
etwa destruktive Angriffe. Aber sie sind lästig, sie gehen den Müttern auf die Nerven.
Sie drängen ihnen eine Verantwortung auf, die sie nicht übernehmen können und auch
nicht übernehmen sollen, wenn sie die Entwicklung ihrer Kinder fördern wollen.
Deswegen müssen sie Grenzen setzen und abstecken, wer für was zuständig ist. Nadines und Hennings Mutter grenzen sich ab. Sie weisen freundlich und konsequent die
Zumutungen ihrer Kinder ab. Man kann an diesen Beispielen sehen, dass den Kindern
Grenzen setzen auch heißt, sich selbst Grenzen zu setzen: Also zu klären, wer für was
verantwortlich ist. Hennings Mutter hat zunächst ihrem Jungen aus Liebe die Verantwortung abgenommen. Damit hat sie, ohne es zu merken, ihn daran gehindert, für
sich selbst Verantwortung zu übernehmen.
Vielleicht war es bei Nadines Mutter anfangs nur mangelnder Mut, der sie daran
gehindert hat, Nadine die Verantwortung für's Anziehen zu überlassen. Dann hat sie
die Idee, dass es ja nicht schade, wenn die Tochter noch nicht richtig fein angezogen,
wie sie sich das vorstellt, im Kindergarten ankommt. Da schafft sie es, Nadine die Verantwortung für das anziehen wirklich zu übertragen.

Was Eltern tun, um Grenzen zu setzen, muss der Situation Rechnung tragen:

• Wenn ein *siebenmonatiger Säugling* der Mutter beim Stillen kurz vor dem Einschlafen in die Brust beißt, wird sie mit ihm anders umgehen als mit einem hellwachen Dreijährigen, der in einem Streit entnervt seinen Spielkameraden beißt, weil er sich nicht mehr anders gegen ihn wehren kann.

Dem Säugling wird sie zwar sagen, dass er der Mama jetzt wehgetan hat; sie wird es vielleicht sogar vor Schreck lauter sagen als sie sonst mit ihm redet oder heftig „Aua" ausrufen. Sie wird zu ihm sprechen, weil sie immer mit ihm spricht, aber nicht etwa, weil sie an seine „Einsicht" appelliert, die er noch gar nicht hat. Das Baby wird spüren, dass plötzlich etwas anders ist als vorher, weil die Mama erschrickt bei dem plötzlichen Schmerz, weil sie „Aua" ruft, aufgeregt spricht und weil sie das Baby anders hält, vielleicht seinen Kopf wegdrückt. Aber das Baby kann noch nichts „einsehen" oder „verstehen". Die Mutter wird einfach nur sich selbst schützen und vom Schmerz befreien.

Vielleicht kommt es Ihnen komisch vor, mit einem Säugling zu reden. Das Baby kann zwar noch nicht sprechen, es versteht jedoch intuitiv sehr viel mehr, als Erwachsene in der Regel meinen, erwarten zu können.

• Einem *Dreijährigen* wird die Mutter sagen, dass er nicht beißen darf, auch wenn er wütend ist.

Er darf natürlich eine Wut haben, und es geht ihm ja auch schlecht, wenn er sich gegen den Spielkameraden nicht genug wehren kann. Er darf stinkesauer sein. Er darf schimpfen und schreien, aber nicht beißen.

„Du kannst sagen, wenn der etwas macht, was du nicht willst. Du kannst sagen, wenn du wütend bist. Du kannst versuchen, den Jungen wegzuschubsen. Du kannst schreien und rufen, wenn du Hilfe brauchst. Aber beißen darfst du nicht. Du bist kein Hund."

Wenn Mutter oder Vater Grenzen setzen, sind Festigkeit und Klarheit der Sprache nötig, damit das Kind versteht und damit es weiß: Die Eltern meinen, was sie sagen. Wenn das Kind die Grenze nicht einhält, wenn es sich dem Gebot häufiger widersetzt, werden sie ärgerlich – und diesen Ärger können sie dem Kind angemessen vermitteln. Auch der Ärger verdeutlicht dem Kind: Die Eltern meinen es ernst.

(S. a. das Kapitel 12 „Wie gut müssen gute Eltern sein?", S. 173)

Tobias' Tränen

Tobias ist vierzehn Monate alt. Er hat auf seiner Forschungsreise durch die Wohnung eine Batterie gefunden, die sehr gut in seiner kleinen Hand liegt. Der Vater sieht, dass Tobias ein gefährliches „Spielzeug" gefunden hat. Er geht zu ihm und nimmt es ihm aus der Hand, bevor Tobias es in den Mund steckt, wie er das mit allem macht, was er findet. Er sagt: „Das ist gefährlich. Da kannst krank werden, und das kann sehr, sehr wehtun. Ich möchte nicht, dass dir etwas wehtut. Deshalb darfst du damit nicht spie-

len. " Tobias will sein Spielzeug nicht hergeben, schließlich hat er es eben erst gefunden und noch gar nicht fertig untersucht! Er wird wütend und schlägt nach Vaters Hand, in der die Batterie verschwunden ist. Jetzt sagt der Vater durchaus mit Ärger in der Stimme: „Nein, das darfst du nicht haben!" Tobias hält erschrocken inne, dann verzieht er das Gesicht und weint kläglich. Er hebt die Arme und möchte getröstet werden.

Das ist ein kritischer Punkt, weil hier viele Missverständnisse ihren Anfang nehmen. Tobias will durchaus nicht mit seinem Weinen die Meinung des Vaters ändern, wie Eltern leicht annehmen. Er will ihn nicht besänftigen und nicht um den Finger wikkeln. Er ist bestürzt, weil er nicht klarkommt mit sich und seinem inneren Druck, Dinge zu erforschen und einfach nur zu *haben*, und der schmerzlichen Realität, manche Dinge nicht haben zu *dürfen*. Sein Weinen bedeutet zunächst ganz schlicht nur, dass er diesen Schmerz ausdrückt und sich von ihm befreit. Sein Weinen bedeutet aber auch: Er bittet um Trost. Und wen soll er um Trost bitten, wenn nicht einen von den beiden Menschen, die ihm am meisten bedeuten, die er am meisten liebt? Wie könnte der Vater ihn beleidigt oder feindselig zurückweisen? Täte er das, könnte Tobias allenfalls aus Angst vor Vaters Zorn das Verlangen nach dem verbotenen Gegenstand unterdrücken. Der Vater möchte aber, dass Tobias sein Verbot in einer angenehmen Atmosphäre aufnimmt und es damit als etwas Gutes in sich bewahrt.
So nimmt er ihn hoch und hält ihn liebevoll fest. Er weiß, dass Tobias von innen getrieben wird, Dinge zu erforschen, und dass der innere Druck groß ist. Aber Vater lässt nicht zu, dass er sich gefährdet. So lange er weint, tröstet er ihn. „Du bist ganz wütend, weil ich dir das Ding nicht lasse. Da musst du schreien, weil das wehtut. Und jetzt weinst du, bis es dir wieder besser geht. Das kann ich aushalten." Nachdem er sich beruhigt hat, wiederholt er noch einmal: „Ich möchte nicht, dass du krank wirst. Deswegen darfst du die Batterie nicht haben. Aber schau, ich habe noch ein Filmdöschen. Damit kannst du spielen."
Es ist nicht immer einfach für Eltern, Jammer und Wut des Kindes über die nötigen Grenzziehungen zu ertragen. Am Ende eines Tages, wenn die kleinen Grenzgänger, Welterkunder und Ordnungstester endlich zufrieden schlafen, dürfen sich Mütter und Väter ruhig einmal selber loben. Sie haben wieder einmal unendlich wichtige Arbeit geleistet, auch wenn sie nicht sichtbar oder in Stückzahlen messbar ist.

Jens macht eine Tintensauerei
„Ich hab verdammt nochmal keine Lust, schon wieder eine Tischdecke auszuwaschen!"
Der Brüller musste raus! Auch Mütter brauchen Feierabend, und dazu gehört das Gefühl, einen Punkt erreicht zu haben, an dem für heute etwas „fertig", erledigt, abgehakt ist, auch wenn ab morgen der Staub weiter niedersinkt, der Waschkorb sich erneut zu füllen beginnt, der Geschirrspüler wieder vollgestellt wird.
Was war geschehen? Ihr Sohn, der Drittklässler Jens, war gegen Abend mit einer schriftlichen Hausaufgabe in Bedrängnis geraten, weil er keine Tintenpatronen mehr

hatte. Da hatte er versucht, zwei leere Patronen in Vaters Tintenfass durch Zusammen-drücken, Eintauchen und Lockerlassen zu füllen. Das ist im Prinzip nicht dumm. Dumm waren nur die Folgen auf der Tischdecke.

Der Brüller ist Mutters Ventil.

Mit ihm zeigt sie unmissverständlich ihren Ärger über die unnötige Mehrarbeit und über die Schusseligkeit, dass Jens vergessen hat, für neue Patronen zu sorgen. Für Jens ist der Brüller zweifellos eine Strafe. Er hat Mist gebaut.

Er hat Mutters Ärger verursacht. Er schämt sich.

Sollte die Mutter ihn nicht, wenn sie sich abgeregt hat, in den Arm nehmen und ihm sagen, dass es nicht so schlimm ist? Dass sie es nicht so gemeint hat?

Nein, das soll sie nicht.

Jens hat die Tinte großflächig verkleckert, und die Mutter ist zornig. Und wenn Jens sich jetzt schämt, so ist das in Ordnung, weil die Scham über ein unpassendes Be-nehmen, über ein unbedachtes Wort, über etwas unabsichtlich Angerichtetes zu tun hat mit Gewissensbissen.

Und wenn da etwas im Innern beißt, wenn also ein Gewissen vorhanden ist, so ist das für Eltern ein gutes Zeichen, haben sie es doch geschafft, dem Kind zur Reifung die-ser wichtigen inneren „Ordnungs-Instanz" zu verhelfen. Sich über einen Fehltritt schämen ist völlig normal. Es erteilt Jens eine Lehre. Das ist ein wichtiger Unter-schied: Nicht die Mutter belehrt ihn („Hättest du die Patronen gekauft."), sondern Jens kann sich selbst belehren. Das ist ein großer Schritt!

Nachdem ihr Brüller verklungen ist und ihr Zorn sich besänftigt hat, sagt die Mutter zu Jens: „Und was machen wir jetzt?"

„Naja", Jens druckst rum. „Ich kann ja die Decke nachher auswaschen." – „Okay. Oder du machst jetzt deine Hausis mit meinem Füllhalter fertig, während ich die Decke auswasche, aber dafür bügelst du sie morgen, wenn sie trocken ist. Was ist dir lieber?"

Jens wäscht lieber, das ist der Mutter auch recht. Wichtig ist beiden, dass Jens etwas tun kann, um die bereitete Unannehmlichkeit wieder gut zu machen. Damit ist die Welt wieder in Ordnung und sein Gewissen ins Gleichgewicht gebracht.

Die Konfrontation mit dem, was einer angerichtet hat, die Scham darüber und die Wiedergutmachung können sehr wohl als Strafe angesehen werden, aber eben auch als eine heilsame Folge. Je nach Standpunkt.

Grenzen setzen

Wenn Eltern in einer kritischen Situation spontan nicht einfällt, wie sie sinnvoll rea-gieren können, dürfen und müssen sie sich eine Bedenkzeit nehmen. Und genau das sollten sie dem Missetäter sagen, wie dies die Mutter mit der fünfjährigen Marcia in der folgenden Geschichte macht:

Marcia und der Nagellack

Der Mutter stockt der Atem, als sie ins Zimmer kommt. Die kleine Marcia sitzt am Wohnzimmertisch und malt – mit ihrem Nagellack. Auf dem Tisch große Lackkleckse. Marcia schaut mit schuldbewussten Augen zu ihr auf.

Die Mutter grübelt lange, was um Himmels willen sie Sinnvolles mit Marcia tun oder pädagogisch Hochprozentiges zu ihr sagen könnte. Dabei geht es ihr wie vielen Müttern: Sie hat den ganzen Tag ohnedies schon so viel um die Ohren, dass sie manchmal an der Forderung nach Kreativität in der Erziehung verzweifeln möchte. Dann ist Abend, Marcia sitzt am befleckten Tisch und schaut die Mutter schuldbewusst an.

„Ach, Marcia ...“, setzt die Mutter seufzend an. „Was hast du eigentlich so dringend Rotes malen wollen?“ Mit der Frage möchte sie noch Zeit gewinnen, einen Moment, bevor sie, wie sie meint, ihren „pädagogischen Bankrott“ erklären muss.

„Ich wollte eine ganz schöne Frau malen. Die will auf ein Fest gehen. So wie du mit Papa an Sylvester. Und da hat sie sich auch die Fingernägel lackiert. Aber bei meinen Stiften war kein schön genuges Rot. Und da hab ich ...“ Jetzt beginnt Marcias Kinn zu zittern.

Schuldgefühl, Reue oder Angst vor dem, was jetzt mit ihr passieren könnte? Da ist sich die Mutter nicht sicher. Aber sie ist gerührt über das Häufchen Elend und wuschelt Marcia durch die Haare. Deutlich sagt sie: „Du hast ohne mich zu fragen etwas von meinen Sachen genommen, und du weißt, dass ich das nicht will!“

Marcia nickt kleinlaut.

„Und jetzt ist die Tischplatte versaut.“ Mutters Stimme klingt vorwurfsvoll. Schließlich fügt sie hinzu: „Nun ja, nicht total. An der Stelle könnte man auch ein Deckchen hinlegen ... Oder eine schöne Schale draufstellen ...“ – „Alles Mist“, denkt sie. Ihr Ärger flammt noch einmal auf. „Das Holz pur ist ohne was drauf viel schöner!“

Nun schweigen beide. Die Mutter denkt daran, wie sie für den Tisch gespart hat, aber sie denkt auch an das Bild von der schönen Frau, die offenbar ein paar Züge von ihr bekommen sollte: Ein paar Striche von ihrem Nagellack. Ihre Augen streifen über den Tisch: Die Tageszeitung, ein Bilderbuch, ein Teller mit einem halben Apfel, ein Katalog, eine angefangene Tüte Chips. Der Tisch zeugt von Leben. Von einem Leben mit Kind. „Lieber zu Tode gefreut als zu Tode gelangweilt“, fällt ihr plötzlich ein.

Laut sagt sie: „Ich glaube, du hast kapiert, dass du nicht einfach meine Sachen nehmen sollst ohne zu fragen. Und das mit dem Tisch ist ja wie die Narbe an deinem Knie, als du mit dem Schlitten in den Zaun gesaust bist. Das hat wehgetan, und die Narbe geht nie wieder ganz weg.“

Ihr fällt ein, dass sie einmal ihrer besten Freundin mit einer Zigarette ein Loch in die Sofalehne gebrannt hat. „Das ist Patina“, hat die Freundin gesagt, „und außerdem: Damit vergesse ich dich nicht so schnell!“

Mutter und Marcia unterhalten sich noch eine Weile über Narben, blaue Flecke und darüber, wie schwierig es manchmal ist, noch klein zu sein. Schließlich hat die Mutter eine Idee. „Wir gehen am Sonntag zum Fluss. Da suchst du einen glatten schönen Stein aus. Und den schenkst du mir.“

„Wozu das denn?" Marcia wundert sich.

„Weißt du, wovon die Steine im Wasser so glatt werden? Das Wasser haut die Steine umeinander. Sand und andere Steine schleifen und schlagen an dem Stein herum ... So wie Menschen im Leben immer mehr Narben kriegen, werden Steine unterwegs zurechtgeschliffen." Sie denkt einen Moment nach und setzt hinzu: „Autos kriegen Beulen und Kratzer, und Möbel kriegen auch Macken ..."

„Oder Nagellackflecken", ergänzt Marcia. Die Mutter nickt.

„Und was willst du mit dem Stein machen?", will Marcia wissen.

„Ich will ihn mir hinlegen und ab und zu mal daran denken."

„Woran?"

„An das Leben. Wenn ich mich über die Flecken auf dem Tisch oder so etwas ärgere." Und dabei denkt sie daran, dass zu Tode langweilen vielleicht wirklich das Allerblödeste ist.

Wenn ein Schaden nicht zu reparieren ist

Es gibt immer mal wieder Schäden, wie in der Geschichte von Marcia, die nicht zu reparieren sind. Dies ist zum Beispiel auch in der Geschichte von Evi der Fall.

Evi zerschneidet die Tante-Eva-Decke

Evi hat ihre kleine abgerundete Schere verschlampt und nimmt Mutters spitze Handarbeitsschere. „Nur mal eben" will sie etwas ausschneiden. Sie legt den Ausschneidebogen auf den Tisch, piekt mit der Scherenspitze hinein und schneidet los. Geht das schwer! Mutters Schere müsste mal geschliffen werden ... Au, Mist! Jetzt hat Evi in die Tischdecke geschnitten! Da wird Mutter aber schimpfen!

Nein, die Mutter schimpft nicht.

Die Mutter weint, denn diese Tischdecke ist eine sehr alte Decke und eine kostbare Erinnerung an die Großtante Eva, nach der Evi benannt worden ist, und die die Mutter so sehr geliebt hat.

Da gibt es nichts wieder „gut" zu machen. Das Loch ist drin.

Als Mutter Evi das erklärt hat, ist Evi auch traurig. Und natürlich schämt sie sich. Und sie möchte brennend gern etwas tun, damit die Mutter nicht mehr traurig ist.

Sie bietet der Mutter etwas an, um so etwas wie einen Ausgleich zu schaffen, damit es doch eine Art Wiedergutmachung gibt. Sie will von ihrem Taschengeld drei Monate so viel sparen, wie es nur geht – ob sie dann mit der Mutter eine kleine Decke kaufen kann? Die Mutter nimmt Evi in den Arm.

„Klar, Schatz. Das machen wir. Die Großtantendecke wird geflickt, aber sie wird nie wieder richtig heil, wie sie vorher war. Und du hilfst mir, eine andere zu kaufen. Dann hab ich eine geflickte Tante-Eva-Decke und eine heile Evi-Decke. Ich glaube, das ist gut. Und wenn dein Gespartes bis dahin nicht reicht – ich tu das Geld dazu, das dir fehlt."

Evi spart tapfer, verzichtet auf manches Eis und Überraschungsei, und einmal versagt sie sich einen Kinobesuch. Hat sie die Decke ganz bezahlt? Nein. Aber sie hat sich nach Kräften bemüht – und das erkennt die Mutter dankbar an.
Diese Decke geht später in den kostbaren Schatz der Haushaltsgegenstände ein, die eine eigene Geschichte haben. Alle diese Geschichten machen die Geschichte der Familie aus.

Es gibt Spuren vom Leben mit Kindern, von ihrem Übereifer, ihrer Unachtsamkeit, ihrem Ungehorsam, die auch keine noch so klug ersonnene Strafe oder logische Konsequenz ungeschehen machen kann. Die Spuren bleiben sichtbar. Dann können Eltern mit dem „Täter" über einen Ausgleich sprechen. Das Stichwort „Täter-Opfer-Ausgleich" passt auch in den kleinen Rahmen des Familienlebens. Denken Sie nur, wie Sie sich fühlen, wenn Sie als Gast eine Vase zerdeppert haben. Fühlen Sie sich nicht besser, wenn Sie sie ersetzen können? Oder wenn Sie wenigstens am Tag danach einen Blumenstrauß vorbeibringen, selbst wenn der Gastgeber behauptet hat, es sei okay so mit der Vase, er habe sie eh nicht gemocht ...?
Für Evi ist die Decke wichtig, für Marcia und ihre Mutter ist der Gedenk-Stein wichtig: Er fasst alles zusammen, was der Mutter durch den Kopf gegangen ist, und er ist außerdem eine Erinnerung an ein gemeinsames Erlebnis von Mutter und Tochter, eine Erinnerung an eine überstandene Krise.

Wiedergutmachung: Alles wieder ins Lot bringen

Kinder brauchen die Möglichkeit, ihre unguten Gefühle, ihre Scham nach Missetaten und ihre Gewissensbisse aufzuräumen. Das Aufwischen einer Kleckerei, das Aufräumen einer schwungvoll fabrizierten Unordnung oder das Beseitigen von Malereien an dafür nicht vorgesehenen Flächen bringen nicht nur die Umgebung wieder in Ordnung, sondern auch das innere Gleichgewicht des Kindes. Es lernt, dass es für sich geradestehen kann. Und das ist ein wichtiger Schritt auf dem Weg zum eigenverantwortlichen Tun. Und was ist, wenn die Mutter im Hochkochen der ersten Wut allzu heftig reagiert hat, wenn der Vater eine unsinnige Strafe angekündigt hat? Wenn der schlimmste Zorn verraucht ist, wenn Mutter oder Vater sich beruhigt haben, ist es gut, wenn sie noch einmal mit dem Kind sprechen: „Es hat mich maßlos geärgert, was du getan hast. Ich war saumäßig wütend vorhin, und da hab ich dich angebrüllt."
Das bedeutet keinen Gesichtsverlust. Eltern vergeben sich nichts, wenn sie im Nachhinein zu verstehen versuchen, was da eigentlich passiert ist, und wenn sie mit dem Kind darüber sprechen. Das ist allemal besser, als stillschweigend zur Tagesordnung überzugehen, denn es hilft, das Geschehen einzuordnen. Und wenn dem Erwachsenen *wirklich* Leid tut, was er gesagt oder getan hat, dann und nur dann! ist eine Entschuldigung angebracht. Die Beziehung zwischen Eltern und Kind kann sich sogar festigen durch solche Erlebnisse.

Berühren, um gehört zu werden
Oder: Missverstandenes „Watschenbetteln"

Jo ist vier und treibt seine Mutter manchmal zur Verzweiflung: Er hat eine Schwäche für den Herd. Zu gern dreht er an den Knöpfen, und es ist auch schon mal was passiert: Auf der heißen Platte ist eine Plastikschüssel geschmolzen, und einmal ist etwas zu essen angebrannt, das nur leise köcheln sollte.

Frau Rösner hat ihm das mit den Knöpfen erklärt, dass da die Platten heiß werden und dass das gefährlich ist. Jo sagt zwar „ja", aber er hört nicht. Das ist bei Vierjährigen halt so. Frau Rösner schimpft, redet ihm ins Gewissen, macht ihm Vorwürfe. Jo hört nicht. Er kriegt einen Gesichtsausdruck zwischen schalkhaft und herausfordernd und dreht wieder an den Knöpfen, manchmal sogar, wenn die Mutter daneben steht.

„Watschenbetteln" nennen manche Eltern solche Provokationen, und ihre hilflose Wut nach zigmal Erklären, Zureden und Warnen entlädt sich in einem Klaps oder Schlag: „Der scheint das zu brauchen! Vorher ist keine Ruhe!"

„Ich werd so was von wütend", sagt Frau Rösner, „das ist vielleicht eine Sauerei, wenn Plastik auf der Platte schmilzt! Ich könnt den Kerl vermöbeln. Und was das Irre dabei ist: Ich glaube, der *will* das sogar! Neulich hab ich ihm wirklich mal eine gescheuert. Und danach sah er ganz zufrieden aus! Hinterher hab ich mich geschämt, ich wollte doch nie eine Prügel-Mama sein."

Frau Rösner spricht mit der Erzieherin im Kindergarten darüber.

„Ich will keine Prügel-Mama sein", sagt sie ehrlich betroffen. „Aber ich hab das Gefühl, dass ich anders gar nicht zu ihm durchdringe. Ich erreiche ihn einfach nicht!"

„Das ist ein scheußliches Gefühl", bestätigt die Erzieherin. „Als ob man gar nicht recht da wäre. Und wenn man dann haut, das ist nicht nur Wut, das ist auch der dringende Wunsch: Verdammt nochmal, sieh mich! fühl mich! nimm mich endlich wahr!"

„Das stimmt", sagt Frau Rösner. sie ist erleichtert, dass die Erzieherin sie versteht. „Mit einem Schlag mache ich mich be*merk*bar. Sonst halte ich das nicht aus."

„Ich glaube, bei Jo läuft etwas Ähnliches ab", fährt die Erzieherin fort. „Wenn Jo Schläge herausfordert, holt er sich vielleicht etwas, das er ganz dringend braucht."

„Was?!" Frau Rösner ist ratlos.

„Körperkontakt", sagt die Erzieherin. „Körperliche Nähe. Anfassen!"

„Aber ich schmuse doch mit ihm!" Frau Rösner erschrickt, weil sich das anhört, als vernachlässige sie ihr Kind. „Ich wiege ihn abends im Bett, und ich nehme ihn auch tagsüber immer wieder in den Arm!"

„Natürlich", sagt die Erzieherin. „Aber wenn Sie ihm etwas verbieten müssen, das er gern tut, dann ist das eine richtige Krise für Jo. Und immer wenn's schwierig wird, dann können Sie ihm mit Körperkontakt helfen."

Frau Rösner schaut sie fragend an.

Praxis-Tipp 1. Teil

„Anfassen statt Watschen geben" sagt die Erzieherin und erklärt, was genau sie damit meint: „Gehen Sie in die Hocke, damit Sie beide ungefähr in gleicher Höhe sind. Und dann fassen Sie Jo mit beiden Händen bei den Schultern. Oder Sie halten seine Hände. Sie können ihn ruhig fest anfassen, nicht grob, aber fest. Dass er die Berührung deutlich fühlt. Dann können Sie ihm sagen, was er wissen muss. Und schauen Sie ihn dabei an. Das Wichtigste ist aber die Berührung, der sichere Druck Ihrer Hände."

Frau Rösner hatte Jo einen Schlag versetzt, mit der Hand. Die Hand ist ein enorm wichtiger Körperteil. Nicht umsonst benutzt die Sprache das Bild des „Handelns": Die Hand ist ein Symbol für die bildende, schaffende und schöpferische Kraft. Außerdem ist sie das vorzüglichste Glied des Menschen um einen anderen zu berühren. Schon seit Urzeiten beschäftigen sich Menschen mit der heilenden Wirkung des körperlichen Kontakts, des Hand-Auflegens. Hände besitzen eine besondere Kraft zur Herstellung eines geistigen Kontakts mit einem Gegenüber. Mit dem Schlag ihrer Hand hat Frau Rösner „aus dem Bauch heraus" das Gefühl der Isolation durchbrechen wollen: Sie wollte Jo damit erreichen. Und hat das auch sicher, wenn auch auf negative Weise.

Frau Rösner geht das Hand-Auflegen nicht mehr aus dem Kopf. „Heilende Hände" fallen ihr ein: Die geübten Handgriffe, die einen Knochenbruch richten oder einen verschobenen Wirbel in seine Position zurückbringen können. Massagen sind ihr vertraut, bei denen sanfte oder auch fest zupackende Bewegungen Verkrampfungen lösen und schließlich Entspannung und Schmerzfreiheit hinterlassen. Plötzlich fällt ihr eine Melodie aus dem Musical „Cats" ein, und sie singt vor sich hin: „Spür mich / komm zu mir und berühr mich / nimm von mir die Erinn'rung / lös mich aus ihrem Bann ..."

Berührung ist die früheste und ursprünglichste Brücke zwischen zwei Menschen. Sie bildet das körperlich erfahrbare Fundament des Urvertrauens und ist deswegen unerlässlich für das gesunde Aufwachsen von Kindern. Die Berührung erhöht die Konzentration, und zwar sowohl die Aufmerksamkeit, die sich auf die Sache richtet, wie auch die Konzentration auf das Gegenüber.

An einem der nächsten Tage steht Jo vor dem Wäschetrockner. Auch der hat Knöpfe, ähnlich wie der Herd. Bei manchen Knöpfen verändert sich das Laufgeräusch, wenn Jo sie verstellt. Das ist spannend! „Na?", sagt Frau Rösner, als sie dazukommt. Jo dreht sich um und hat wieder sein Watschen-Betteln-Gesicht. Fast wird Frau Rösner schon sauer, aber dann fällt ihr ein, dass sie Jo anfassen wollte. Sie hockt sich vor ihn hin, nimmt seine Hände und sagt: „Jo, mit den Knöpfen kann man die Temperatur verstellen, dass es heißer wird oder nicht so heiß. Manche Sachen gehen kaputt, wenn sie zu heiß getrocknet wer-

den. Deswegen darfst du nichts an den Knöpfen verstellen. Wenn ich die näch-
ste Ladung Wäsche reinpacke, können wir zusammen die Knöpfe so einstellen,
wie sie sein müssen. Aber ohne mich darfst du nicht daran drehen."

Jo nickt. „Wenn du wirklich nur guckst – dann kannst du hier bei mir bleiben",
fährt die Mutter fort. „Aber wenn das zu schwer für dich ist, gehst du besser
ins Kinderzimmer."

Zuletzt drückt sie die Hände in dem Rhythmus, wie sie spricht. Jo spürt, dass
die Mutter es ernst meint, und als er nickt, weil er verstanden hat, meint er es
auch so. Tatsächlich bleibt er eine ganze Weile vor dem Trockner stehen und
redet mit sich und den aufregenden Knöpfen: „Nicht drehen!", sagt er ein-
dringlich. „Wird sonst zu heiß, ja?" Seine Hände fahren immer wieder hoch zu
der Schalttafel, und die Mutter sieht ihm deutlich an, dass es ihn große Mühe
kostet, die Knöpfe nicht anzufassen. Sie hockt sich noch einmal zu ihm hinunter, blickt ihn an, greift seine Hände und sagt: „Das ist ganz toll, wie du dir
Mühe gibst, wo du doch so gern drehen möchtest. Wenn ich hier fertig bin, wollen wir dann was spielen?"

Die Erzieherin freut sich, als sie ein paar Tage später hört, dass ihr Tipp Frau
Rösner weitergeholfen hat. Und dann trägt sie noch etwas sehr Wichtiges nach.

Praxis-Tipp 2. Teil:

„Sie sollten Jo nur dann berühren, wenn Sie ruhig und gelassen sind."

„Wieso das denn?", fragt Frau Rösner erstaunt.

„Wenn man gerade richtig wütend und in Fahrt ist, besteht die Gefahr, dass
man ausrastet beim Körperkontakt. Sie kennen ja vielleicht das Gefühl, dass
man den kleinen Bock am liebsten durchwalken oder das Ekelpaket ‚aus-
schütteln' möchte. Wenn man das Kind in dieser explosiven Stimmung anfasst,
hat man es wirklich ‚in der Hand'. Und das kann schlimmer enden als mit
einem Klaps!"

Damit hat die Erzieherin sicher Recht. In der Wut kann einem die Kontrolle
entgleiten, dann hat der Erwachsene *sich* nicht mehr „in der Hand" – aber das
Kind ist ihm ausgeliefert. Der Körperkontakt braucht, wenn er nicht schaden
soll, Gelassenheit. Weil sonst keine Konzentration möglich ist, weil die
Situation schlimmstenfalls entgleisen und die vertrauensvolle Beziehung des
Kindes zu seinen Eltern nachhaltig Schaden nehmen kann.

„Strafen" ist ein Thema, das wohl kaum jemand ohne Gefühle abhandeln kann.
Die Tradition der „Schwarzen Pädagogik" wirkt bis heute nach, und der Weg,
sich davon zu befreien, ist lang. Manchmal ist er auch schmerzhaft. Dann nämlich, wenn Eltern sich ihren eigenen Straf-Geschichten zuwenden müssen, um
für sich und ihre Kinder bessere Wege zu finden.

Grenzen helfen

Das Setzen von Grenzen, so haben die Geschichten dieses Kapitels gezeigt, ist ein wichtiger Schritt, um Kindern zu helfen, sich in die Regeln einzufügen, die die Eltern für gültig erklären.
Eine Grenze
• schützt das Kind vor Gefahr, und
• sie schützt aber auch die Eltern vor Zumutungen!
• muss der Situation Rechnung tragen (Alter des Kindes, s. S.154).
Eltern sollen Grenzen
• klar und deutlich formulieren,
• eine Vereinbarung treffen (s. S. 150),
• Blick- und Körperkontakt zum Kind halten, vorausgesetzt, die Atmosphäre ist gelassen.
Wenn die Mutter sich hinunter hockt auf die Augenhöhe des Kindes, und vor allem wenn sie den Körperkontakt während des Sprechens aufrecht erhält, knüpft sie eine innige Verbindung zum Kind, sie kriegt einen festen „Draht" zu ihm, beide sind intensiv aufeinander bezogen und können sich auf einander konzentrieren. Worte allein sind oft zu „luftig" und flüchtig. Durch die Berührung erhalten sie Gewicht und Nachdruck. Und dem Kind gibt sie durch die Berührung Halt und Sicherheit. Das Erleben, von einem anderen Menschen gehalten zu werden, wird oft unterschätzt.
• Eltern können den Kindern zumuten (und zutrauen!), dass sie Verantwortung übernehmen für ihr Tun und die Folgen. Henning (S. 152) und Nadine (S. 151) waren Beispiele dafür. Das Abnehmen von Verantwortung bedeutet zugleich ein Wegnehmen von Kompetenz und ein Nicht-Achten der kindlichen Persönlichkeit!
Trotz aller Mühe gehen Dinge schief. Manche Folgen von „Untaten" kann ein Kind „wegmachen" wie bei der Tintensauerei oder doch wenigstens in Grenzen wieder gut machen wie bei der zerschnittenen Tischdecke. Auch das hilft einem Kind, sich mit den Folgen seines Tuns auseinander zu setzen und daraus zu lernen.
• Eltern müssen nicht perfekt sein und immer! sofort!! wissen, was zu tun ist.
Sie dürfen eine Bedenk- und Beruhigungspause in Anspruch nehmen. Eine unbedachte oder drastische Strafe, in der Hektik eines Schreckens oder „Kollers" verhängt, könnte ja doch nichts wieder „heil machen"! Nach einer Pause können Mutter oder Vater leichter und mit Phantasie etwas finden, das eben *keinen* Griff in die pädagogische Mottenkiste darstellt, sondern das einen Punkt zum Nachdenken setzt, wie es Marcias Mutter mit dem Gedenk-Stein gemacht hat (S. 157).

Jeder Schritt weg von der „Schwarzen Pädagogik", weg von unüberlegten, drastischen oder gar grausamen Strafen ist ein Schritt in die richtige Richtung. In diesem Kapitel habe ich einige Aspekte des Themas „Strafen" aufgezeigt. Kinder fordern nun einmal Eltern heraus, das kann gar nicht anders sein, denn sie sind ebenso wenig perfekt wie andere Menschen. Die Herausforderungen müssen beantwortet werden. Und das

scheint oft nach Bestrafung zu verlangen. Manchmal kommt gar der Wunsch auf nach Sühne oder Vergeltung. Die lange Tradition der Strafen, die Verknüpfung mit den persönlichen Straf-Erlebnissen und die daher rührenden, oft heftigen, Gefühle machen den Umgang mit kindlichen Unarten zuweilen sehr schwer.

Mit den Geschichten in diesem Kapitel habe ich Ihnen hoffentlich helfen können, mit den Missgeschicken oder „Untaten" Ihrer Kinder gelassener und angemessener umzugehen. Und wenn das nicht auf Anhieb jedes Mal klappt, strafen Sie sich nicht mit Schuldgefühlen und überhöhten Ansprüchen an sich selbst! Kinder machen Fehler, natürlich, denn sie lernen ja noch. Eltern dürfen auch Fehler machen. Sie lernen auch noch. Warum sonst haben Sie begonnen, dieses Buch zu lesen?

Also seien Sie nicht so streng mit sich.

Kapitel 11

Wenn es besonders schwierig wird
Oder: Warum es manchmal wichtig ist,
ein Kind fest zu halten

Oft habe ich in diesem Buch von dem Zusammenhang zwischen Schmerz, Wut, Zorn und wütendem Aufbegehren berichtet.

Alle Eltern sind bemüht, ihrem Kind, wo es möglich ist, Schmerzen zu ersparen. Aber das ist nicht immer möglich. Dann kann es sehr hilfreich sein, wenn Mutter oder Vater das Kind festhalten. Die Geschichten in diesem Kapitel zeigen, worauf es dabei ankommt.

Meine Tochter Simone war sechs Jahre alt, als sie sich beim Spielen einen Holzsplitter unter den Daumennagel gestoßen hatte. Der Arzt wollte ihr die unangenehme Betäubungsspritze ersparen und erklärte ihr, er werde den Splitter rasch ohne Spritze herausziehen ."Das tut auch weh, aber nicht so lange," sagte er mit beruhigender Stimme. Ängstlich und mit Tränen erklärte sie sich einverstanden. Ich hielt sie auf meinem Schoß, sie umfasste mich mit einem Arm und streckte tapfer ihre verletzte Hand aus. Was wir nicht wissen konnten: Der Splitter stammte von einem morschen Stück Holz, er zerbröselte unter der Pinzette. Es dauerte und dauerte.

Bei jedem neuen Versuch des Arztes schrie Simone, ruckte und zuckte mit der verletzten Hand und wand sich. Ich konnte es kaum ertragen, das Schreien war schrecklich, ich hatte Angst. Kalter Schweiß trat mir auf die Stirn,. mir wurde kodderig. Auf merkwürdige Weise fühlte ich mich dabei „zweigeteilt". Neben diesem Aufruhr spürte ich eine Art Ruhe, eine Zielgerichtetheit: Da müssen wir durch, je schneller desto besser!

Simone tobte und wütete gegen mich. Ich hielt sie voller Mitgefühl, aber auch sehr energisch im Arm und auf dem Schoß, hielt sie fest und gab ihren Ausbruchsversuchen nicht nach. Diese heftige Gegenwehr galt der entsetzlichen Mutter, die zuließ, dass ihrem Kind solch ein Schmerz angetan wurde. Ich fühlte mich scheußlich, weil ich mich in dem Augenblick mit einem Teil meiner selbst auch als grässliche Mutter empfand. Während ich sie fest hielt, sagte ich zu Simone: „Das ist schlimm, was du jetzt aushalten musst ... die Mama hält dich auch noch fest und tut nichts dagegen ... da darfst du schreien ... da hast du ganz Recht ... der Doktor muss das hier machen: Und du darfst schreien, weil es wehtut, weil du Angst hast ... weil du wütend bist ... weil du weg willst ..." usw.

Ich habe einen Teil der Schmerzen mit-gefühlt, habe am Schmerzgeschrei meines Kindes gelitten und konnte es doch nicht „ausknipsen" und „wegmachen". Das ist auch gut so, denn das Schreien hat ja einen Sinn. Es hilft nämlich dem Kind, mit seinem Schmerz oder seiner Angst besser fertig zu werden: Das Kind drückt im Schrei sein Gefühl aus. Es „bringt" sein Gefühl „nach draußen" und teilt es auf die unmittelbarste Weise mit. Dadurch werden „negative Energien" abgeführt, und das erleichtert. Das können Sie nachvollziehen, wenn Sie sich vorstellen: Sie stehen im Museum vor einem Bild und plötzlich tritt Ihnen jemand versehentlich mit spitzem Absatz auf den Fuß. Der Schmerz zuckt durch den ganzen Körper, Sie fahren zusammen, krümmen sich leicht und verkneifen sich einen Aufschrei, weil „man" das im Museum nicht tut. Ihnen entfährt jedoch zumindest ein gequetschtes Aua!! Das vollständige Verkneifen einer Schmerzäußerung ist fast unmöglich und schon bei dem Versuch, sie zu mäßigen, steigt der innere Druck erheblich an.

Nach dem Eingriff habe ich Simone noch eine Weile gehalten und gewiegt, bis sie sich beruhigt hatte – und ich mich auch.

Dieses Vorgehen ist bei panischen Reaktionen das Beste.

Es ist vor allem deswegen gut, weil die tatsächlich vorhandenen Gefühle des Kindes (Angst, Panik, Entrüstung, Wut ...) benannt werden. Denn was vorhanden ist, was existiert und einen Namen hat, dem ist keiner mehr völlig hilflos ausgeliefert. Etwas Benanntes ist viel weniger bedrohlich. Und: Es ist teilbar geworden durch das sprachliche Mit-Teilen. Das Kind hat hier und jetzt in dieser Situation Angst (oder ist wütend), und dabei ist es völlig gleichgültig, ob der Erwachsene in dieser Situation einen ausreichenden „Grund" dafür sieht oder nicht. Das Kind fühlt sich weniger verlassen, wenn jemand bei ihm ist, dem es seine Gefühle zeigen darf.

Situationen wie diese beim Arzt sind für viele Mütter schwer auszuhalten, weil sie die Panik, das Entsetzen oder die Empörung des Kindes spüren, fast als sei es das eigene Erleben (und genau das ist auch der Grund, weshalb es so verführerisch ist, Dinge zu tun und zu sagen, die dem Kind nicht helfen und die wir unter der Rubrik aufführen: Was Sie vermeiden sollten.)

Was Sie vermeiden sollten

Vermeiden Sie, dem Kind Versprechungen zu machen, wenn es den schmerzhaften Eingriff heroisch über sich ergehen lässt, wie:

„Nachher gehen wir Eis essen" oder: „Du kriegst auch nachher die Puppe/das Feuerwehrauto", oder:

„Das tut gar nicht weh" oder:

„Du musst keine Angst haben"/ „Du brauchst dich nicht zu fürchten".

Worte wie „Jetzt sei aber still, der Doktor ist gleich fertig" oder „Es tut doch überhaupt nicht weh" gehen am Kind und seinem Erleben vorbei!

Auch die nahe liegende Alternative, das Kind der Sprechstundenhilfe, der Krankenschwester oder einem anderen Fremden zu überlassen, ist nicht so gut. denn dabei lässt die Mutter ihr Kind allein.

Was hilfreich ist

Hilfreich ist es, mit ruhiger Stimme etwas zu sagen wie „Ja ... du hast so arg Angst ... da darfst du auch weinen ... Mama hält dich fest, bis es vorbei ist ... Mama bleibt bei dir ..."

Solches Reden respektiert das Erleben des Kindes (und damit das Kind selbst). Es hilft dem Kind, seine Gefühle anzunehmen, und es vermittelt dem Kind, dass es nicht allein ist, dass die Mutter ihm einen festen Halt gibt auch in diesem schlimmen Erleben, das nun einmal unabänderlich ist. Das liebevoll-unbeirrbare Festhalten bietet den Trost des Nicht-Alleingelassenseins. Und das ist letzten Endes der einzig mögliche Trost! Das Festhalten vermittelt dem Kind, dass die Mutter zuverlässig bei ihm bleibt, dass sie sein Wüten unbeschadet übersteht und dass sie in dem Moment die Verantwortung trägt, in dem das Kind nicht fähig ist, „vernünftig" über das Thema „Spritze ja oder nein" zu verhandeln.

Indem sie dem Kind festen Halt gibt, verhilft sie ihm zu der wichtigen Erfahrung, dass sie sich nicht abweisen lässt durch das letztlich selbstschädigende Nein! des Kindes: Sie wird diese Krise aushalten und sich nicht zerstören oder vertreiben lassen, auch wenn das Kind außer sich gerät; sie wird ihrem Kind den Halt geben, den es in seiner Not braucht.

Die meisten Eltern haben Erfahrung mit dem Gewähren eines solchen Halts, denn es ist etwas, das spontan, „aus dem Bauch heraus" geschieht, aus der Notwendigkeit heraus, jetzt sofort etwas tun zu müssen. Es ist eine selbstverständliche, meist gar nicht mehr hinterfragte Reaktion natürlicher „Elterlichkeit".

Dass dieses feste Halten sich auch in völlig anderen Situationen als hilfreich erweisen kann, sollte eigentlich nicht verwundern.

Hannes ist außer sich

Hannes, drei Jahre alt, ist wieder einmal außer sich. Er schreit, er schreit wie ... wie ... Frau Römer, die Mutter, hat gar keine Worte für sein Gebrüll. Er wirft sich auf den Boden des Kinderzimmers, strampelt wild mit den Beinen. Er schreit, und die Mutter denkt, dass die Nachbarn bestimmt gleich die Polizei rufen werden. Aber nein, eigentlich denkt sie nicht wirklich, dazu ist ihre eigene innere Wirrnis zu groß. Am liebsten würde sie wegrennen. Hinausrennen aus dem Haus, fort, bloß fort, und dieses entsetzliche Geschrei nicht mehr hören müssen. Ja, und auch das: Dieses beängstigend unkontrollierbare Bündel Kind nicht mehr sehen müssen. Es ist kaum zu ertragen, wenn man sich derartig ohnmächtig fühlt!

Aber bevor Frau Römer hilflos die Flucht ergreift, atmet sie durch und besinnt sich auf das, was sie über das Festhalten gelesen hat (in: Precop, 1986) und will es ausprobieren.

Die Mutter setzt sich auf den Boden und nimmt das Zornbündel Hannes auf den Schoß. Beide sitzen Bauch an Bauch. Die Mutter umschlingt ihren Sohn mit den Armen, drückt ihn an sich, wiegt ihn, spricht mit ihm. Sie drückt in Worten aus, wie wütend er ist, wie er seine Mutter verabscheut, dass er von ihr weg will.

Sie bestätigt ihm, dass es ihm schlecht geht. dass er seine Wut jetzt hinaus schreien muss, dass er gar nicht anders kann, weil es ihn sonst zerreißt. Aber sie versucht auch, in Worte zu fassen, wie es ihr geht, dass sie bei ihm bleiben möchte, bis er wieder ruhiger geworden ist. Sie bemüht sich, Blickkontakt herzustellen, und auch wenn Hannes sich gegen sie wehrt, wenn er strampelt, zu schlagen versucht und sich aus der festen Umarmung befreien will, lässt sie ihn nicht los.

Frau Römer streichelt Hannes. Sie küsst und wiegt ihn, sie gibt seiner Wut und Verzweiflung Halt. Hannes soll spüren, dass da jemand ist, der ihn stützt, trägt und erträgt in seinem Wüst-Sein, in seinem Ringen mit seinen schlimmen Zwiespältigkeiten: Da sind der Jammer, die Wut und auf der anderen Seite, kaum noch sichtbar, die Sehnsucht nach Zärtlichkeit.

Hannes soll erfahren: Da ist jemand, der lässt sich nicht abweisen von seinem Wüten, der lässt sich nicht zerstören und nicht vertreiben.

„Festhalten und dabei streicheln, küssen, wiegen": Das liest sich trocken wie eine Gebrauchsanweisung, dabei ist es doch lebendig und selbstverständlich zwischen Eltern und Kindern! Der Vater ist auf keinen Fall passiver, „außenstehender" Zuschauer, sondern er ist in den Prozess eingeschlossen, jedenfalls sollte es so sein. Er kann die Mutter unterstützen, indem er sie z. B. seinerseits umarmt, mit einbettet in die Woge aufkommender Gefühle. Vater und Mutter wechseln in der Rolle des Festhaltenden, und beide sollten es ertragen und miteinander durchstehen können.

Einmal kriegt Hannes am Abend „seinen Koller". Herr Römer, der solche Situationen bislang nur aus den Schilderungen einer Frau kannte, erschrickt, als er das Wüten unmittelbar miterlebt: Einen solch heftigen Gefühlssturm hatte er nicht erwartet! Am liebsten möchte er weggehen, um vor den anbrandenden Wut- und Tränen-Wogen zu fliehen. Aber dann bleibt er doch und lässt sich auf den Zorn, die Enttäuschung und den Schmerz seines Sohnes ein. Er setzt sich zu seiner Frau auf den Boden, legt erst einen Arm um sie, schließlich beide. Die Eltern unterstützen sich gegenseitig in ihrem Bemühen, Hannes Halt zu geben, und sie geben einander Halt. So viele widerstreitende Gefühle! So viel Nähe!

Herr Römer muss daran denken, wie es damals war, als Hannes geboren wurde. Da war etwas, das dieser Situation hier glich. Er kommt nicht gleich darauf, aber dann denkt er, dass heute wie damals sein Alltagserleben aufgehoben ist. Er ist heute wie damals im Kreißsaal plötzlich nicht mehr der Herr Römer, der in der Firma am Computer sitzt oder fachlich kompetent mit Kunden verhandelt. Sein Nadelstreifen-Ich, wie seine Frau es manchmal nennt, ist von ihm abgefallen und er ist „nur" noch ein Mensch. Der Mann seiner Frau. Vater seines Kindes, ihrer beider Kindes.

Herrn und Frau Römer geht es wie manch anderen Eltern: Sie erleben sich in einer solchen Situation erstmals gemeinsam als Eltern. Diese tief greifende Erfahrung vergrößert die Basis ihrer Ehe und erweitert die Tragfähigkeit ihrer Elternschaft.

Dennoch: Streicheln und liebkosen in einer Situation voller Geschrei und Sich-Wehren – das klingt unmöglich! Es scheint ein Widerspruch in sich zu sein. Was ist da los? Kann das tatsächlich stimmen?

Im Grunde ist die Situation mit Hannes sehr ähnlich der eingangs geschilderten Situation beim Arzt. Auch Hannes ist keinem vernünftigen Argument mehr zugänglich, er versucht mit aller Kraft zu entkommen. Die Mutter hält ihn weiterhin auf dem Schoß fest, voller Mitgefühl, aber energisch; sie verlässt ihn nicht in seiner Fassungslosigkeit. Hannes wird weiterhin versuchen, sich zu befreien. Sein Widerstand, seine heftige Gegenwehr und seine Erbitterung gelten der Mutter. Aber die Mutter spürt, dass Gegenwehr und Erbitterung jetzt nötig sind. Sie hält das Kind fest und gibt nicht nach, weil sie sicher ist, dass sie diese Szene durchstehen müssen. Trotz der Angst und aller Panik. Und das Beste, was eine Mutter in einer solchen Situation tun kann, ist genau dies: Das Kind streicheln, an sich drücken, liebkosen und ihm sagen, dass es völlig in Ordnung ist, wenn es sich jetzt so schrecklich aufregt und nur noch

weg will von hier, dass es auch danach weggehen kann von der Mutter, dass sie es aber jetzt festhalten und bei ihm bleiben wird, bis es ihm wieder besser geht.

Es gibt auch Tage, an denen Frau Römer über Hannes' Tumult so aufgebracht ist, dass sie nicht die Kraft hat, das Kind in den Arm zu nehmen. Dann hockt sie sich neben den brüllenden Hannes, schaut, ob Gegenstände in der Nähe stehen, an denen er sich bei seinem Strampeln verletzen könnte, und rückt sie aus dem Weg. Sie sagt: „Hannes, ich weiß, dass es dir jetzt ganz schlecht geht, aber ich kann im Moment nicht bei dir bleiben. Das tut mir nicht gut. Ich gehe jetzt aus dem Zimmer – aber ich kann dich hören, und ich passe auf, dass dir nichts passiert."

Frau Römer geht später wieder ins Kinderzimmer, wenn Hannes sich beruhigt hat und wenn sie selbst auch ruhiger geworden ist und mit ihm reden kann.

In jedem Fall hat das Kind am Ende die Erfahrung gemacht, dass seine Gefühlsstürme nichts wirklich zerstören und dass es sie ebenso überlebt, wie die Mutter sie aushalten und überleben kann. Das Festhalten in kritischen Situationen z. B. mit einem unzugänglich wütenden oder trotzenden Kind (wie der kleine Tobias, s. S. 154) ist kein verbissen-stummer Kampf „gegen den kleinen Bock". Ebenso wenig ist das Aus-dem-Zimmer-Gehen der Mutter eine Isolierung des Kindes „zur Strafe". Alle Gefühle wie Enttäuschung, Eifersucht, Kränkung, Verletztheit und Wut, dürfen und sollen von der Mutter in der Situation oder später ebenso ausgesprochen werden wie das Verlangen nach Beachtung und Sehnsucht nach Zärtlichkeit. Es geht nicht um Sieg oder Niederlage! Beide, Kind und Erwachsener, sollen am Ende „gewinnen" – nämlich eine Festigung ihrer Beziehung.

Wenn einem das Festhalten widerstrebt ...

Manchen Eltern widerstrebt das Festhalten. Ihnen macht die Gewaltanwendung zu schaffen. Es ist ja tatsächlich die körperliche Kraft des Erwachsenen, die beim Festhalten gezielt eingesetzt wird. Hinter dem Widerstreben dieser Eltern verbirgt sich zuweilen die Angst, das rechte Maß und die Kontrolle über eigene negative Gedanken, Wünsche und Impulse zu verlieren, also die Angst, selber zu einem „wütenden Willi" zu werden, wie wir ihn aus dem Bilderbuch (s. Anhang S. •••) kennen, oder dass der gefürchtete eigene „innere Willi" wieder auferstehen könnte, den sie noch aus Kindertagen kennen. Das ist in Ordnung. Festhalten kann nicht verordnet werden. Was Eltern tun, muss ihrer inneren Überzeugung entsprechen und zu ihnen passen, ein Spiegel ihrer Persönlichkeit und ihrer Einstellungen sein.

Wann Sie Hilfe suchen sollten

Manche Eltern geben den Versuch auf, dem Kind durch Festhalten Halt zu geben, weil sie sich den aufbrechenden Emotionen gegenüber hilflos fühlen. Diese Gefühle beunruhigen sie nicht nur in ihrer Heftigkeit, sondern irritieren auch wegen der damit verbundenen Vorstellungen und Phantasien. Für solche Eltern könnte es ratsam sein, sich an eine Beratungsstelle zu wenden oder therapeutische Hilfe zu suchten.

Beim alltäglichen, spontanen Festhalten können auch Gefühle hochkommen, die mit alten, längst vergessenen Geschichten, alten Verletzungen aus der Kinderzeit zu tun haben. Auch in solchen Fällen ist unter Umständen eine therapeutische Begleitung angezeigt.

Herrn und Frau Schwarz brachten mir ihren Sohn zur Therapie. Frau Schwarz hatte zu Sebastian, ihrem zweiten Kind, nur sehr schwer einen „Draht" bekommen. Sebastian war ein Wunschkind. Als Säugling war er sehr unruhig, als Kleinkind nörgelig und ausgesprochen unfroh. Als jetzt Fünfjähriger hatte er ständig Streit mit seinem älteren Bruder, den er provozierte und häufig in hässliche Prügeleien verwickelte. Im Kindergarten war er nicht beliebt.

„Er war immer so aggressiv", erklärte Frau Schwarz mir. „Ich kam nie an ihn heran. Es war furchtbar, ich war völlig hilflos!" Der Vater war ebenso ratlos gewesen. Irgendwann hatten sie nicht mehr so weitermachen wollen. Sie hatten über einige Monate an einer Festhalte-Gruppe zur Aufnahme einer Festhalte-Therapie teilgenommen und daheim regelmäßig, wenn es Probleme gab, Sebastian festgehalten.

Frau Schwarz und ihr Mann spürten, dass dieses „der Wut und Verzweiflung Halt geben" Sebastian gut zu tun schien. Auch meinten sie, nach dem anfänglichen Festhalten Erfolge zu sehen, zumindest war etwas in der Familie in Bewegung geraten („zum ersten Male hatten wir so etwas wie eine Beziehung zu Sebastian").

Sebastian wehrte sich nicht mehr dagegen, wenn die Mutter ihn untertags spontan in den Arm nahm und knuddelte. Auch verlangte er selber gelegentlich danach, auf den Schoß genommen zu werden. Das war etwas ganz Neues für die Eltern. Sie ließen sich voller Freude darauf ein, spürten aber bald, dass ihnen irgendetwas dabei zu schaffen machte. Sie konnten nur nicht sagen, was es war.

Der zuerst nur kleine Kern von Unbehagen ließ ihnen keine Ruhe. Sie hatten den Eindruck, dass mit dem Festhalten zwar etwas bewegt war, dass aber irgendetwas, vielleicht aus ihrer eigenen Lebensgeschichte, störend in die Gegenwart mit ihrem Kind hineinwirkte. So kamen sie mit dem Wunsch nach vertiefender Weiterarbeit mit ihrem Kind zur Psychotherapie.

In den Gesprächen fanden Herr und Frau Schwarz schließlich heraus, was nicht nur Sebastian belastet hatte, sondern was beinahe vergessen und unausgesprochen zwischen den Eheleuten stand: Lange vor ihrer Hochzeit, sehr lange bevor Sebastian geboren wurde, war Frau Schwarz schon einmal schwanger gewesen. Sie hatten sich damals nicht auf ein Kind einlassen können und die Schwangerschaft abgebrochen. Sie hatten allerdings nie wieder darüber gesprochen; über doch noch vorhandene Zweifel, über Schuldgefühle und Trauer. Mit Sebastians Geburt waren diese Gedanken und Gefühle wieder hochgekommen. Sebastian hatte ihnen gezeigt, was ohne die Abtreibung hätte gewesen sein können. Zumindest empfanden die Eltern das so. Und obwohl Sebastian ein Wunschkind war, war er doch nicht als Sebastian willkommen,

denn die Eltern sahen in ihm immer auch das Kind, das sie nicht hatten. Nachdem sie diese zuvor ausgeblendeten Probleme verstanden hatten, konnten sie besser miteinander ihren Alltag als Paar und als Eltern bewältigen. Für sie war das Festhalten der erste Schritt in eine neue Richtung gewesen, und er hatte sich als hilfreich erwiesen.

Viele Mütter halten ihr Kind in bestimmten stressigen Situationen von sich aus und spontan fest, wie ich es mit Simone beim Arzt getan habe, ohne vorher ein Buch zu lesen oder einen Kursus zu besuchen. Sie tun das mit natürlicher Selbstverständlichkeit, weil sie spüren, dass sie ihrem Kind damit angemessen begegnen. Diese Eltern sind „aus dem Bauch heraus" in der Lage, sich in das Kind und seine derzeitige Lage und Stimmung einzufühlen. In gewisser Hinsicht ist dieses „alltägliche" Festhalten ein Probieren, ein Sich-Herantasten an neue Möglichkeiten, mit dem Kind in einer verzweifelten Lage umzugehen.

Das Festhalten ist kein Allround-Heilmittel gegen alle Probleme von Autismus über Bockigkeit oder Konzentrationsschwierigkeiten bis hin zu Zappeligkeit oder Zornausbrüchen. Sie können es nur dann sinnvoll praktizieren, wenn Sie gelassen sind und, ganz wichtig: frei von Zorn.

Das Festhalten ist auch keine Psychotherapie, denn zur Psychotherapie gehört eine langdauernde intensive Beziehung der Eltern und des Kindes zu dem Therapeuten oder der Therapeutin.

Das Festhalten kann für Eltern eine Möglichkeit sein, mit ihrem Kind eine Krise zu meistern, nicht mehr, aber auch nicht weniger. Und es sind allein die Eltern, die entscheiden können, ob dieser Umgang mit dem Kind in der jeweils konkreten Situation ihrem Empfinden entspricht oder nicht.

Wie gut müssen gute Eltern sein?

Der Weg zur Hölle ist, nach einem alten Sprichwort, mit guten Vorsätzen gepflastert. Gute Vorsätze, der Wunsch, „ideale Eltern" oder eine „ideale Mutter" zu sein oder gar alles besser zu machen als die eigenen Eltern. Diese Vorhaben erweisen sich im Umgang mit den eigenen Kindern oft als Stolpersteine und Schlimmeres.

Frau Rösners Vertreibung aus dem Paradies

Frau Rösner hat vor ungefähr anderthalb Jahren Thomas geboren, ihr drittes Kind. Mit ihren beiden Großen hat sie die Stürme der ersten sechs, acht Lebensjahre längst gemeistert.

Auf den Nachzügler hat sie sich sehr gefreut: Noch einmal das intensive Erleben der Schwangerschaft spüren dürfen, das Heranwachsen-Fühlen eines Kindes; noch einmal und viel bewusster das wichtige erste Jahr, die Entwicklung eines kleinen Menschen begleiten dürfen. Sie war voller Vorfreude auf das erste Lächeln, auf das unbeholfene Patschen der winzigen Händchen, auf die zärtliche Einheit von Mutter und Kind.

Inzwischen steht Thomas auf strammen Beinchen, läuft frei und bekundet energisch seinen Willen. Regelmäßig schreibt Frau Rösner einer Freundin, wie es ihr und Thomas geht, wie er sich entwickelt und wie sich allmählich die Familie verändert und einspielt. An diesem Tag schreibt sie an ihre Freundin:

Ich habe nicht recht gemerkt, wann es angefangen hat, und was es eigentlich ist: Etwas ist anders als früher. Erst war alles so, wie ich es mir erträumt hatte und wie es mit den beiden Großen wohl auch einmal gewesen sein muss. Und jetzt – ?

Es war so schön mit dem Baby Thomas: Ich spürte, was er brauchte und wie es ihm ging. Wir verstanden uns ohne Worte. Es stand nichts zwischen uns. Und jetzt? Thomas ist ganz anders. Er ist noch so klein, und trotzdem: Wir kriegen Krach miteinander. Das kommt mir absurd vor, und doch ist es so: Wir kriegen Krach!

Dass ich mit den Großen Krach kriege – nun ja, das verstehe ich. Das ist nicht schön, und ich schäme mich auch manchmal deswegen, doch das kann ich hinnehmen. Aber mit Thomas – ?! Warum kann es nicht so harmonisch bleiben, wie es angefangen hat? Ich möchte es ganz anders haben, möchte keinen Krach. Was habe ich bloß falsch gemacht?

Vielleicht kennen die meisten Eltern das leise oder lautere Rumoren dieser kleinen aber äußerst wirkungsvollen inneren Stimme, die sich von einem bestimmten Alter unserer Kinder an vernehmen lässt.

Frau Rösner hatte die besten Absichten. Sie hat alle Liebe, der sie fähig war, auf dieses Kind gerichtet. Sie träumte von einer guten und vertrauensvollen Beziehung zu ihrem Baby. Sie war guten Willens, alles richtig zu machen, geduldig zu sein und niemals ärgerlich (und schon gar nicht wütend!). Sie wollte keine Missbilligung und keinen Streit aufkommen lassen. Sie wollte ihrem Kind eine rundum schöne, glückliche Kindheit bereiten. Sie brachte schließlich sehr bewusst ihre Erfahrung als gewesenes Kind mit ein und wollte zwar nicht alles, jedoch das meiste besser (aufgeklärter, vernünftiger, schöner ...) machen als ihre Eltern. Sie hatte Bücher gelesen. Sie kannte die Bedürfnisse eines Babys. Sie hatte so lange wie möglich gestillt. Sie wusste, wie wichtig Hautkontakt ist und hatte das Baby lange Zeit im Tragetuch an ihrem Körper getragen. Und doch kam unaufhaltsam der Tag, an dem sie glaubte: Liebe allein reicht nicht. Das so gewünschte und geliebte Kind ärgert sie. Es wird wütend auf sie. Es wird aggressiv gegen sie. Es mag sie nicht mehr – und sagt das sogar!

Frau Rösner fühlt sich aus dem Paradies vertrieben und mit Nachdruck in einen Meckerhexenalltag gesteckt, die dritte Auflage. Aber wo ist der Sündenfall? Gibt es überhaupt einen?

Von Meckerhexen und Giftzwergen, Müttern und Lebensaeronauten

Frau Rösner hat im Überschwang zärtlichen Glücks mit ihrem dritten Kind übersehen, dass das Flüggewerden eines Kindes sich nicht erst mit dem Auszug aus dem „Hotel Mama" ereignet, sondern dass es bereits lange Zeit vorher begonnen hat. Das Kind spannt seine Flügelchen sehr früh und probt die Loslösung: Wenn es als Säugling die paar Minuten bis zur endgültigen Fütterung mit Hilfe der mütterlichen Trost-Stimme überbrückt (s. Kap. „Frust" S. 82), so ist das bereits ein Stück gewonnener Unabhängigkeit! Und wenn das Kind seinen Willen entdeckt und durchzusetzen versucht, so ist auch das ein Probeflattern. Wenn Frau Rösner sich in eine Meckerhexe verwandelt fühlt, dann ist auch das ein Zeichen dafür, dass ihr Thomas, der kleine Lebensaeronaut, das Fliegen übt und zur Probe startet.

Zum Losfliegen muss das Kind den sicheren Boden verlassen. Und das macht nicht nur Freude, es ist nicht nur toll, es ist nicht nur: „Toll, was ich alles kann! Ich werd's der Mama zeigen, wie super ich bin!" Nein, es macht auch Angst: Angst, die Mutter zu verlassen, Angst, die Wonnen der Kindheit zu verlieren, Angst, die tröstliche Sicherheit in Mutters Armen zu verlieren.

Wie kann denn das Kind den Konflikt zwischen Aufbruch und Dableiben leichter bewerkstelligen? Ganz einfach: Wenn die liebste, beste Mama eine Hexe ist, eine missgünstige, fiese Meckerhexe oder etwas in der Art, dann, ja dann kann der Held der Geschichte leichter das Weite suchen.

Und die Mutter? Für Mütter ist es auch nicht immer einfach, den kleinen Aeronauten ziehen zu lassen. Mütter plagen sich mit Sorgen und Ängsten, was alles passieren könnte, wenn sie nicht Acht geben ... Und überhaupt ist das Kind noch zu klein, zu jung, zu unerfahren, leichtsinnig, unvernünftig ... Wenn sie, wenigstens manchmal, denkt: „Du kleiner Giftzwerg ...!" – und sie hat immer wieder einmal Anlass, dies oder Ähnliches zu denken – dann fällt es ihr leichter, das Kind in sein eigenes Leben starten zu lassen.

Eine schlechte Mutter ?

Frau Rösner wird erst hilflos, dann wütend. Sie fühlt sich angegriffen von diesem kleinen Wesen. Ist sie etwa eine schlechte Mutter? Ist sie gar ... unfähig?

Nein, Frau Rösner ist nicht unfähig, und sie ist keine schlechte Mutter. Aber: Sie hat ihr Elterndasein begonnen mit dem Vorsatz, die perfekte Eltern-Kind-Beziehung zu leben. Ihre Vorstellung war ein harmonisches, immer friedliches Idealbild. Wer sich an einem Idealbild misst, ist zum Scheitern verurteilt!

Frau Rösner hat sich an einer Vision orientiert, die es in der Wirklichkeit eines normalen Alltags nicht gibt und auch nicht geben kann. Denn man kann keinen Alltag in rosiger Harmonie aufrecht erhalten und gleichzeitig erziehen, Grenzen setzen, Nein sagen usw..

Das Idealbild droht, zu einer Fessel zu werden, die alle Handlungsfähigkeit der Eltern lahm legt. Das Maß einer nur-guten Mutter ist auch im Hinterkopf von Frau Helwig in der folgenden Geschichte aktiv:

Eine Mutter brüllt: „Verdammt nochmal! Ruhe!"

Abgespannt kommt Frau Helwig vom Einkaufen aus der Stadt zurück. Die Füße brennen, der Kopf brummt. Am liebsten würde sie sich eine halbe Stunde hinlegen, aber da kommen schon Lissy, sieben, und die fünfjährige Ria. Die beiden Schwestern fallen lautstark und hungrig in die Küche ein: „Mama, wann gibt's Essen?" – „Was gibt's denn?" – „Oooh, wieso ist denn gar nichts fertig? Ich hab so'n Hunger!" – „Kann ich ein Brot haben?" – „Krieg ich ne Banane?"

Die Mutter muss ihre Einkäufe verstauen, bevor sie an die Zubereitung des Essens denken kann. „Manno", jammert Ria, „das ist gemein. Ich hab so'n Hunger!" Und sie klammert sich an die Mutter. „Gib mir doch schon mal ..." – „Nie kriege ich ..."

Die meisten Mütter kennen solche Nervereien. Frau Helwig hatte schon vor ihrer Einkaufstour einen Kartoffelsalat vorbereitet, den muss sie jetzt nur noch abschmecken und die Würstchen erhitzen, aber vorher muss alles Eingekaufte in den Kühlschrank und in die Speisekammer. „Hört mal, ich weiß, dass es spät ist, und ich habe auch Hunger. Aber ich brauche ein paar Minuten, um das Zeug hier wegzuräumen. Dann will ich in Ruhe abschmecken, damit nicht am Ende alles versalzen ist vor Eile. Und am liebsten möchte ich dazu ein paar Minuten ganz allein sein."

Die Mädchen maulen so etwas wie eine Zustimmung, doch dann geht schon wieder das Nörgeln los und ein Gestichel: „Ich krieg aber zuerst, weil ich größer bin" – „Nee, ich, weil mein Hunger viel riesiger ist als deiner." – „Quatsch mit Soße. Mein Bauch ist größer, deswegen passt da auch ein größerer Hunger rein." – „Mama, stimmt das? Die sagt, ihr Bauch ist größer und deswegen ..."

Vor lauter Gequengel und Gejammere um sie herum wird Frau Helwig kribbelig. Das Probieren will nicht recht klappen, weil sie mit einem Löffel Kartoffelsalat im Mund noch im Kühlschrank das Gemüsefach einräumt, und da riecht es nach Lauch. Sie kann in dieser Unruhe nicht recht schmecken, ob noch eine Spur Salz fehlt oder ob ein Tropfen Essig besser wäre, außerdem passen die Milchtüten nicht mehr in die Kühlschranktür, weil jemand den Apfelsaft dorthin gestellt hat, und zu allem Überfluss brodelt jetzt das Wasser mit den Würstchen, und bevor sie noch den Topf von der Herdplatte ziehen kann, sind sie aufgeplatzt ...

Frau Helwig ist sauer. „Wie soll ich mich auf etwas konzentrieren, wenn ich keine Ruhe dazu habe?", ruft sie. „Ich werde ganz konfus, wenn um mich herum so eine Unruhe und ein Gelärme ist. Ich möchte auch essen, aber erst möchte ich in Ruhe das Essen fertig machen, sonst schmeckt es nachher nicht, verdammt nochmal! – In Ruhe!"

*Lissy und Ria halten betreten inne. Die Lautstärke war deutlich! Die beiden verkrü-
meln sich ins Kinderzimmer. Schließlich ist das Essen fertig, und Frau Helwig ruft die
Mädchen zu Tisch. „Na endlich", sagt Ria, aber das sagt sie lieber leise. Und Lissy
meint vorwitzig: „Du warst aber laut eben! Dabei wolltest du doch Ruhe haben!" –
„Stimmt", sagt die Mutter. „Manchmal muss man laut werden, damit man gehört
wird. Und ich musste außerdem noch laut werden, weil ich eine Wut hatte. Und die
musste ich euch doch irgendwie zeigen. Oder dürfen Mamas das nicht?"
Die Kinder überlegen eine Weile. „Naja", sagt Lissy, „Eltern müssen ja vielleicht auch
mal sagen dürfen, was sie meinen ..."*

Eltern dürfen wütend sein!

Eltern haben das Recht, unmissverständlich ihren Ärger oder ihre Wut zum Ausdruck
zu bringen. Daran ist nichts Schlimmes! Wenn wir unseren Kindern zugestehen, dass
sie ihre Gefühle äußern und uns mitteilen, dann können wir Eltern uns nicht märty-
rerhaftes Verdrücken unangenehmer Gefühle abnötigen. Wir dürfen unmissverständlich ausdrücken, wenn wir der Meinung sind, dass unsere Kinder sich unzweckmäßig
oder rücksichtslos uns gegenüber verhalten. Im Anhang 1, bei der Besprechung des
Buches „Wo die wilden Kerle wohnen" finden Sie im Abschnitt „Wie Sie mit dem
Buch umgehen können" eine Szene zwischen Jule und ihrer Mutter, die die Tochter
im Ärger in ihr Zimmer geschickt hatte, und wie die beiden miteinander ins Gespräch
über ihrer beider Erleben und ihre Reaktionen kommen (S. 199).
Ja, Eltern dürfen nicht nur wütend werden und ihren Ärger zeigen, sie „müssen" es
auch, damit die Kinder sie nicht entweder für unerschütterliche Halbgötter oder für
unaufrichtig halten. Denn Kinder spüren, ob die Gelassenheit und Geduld echt sind
oder ob es sich um mühsam aufrecht erhaltene Fassaden handelt, hinter denen die wahren Gefühle im Verborgenen brodeln.
Was empfindet ein Kind wie Ria, wenn seine Mutter Gelassenheit und Geduld mimt,
während unter der Oberfläche der Sturm tobt? Ist ein solches So-Tun-als-ob die Regel,
bekommt es den Eindruck, dass Ärger, Zorn und Wut so gefährlich sind, dass auch die
Erwachsenen sie nicht zeigen dürfen, ja, dass die Gefühle vielleicht „böse" sind.
„Schlecht und unmoralisch" würde ein Erwachsener das vielleicht nennen. Eine
schlimme Folge kann auch sein, dass das Vertrauen des Kindes Schaden nimmt:
„Mama sieht so aus, als sei alles in Ordnung, aber wirklich glauben kann ich das nicht.
Ich kann mich nicht darauf verlassen, dass Mama so ist, wie sie scheint ..."
Außerdem: Wie sollten Kinder wie Lissy und Ria lernen, mit ärgerlichen Gefühlen
umzugehen, wenn sie bei der Mutter nur erleben, dass solche Gefühle „verdrückt"
werden? Dass also negative Gefühle „tabu" sind: nicht gezeigt und schon gar nicht
benannt werden dürfen?
Unsere Kinder können das ABC der Gefühle nur buchstabieren lernen, wenn wir
Erwachsenen bereit sind, unsere Gefühle und die unserer Kinder zu benennen. Kinder

müssen erfahren, wie das, was sie tun, auf andere, beispielsweise auf die Eltern, wirkt. Kinder brauchen Rückmeldungen: „Was du gerade getan hast, ist mir unangenehm", „Das ärgert mich ..." oder positiv: „Das freut mich jetzt aber!" „Das macht mir richtig Spaß ..." Ohne dies Feedback könnten sie nicht wirklich soziales Verhalten lernen, sich auf andere Menschen einstellen oder sinnvoll mit anderen umgehen.

Wie sag ich's meinem Kinde?

Viel hängt beim Äußern von Unmut von der Art und Weise ab, wie die Mutter sich ausdrückt. Der große Unterschied zwischen „Ich-Botschaften" und „Du-Botschaften" spielt dabei eine entscheidende Rolle.

„Ich kann mich nicht ausruhen, wenn nebenan Zank und Prügelei ist" klingt ganz anders als „Ihr tobt da herum wie die Wilden, wie soll ich denn dabei ausruhen?" – „Ich glaube, auf diese Weise bringe ich das Abendessen nicht auf die Reihe. Ein bisschen Rücksicht brauche ich schon!", hat eine andere Wirkung als „Ihr sollt mir nicht immer die Küche durcheinander bringen! Da kann ja kein Mensch mehr was schaffen, wenn ihr derartig rücksichtslos seid."

„Ich kann mich nicht konzentrieren, wenn ihr direkt neben mir Monopoly spielt."

„Mich macht das ganz kribbelig, wenn das Radio läuft, während ich an Oma schreibe – könntet ihr das bitte bei euch im Zimmer anhören?" „Ich bin sauer, wenn ich den Sessel erst freiräumen muss, bevor ich mich draufsetzen kann ..."

„Ich brauche meinen Feierabend, und dazu gehört, dass ich mich nach dem Geschäft eine halbe Stunde einfach nur hinlege und für niemand zu sprechen bin ... Sonst werd ich ganz stinkig."

Es gibt Ärger-, Stress- und Wut-Situationen, die nicht so einfach zu bewältigen sind, weil auch Eltern einen sehr schlechten Tag haben können, weil auch Väter einmal an die Grenzen ihrer Belastbarkeit stoßen und weil auch Müttern der Hut hochgehen und die Galle überlaufen kann.

Der Anlass mag nichtig sein, ein Quäntchen zu viel, und gleich geht die Bombe hoch! Kann sein, dass einer in solch einem Moment etwas sagt, das er hinterher bereut, aber eben nicht mehr zurücknehmen kann („Welcher Teufel hat mich geritten, dass ich mir Kinder angeschafft habe!"). Kann sein, dass dabei etwas zu Bruch geht, dass etwas buchstäblich „zerkracht" vor lauter Unbeherrschtheit.

Frau Mommsen gegen Dreikäsehoch

Frau Mommsen ist in letzter Zeit sehr unter Druck: Das Baby zahnt und weint viel, vor allem nachts. Ihr Mann hat eine neue Stelle und ist beruflich häufig unterwegs; er kann ihr nur selten nachts etwas abnehmen – sie möchte das auch eigentlich gar nicht, denn schließlich hat sie bewusst den häuslichen Teil der Familienarbeit übernommen, und sie mag ihren Mann nicht belasten, der ja schließlich tagsüber im Job seinen Mann stehen muss.

Die letzten Nächte waren häufig unterbrochen. Sie musste aufstehen, dem Baby die wunden Stellen auf dem Kiefer einschmieren, ihm Tee geben und es immer wieder umhertragen, damit es sich beruhigte. Als sie heute Morgen aufstand, war sie ganz zerschlagen, der Nacken verspannt, der Kopf dumpf und ein heftiges Pochen in den Schläfen. Sie kämpft einen leichten Brechreiz nieder, nimmt ein paar Tabletten, schaut nach dem Baby, das jetzt endlich beneidenswert tief schläft, dann meldet sich der zweijährige Oliver.

Mühsam schleppt Frau Mommsen sich durch den Vormittag. Mittagessen machen ... Essen – ihr ist gar nicht danach. Aber sie muss was in den Magen kriegen. Sie weiß nicht, was sie mögen könnte heute. Irgendwas Schnelles. Hoffentlich ist der Tag bald um ... Sie holt eine Dose Ravioli aus der Speisekammer und kippt den Inhalt in einen Topf.

„Spaghetti!", ruft Oliver. „Nein, Schatz – Ravioli." – „Mag nich. Will Spaghetti." – Warum muss der kleine Quälgeist ausgerechnet heute Sonderwünsche anmelden! Als ob es ihr nicht schon schlecht genug ginge! „Gibt's heute nicht, Schatz. Morgen vielleicht." Dass sie nach diesen Nächten noch Geduld hat! – „Krieg ich Gummibärchen?" – „Nach dem Essen kannst du Gummibärchen haben." – „Will jetzt!" – „Vor dem Essen gibt's keine Gummibärchen. Erst nachher." – „Will Gummibärchen!!"

Frau Mommsen seufzt. Ihr ist übel, sie ist müde, der Kopf fühlt sich an, als wolle er explodieren. Sie will keine Diskussion, kein quengelndes Kind, sie will die altvertraute Ordnung abspulen: Erst Essen, dann Gummibärchen. Gummibärchen gibt's nicht vor dem Essen, und wenn sie nur Gummibärchen denkt, steigt eine säuerliche Übelkeit in ihr hoch. Und überhaupt, sie kann sich doch nicht von dem Dreikäsehoch unterkriegen lassen. Stark bleiben. Nicht unterkriegen lassen. Kopf hoch. Au, der Kopf ... müde ... nicht nachgeben ... nicht unterkriegen lassen ... doch nicht von dem Kleinen!

Oliver zieht eine beleidigte Schnute und schleicht an die Schranktür, hinter der die Mutter Süßigkeiten aufbewahrt. Der kleine Satansbraten! „Nein, Oliver. Nach dem Essen ..." Die Mutter wird hörbar ungeduldig. – „Will aber jetzt!", ruft er empört und stampft auf. Da wird das Baby wach und weint. Frau Mommsen geht ins Kinderzimmer, nimmt das Baby auf den Arm, trägt es in die Küche. Oliver hat derweil versucht, den Schlüssel vom Vorratsschrank herumzudrehen, hat ihn dabei jedoch abgezogen. Heulend steht er da: „Will Gummibärchen!"

„Ja sag mal – willst du mich beklauen, oder was?" Sie ist aufgebracht, kriegt aber noch einmal die Kurve: „Nein, Oliver. Erst essen." Sie füllt eine kleine Portion in seine Lieblingsschale und legt ihm einen Löffel hin, stellt sich auch eine Portion Ravioli auf den Tisch und wünscht „guten Appetit". Sie hat das Baby neben sich in seiner Wippe, bietet ihm das Teefläschchen an und nippt nebenbei ein paar Bissen. „Will auch einen Schoppen!" – „Oliver, du kannst den Tee doch schon aus deinem Becher trinken ..." – Oliver ist sauer. Immer darf das Baby alles ... und er darf nichts ... „Gummibärchen ...!" Oliver stößt seine Schale von sich weg. „Och nee, Oliver. Das ärgert mich – ehrlich! Du kriegst nachher Gummibärchen, aber jetzt ..." – Oliver heult auf. Das Baby

schrickt zusammen und beginnt auch zu weinen. „Och Oli, nee ... jetzt heult das Baby auch noch ... Mensch, ich hab doch so Kopfschmerzen ... Ihr macht mich noch beide verrückt heute! Kannst du denn nicht mal einfach ohne Theater was essen und nachher ..." Sie nimmt Olivers Löffel und schiebt ungeduldig einen Happen Ravioli in seinen sabbernden Heulemund. „Jetzt iss doch endlich was, verdammt nochmal." Oliver schreit schrill auf: „Aua!"

Der Schrei schneidet Frau Mommsen durch den Schädel. Das Baby brüllt vor Schreck laut los.

Sie fährt Oliver an: „Bist du verrückt geworden – schrei doch nicht so!"

Dabei wird sie selber laut. Sie merkt es und kriegt es trotzdem nicht leiser raus.

„Gummibärchen ...!" Das ist ein Schreien mit verzweifelt-wütendem Unterton. Tränen kullern über Olivers Wangen. „Iss jetzt! Herrgottnochmal ..." Das Affentheater müsste doch nun wirklich nicht sein. Er braucht ja nicht einmal viel zu essen, ein bisschen reicht ja. Schließlich hat sie extra für ihn was gemacht. Sie kann sich doch nicht zum Deppen machen lassen! Unsanft schiebt sie noch einen Löffel Ravioli in Olivers Mund. „Mein Kopf ... Wenn es doch still sein könnte jetzt", denkt sie. „Ich möchte Ruhe ... nur Ruhe ..." Warum schafft sie es nicht, diese eine kleine Mahlzeit ruhig zu überstehen? Warum zerren alle an ihr? Warum kriegt sie hier keine Ruhe rein ...?

Warum nimmt denn das kein Ende?

Oliver brüllt. Die Tränen vermischen sich mit Rotz und aus seinem Heulemund rutscht Raviolimatsch. „Oli, du Ferkel ... Mensch, pass doch auf ... pfui Deibel!" Oliver erschrickt über die Lautstärke der Mutter, er erschrickt über ihr fremdes, zorniges Gesicht, und Frau Mommsen selbst hat das Gefühl, dies alles von weitem zu erleben, es gar nicht mehr steuern zu können.

Sie hat einen Lappen genommen und mit einer sehr groben Bewegung über Olivers Gesicht gewischt. Oliver ist außer sich. Er schreit, das Baby brüllt und jeder Ton gellt durch Frau Mommsens Kopf.

Sie reißt die Hände hoch und hält ihre Schläfen. Die heftige Bewegung erschreckt Oliver, der sich ängstlich duckt und „Gummibärchen!!", brüllt – aber das ist nun keine Forderung mehr, kein Essenswunsch, sondern ein kläglicher Schreckens- und Hilfeschrei, den die Mutter nur gar nicht mehr verstehen kann.

Frau Mommsen fährt vom Stuhl hoch und packt Oliver bei den Schultern. „Mein Gott, das muss aufhören", denkt sie. „Hör auf!", schreit sie in Olivers verängstigtes Gesicht. „Hör auf! Hör auf! Hör – jetzt – end – lich – auf!" Sie schüttelt Oliver, sie will ihn zur Vernunft bringen, wie jemand vielleicht voller Wut einen Automaten schüttelt oder haut oder tritt, weil er nicht tut, was er soll.

„Mamaa ..." schreit Oliver kläglich. „Mama ..." Ihn schüttelt ein wildes Schluchzen, und er sackt verzweifelt auf seinem Stühlchen zusammen.

Frau Mommsen schreckt auf. Was um Himmels Willen hat sie da getan? Sie ist mit einem Mal ernüchtert. Und erschrocken. Ihr ist kalt. Sie schlägt die Hände vor's Gesicht und weint. Sie schämt sich entsetzlich. Wie konnte sie nur dermaßen die Beherrschung verlieren?

Warum manchmal die Sicherungen durchbrennen

Diese Geschichte handelt vom alltäglichen Wahnsinn. Er ist alltäglich, weil er sich überall, von Außenstehenden unbemerkt, immer wieder ereignet. Nach außen sieht alles geordnet und harmonisch aus: Eine nicht berufstätige Mutter, die daheim ihre beiden Kinder versorgt. Und doch läuft alles auf eine Eskalation zu.

Frau Mommsen steht tatsächlich unter großem Druck mit dem zahnenden Baby, ihrer Müdigkeit und Überforderung, die in einer Migräne gipfeln – und dann schreit noch ein Dreikäsehoch unerbittlich nach Gummibärchen. Vielleicht besteht Oliver auf seinen Gummibärchen, weil sein Wunsch nach Spaghetti nicht erfüllt wird. Dabei möchte er auch etwas extra, wie das Baby, das immer eine Extra-Portion Nähe bekommt, seine eigene Flasche, eine „Extra-Wurst". Untergründig ist sicher Eifersucht im Spiel. Doch Olivers Geheule hat auch damit zu tun, dass er die Überlastung seiner Mutter spürt. Er nimmt die Mutter mit ihren Kopfschmerzen und der Übelkeit wahr, als sei sie „fort", und sie ist ja auch tatsächlich innerlich abwesend. Und nun verlangt er nach einer süßen Tröstung: Gummibärchen! Und zwar jetzt!!

Schließlich heult er, weil die Mutter seinen tiefen Kummer nicht erspürt, weil sie ihn nicht tröstend in den Arm nimmt und weil er nicht einmal Trost-Ersatz-Süßigkeiten bekommt. Die Mutter ist erschöpft, sie möchte nur eines: Ihren endlos langen Kopfweh-Tag ordentlich hinter sich bringen, und ordentlich heißt, dass mittags eine warme Mahlzeit auf den Tisch kommt.

Olivers Essen-Verweigern bedeutet für die Mutter eine Zurückweisung, als würde er ihr mit dem Nicht-Wollen sagen: „Was du mir da bietest, ist Mist!" Das ist eine schwere Kränkung für die angeschlagene Mutter! Diese sprachliche Anleihe aus dem Boxring verdeutlicht, dass es in dieser Geschichte um Kampf geht.

Es ist ein Kampf ums seelische Überleben:

Oliver kämpft um die Zuwendung seiner Mutter.

Frau Mommsen kämpft um Haltung, um's Durchhalten-Können und um ihre Selbstachtung als Mutter. Sie kämpft einsam und verbissen: Sie muss den Tag überstehen, die Kinder versorgen. Im Augenblick scheint sie nicht einmal daran denken zu können, ob sie nicht irgendjemanden weiß, der sie entlasten könnte. Vor Überforderung kann sie nicht einmal daran denken.

Olivers Geheule droht, das „innere Gerüst" dieses Tages durcheinander zu bringen, die Struktur des Tagesablaufs, die Frau Mommsen irgendwann einmal gewählt hat, die Abfolge von Haushaltsarbeiten, Zeit für die Kinder, Mahlzeiten usw.. An schlimmen Tagen wie diesem ist die Tages-Ordnung wie ein Geländer, an dem die Mutter sich ohne nachzudenken entlang hangeln kann. Wenn es ihr nicht gelingt, einen Punkt nach dem anderen „abzuhaken", ist, das fürchtet sie, ihre eigene Struktur beim Teufel, und deswegen reagiert sie „stur": Jetzt ist Essen angesagt! Olivers Weigerung verletzt sie, auch wenn sie sich dessen gar nicht bewusst wird. In ihrer Übermüdung will sie nur eines: Die Störung im Ablauf überwinden. Deswegen versucht sie, Oliver einen Happen aufzwingen.

Olivers Aua-Schrei wiederholt die Kränkung: „Dein Essen ist Mist!" Und mehr noch: Indem er Aua! schreit, schreit er einen Schmerz hinaus. Dieser Schrei bedeutet für Frau Mommsen nicht nur, dass ihr Essen erneut zurückgewiesen wird, er bedeutet außerdem: „Du, Mama, hast mir wehgetan!" Das Aua! ist ein herausgebrüllter Vorwurf: „Was machst du bloß mit mir! Du bist eine Rabenmutter!"

Frau Mommsen ringt an diesem Migräne-Tag eh schon um ihre Haltung. Sie ringt aber außerdem um ihr Selbstbild als Mutter, und diesem Bild zufolge „muss" sie tapfer „alles" schaffen. Das ist ein Anspruch an sich selbst, den Frau Mommsen mit vielen Müttern teilt. Denn er führt allzu leicht dazu, sich selbst zu überfordern und am Ende doch niemals den eigenen überzogenen Ansprüchen genügen zu können. Leider gelingt es nur wenigen Müttern, fünf gerade sein zu lassen, den Perfektionismus zu verabschieden und aus Selbst-Fürsorge eine entlastende Portion Wurstigkeit zuzulassen. Dieser gesunde Egoismus ist unglücklicherweise in vielen Familien ein kränkliches Pflänzchen.

Frau Mommsen „muss" nach einem inneren Zwang jede „Störung" auf dem Weg zur Tagesordnung beseitigen, deswegen „stopft" sie Oliver den Mund. Und indem er Aua! brüllt, schreit er seine Anklage offen hinaus. Sie erlebt sein Weinen nicht als Hilfs-Appell, sondern, kaum bewusst, als einen zusätzlichen Anspruch („kümmer dich um mich!" „mach meinen Kummer weg!"), und das steigert ihren inneren Druck noch mehr. Außerdem erlebt sie das Weinen als Anklage („schlechte Mutter"). Und weil er es laut herausbrüllt, ist es für sie, als stelle Oliver sie „öffentlich an den Pranger". Das weckt riesige Schuldgefühle; denn natürlich möchte Frau Mommsen eine liebevolle, gute Mutter sein!

Sie fühlt sich ohnehin schon ziemlich minderwertig, denn sie hat, wie viele Mütter, den Anspruch, alles toll machen zu müssen, dazu noch „locker vom Hocker" und strahlend wie die Muster-Mütter aus der Werbung. Wenn ihr zahnendes Baby nachts schreit, ist das für sie auch schon beinahe etwas wie der Vorwurf „was bist du für eine miese Mutter, dass du deinem Baby nicht die Schmerzen wegmachen kannst!" Als müsste eine Mutter das Leben ihres Kindes frust- und schmerzfrei halten! Das kann zum Glück niemand, denn wie sollte ein Mensch sonst lernen, mit den Nackenschlägen des Lebens zurande zu kommen. Nur: Übermüdung, Kopfschmerzen und ein angeschlagenes Selbstbild machen dünnhäutig und damit leider noch empfänglicher für unsinnige Schuldgefühle. Dies alles: Überhöhte Ansprüche an sich selbst, Schlafmangel, Kopfschmerzen und missdeutetes Erleben der Vorkommnisse gipfelt schließlich in dem gewaltsamen „Zurechtrücken-Wollen".

Es gibt keine „Tröst-Automatik"

Sie fragen sich vielleicht, ob eine Mutter, wenn ihr Kind weint, nicht *automatisch* liebevoll reagiert und tröstet. Leider gibt es diese Tröst-Automatik nicht, jedenfalls ist sie nicht so einfach „aufzurufen" wie ein Computerprogramm. Das liegt daran, dass in jeder Situation sehr viele Gefühle beteiligt sind und „mitmischen": Alte, aus der eigenen Vergangenheit, neuere, die mit der eigenen aktuellen Verfassung zu tun haben, also damit, ob einer gesund oder krank, entspannt oder gestresst ist. All die Gefühle, die in dieser konkreten Situation hier und jetzt auftauchen, beeinflussen stark, wie jemand die Dinge interpretiert, die ihm gerade zustoßen.

Forscher haben herausgefunden, dass Mütter von Babys in der Regel sofort auf das Weinen reagieren, ihre Müdigkeit weit gehend abschütteln können und sich dem Kind zuwenden; ja, sogar die Milchproduktion kann durch das Babyweinen angeregt werden. Insofern gibt es also tatsächlich etwas wie eine „Automatik", ein „Programm", das durch das Weinen abgerufen wird.

Wenn das Kind größer wird, selbständiger, nicht mehr in dem Maße abhängig vom Körper der Mutter wie ein Säugling, der gestillt wird, spielen andere Gefühle eine zunehmend größere Rolle: Wie geht es der Mutter? wie deutet sie das Weinen? was bedeutet es für sie? Und wenn eine Mutter, wie Frau Mommsen, das Weinen als Anklage erlebt, als Vorwurf, als Hinweis auf vermeintliches Versagen, dann kann sehr leicht das Maß des Noch-Erträglichen übervoll sein und überlaufen.

Wie Malenas Weinen den Zorn der Mutter steigert

Die vierjährige Malena hat unbedingt der Mutter beim Backen helfen wollen, aber die Mutter ist so sehr in Eile, dass sie diesmal lieber alles allein machen will. Deswegen schickt sie Malena ins Kinderzimmer. Zu allem Überfluss ist der Vanillezucker aus, und so muss die Mutter rasch zu ihrer Nachbarin gehen, um sich welchen zu borgen. Die kurze Zeit nutzt Malena, um der Mutter zu „helfen": Sie will schon einmal die aufgeschlagenen Eier und den fertig abgewogenen Zucker schaumig rühren, wie sie das schon oft gesehen hat. Dabei rutscht ihr dann die Schüssel aus dem Arm. Als die Mutter zurück kommt, finder sie ihre kleine Tochter auf dem Küchenfußboden, wo sie versucht, mit den Händen die süße Schlempe wieder in die Schüssel zu packen. Die Mutter ist stocksauer über die Kleckerei und die fällige Mehrarbeit. Sie fährt Malena an, dass sie ja wohl des Teufels sei und dass sie an den Tisch angebunden gehört, verdammt nochmal, wenn sie ihre Finger nicht von Mutters Sachen lassen kann! Malena schluchzt verzweifelt, dass sie doch nur hatte helfen wollen, aber das bringt die Mutter nur noch mehr auf. „Hör bloß auf zu plärren! Helfen! Du hast doch die Sauerei selber fabriziert, und jetzt soll ich sie auch noch aufwischen! Kann man dich denn keine zwei Minuten aus den Augen lassen!?" Sie bugsiert Malena ins Kinderzimmer und knallt die Tür zu. „Raus hier! Da kannst du bleiben bis du schwarz wirst!"

Auch hier steigert das Weinen des Kindes den Zorn der Mutter. Natürlich ist sie sauer über die „Sauerei", denn das, was da zuckrig auf dem Boden glitscht, ist ja auch wirklich alles andere als hübsch oder gar hilfreich, und sie ist sauer über die fällige Mehrarbeit. In diesem Aufruhr zorniger Gefühle ist überhaupt kein Platz für die Wahrnehmung „Malena wollte etwas Freundliches tun", und es ist auch kein Platz für die Wahrnehmung „Malena ist enttäuscht, weil ihr guter Wille schief gegangen ist" und „Malena braucht jetzt Trost". Das liegt daran, dass diese einzelnen Wahrneh-

mungen völlig unterschiedliche Gefühle hervorrufen, die sich so rasch nicht miteinander vereinbaren lassen.

Um ähnliche Schwierigkeiten geht es bei der Ambivalenz-Spannung (S. 145), die auszuhalten auch einem Erwachsenen manchmal schwer fällt.

Erst nachdem die Mutter ihr Gefühls-Chaos ein wenig sortiert und geordnet hat, kann sie zu Malena ins Zimmer gehen und ihr sagen: „Ich war vorhin furchtbar wütend über die Schweinerei auf dem Boden. Da konnte ich gar nicht sehen, dass du mir einen Gefallen tun wolltest. Und bedanken konnte ich mich vor lauter Wut auch nicht. Dabei hast du das ja nicht mit Absicht gemacht. Das war ein ganz fieser Kuddelmuddel in mir drin. Und vor lauter Kuddelmuddel hab ich dann was gesagt, was ich gar nicht so meine: Ich will doch nicht wirklich, dass du schwarz wirst!"

Frau Mommsen *und* Dreikäsehoch

In einem Moment der Besinnung die Gefühle zu ordnen, genau das schafft Frau Mommsen nicht. Ihr schlägt die Situation über dem Kopf zusammen, und erst kurz vor einem nicht wieder gut zu machenden Ausbruch kann sie gerade noch einhalten. Danach ist sie erschüttert.

Sie spürt voll Angst, wie schmal der Grat sein kann zwischen Liebe und Hass und Destruktion. Der Begriff „Mord im Affekt" liegt nahe, aber sie blockt entsetzt einen solch drastischen Gedanken ab.

Zuerst mag sie mit niemandem über das Geschehen sprechen. Zufällig erfährt sie, dass eine Mutter aus der Nachbarschaft bei einer Beratungsstelle war. Ihr Kind hatte allerlei Ängste und hat gestottert.

Frau Mommsen will das gar nicht so genau wissen, sie hat selbst genug um die Ohren und will sich damit nicht auch noch belasten. Aber so viel prägt sich ihr doch ein: Der Mutter ist geholfen worden.

Die Beraterin sei sehr behutsam mit ihr umgegangen, hat die Frau ihr erzählt, sie habe ihr gar keine Vorwürfe gemacht, das habe sie sehr erleichtert.

Schließlich fasst Frau Mommsen sich ein Herz und vereinbart ebenfalls einen Termin bei der Beratungsstelle. Sie geht mit beiden Kindern hin, sie und die Beraterin schauen gemeinsam, wie Frau Mommsen sich Hilfe beschaffen kann, wenn die Nächte wieder einmal unruhig waren. Sie hat in den Wochen darauf noch ein paar Gespräche und lernt dabei auch etwas über ihre eigenen Wünsche, alles möglichst 125-prozentig perfekt machen zu wollen. Vielleicht, meint die Beraterin, könne Frau Mommsen einmal etwas Gutes ganz für sich allein tun. „Eine Mutter-und-Kind-Kur vielleicht?", fragt Frau Mommsen hoffnungsvoll. „Ja", meint die Beraterin, „das kann schon ein guter Anfang sein." Aber eigentlich hat sie eher eine Therapie gemeint, eine Psychotherapie. Erst war Frau Mommsen erschrocken: Sie ist doch nicht verrückt! Als die Beraterin ihr erklärt hat, dass das überhaupt nichts mit „verrückt" zu tun hat, nimmt sie sich doch vor, darüber nachzudenken. Vielleicht wäre das ja tatsächlich eine Möglichkeit, wie sie lernen könne, besser mit ihrem Stress umzugehen und gelassener zu werden!

„Eine ideale Mutter sein"

Frau Rösner (s. S. 174) hatte den Traum, eine ideale Mutter zu sein. Und dummerweise hat sie dieses Ideal als etwas Erreichbares und Hilfreiches missverstanden. Damit bestätigte sich das Sprichwort von dem Weg zur Hölle, der mit guten Vorsätzen gepflastert ist.

Die allzu hohen Anforderungen an sich selbst haben viel zu tun mit der Kindheit der Mütter und Väter und ihren Kinderträumen davon, vielleicht einmal alles ganz anders und auf jeden Fall viel besser zu machen als die eigenen Eltern.

Die überzogenen Idealvorstellungen hängen aber auch zusammen mit dem noch untergründig vorhandenen traditionellen Mutterbild:
• aufopferungsvoll,
• dienend
und gleichzeitig mit einem Frauen-Ideal-Bild moderner Form:
• beruflich erfolgreich, perfekt „alles im Griff".
Sätze wie das arabische Sprichwort „Gott konnte nicht überall sein, deshalb schuf er die Mütter" sind Ausdruck solcher Idealbilder.

Vor diesen Idealbildern möchten die realen Mütter schamvoll ihre (vermeintlichen!) „Mängel" verstecken – und machen sich womöglich Vorwürfe (vielleicht weil sie einmal ernsthaft eine Abtreibung erwogen haben, weil sie geschieden oder allein erziehend sind, weil sie meinen, „viel zu wenig" Zeit für ihr Kind zu haben, weil sie allein die kleine Familie ernähren müssen ... usw.). Weil die eigene Realität ihnen so viel „schlechter" erscheint als das hochglanzpolierte Ideal, wachsen die Ängste vor mutter-verschuldeten Katastrophen. Grundsätzlich gilt: Eltern können nicht ideal sein. Sie können es nicht, weil wir alle Menschen sind und unsere Grenzen haben.

Betrifft: Fehler

Wer sich an so strengen Maßstäben misst, findet immer wieder Fehler bei sich. Und kritisiert sich.

Heftige Selbstkritik und harsche Selbstvorwürfe nach „Fehlern" führen zu Schuldgefühlen. Und Schuldgefühle nagen an der elterlichen Selbstachtung. Aus dem Gefühl, in Schuld verstrickt zu sein, wächst leicht die Angst davor, dass „das Leben" sich „rächen" und die Eltern bestrafen werde, beispielsweise mit der Folge einer kindlichen Fehlentwicklung. Das ist keine gute Grundlage für Gelassenheit, und gerade die brauchen Eltern für ihre Kinder und für sich selbst.

„Ausreichend gute Eltern"

Wie aber können Eltern zu mehr Gelassenheit kommen?
Es ist gut, wenn Eltern mit sich selbst und ihren Grenzen einverstanden sind. Eltern sind weder allmächtig noch sind sie Heilige, ja, sie sind auch nicht im Mindesten von der Schöpfung so vorgesehen! Eltern sollten ihre Idealvorstellungen vom Vater- und Mutter-Sein hinterfragen.

An der (menschlichen!) Begrenztheit ist nichts Schlimmes: Kinder sind so robust, dass sie nichts Unmögliches von ihren Eltern erwarten (auch wenn sie gelegentlich etwas andres sagen). Kinder sind so ausgestattet, dass ihnen „ausreichend gute" Eltern wirklich genügen, um ihnen einen gelungenen Start ins Leben zu ermöglichen.

Der Ausdruck „ausreichend gute Eltern" („good enough parents") wurde von dem englischen Arzt und Psychoanalytiker Winnicott geprägt und bezeichnet durchschnittlich gute Eltern. Und das sollte und kann ein Maßstab sein:
ausreichend gute Eltern zeichnet folgendes aus:

– Sie sind in der Lage, einem Kind das an Geborgenheit zu bieten, was es für eine stabile emotionale Basis braucht. Sie können binden ohne anzubinden.
– Sie schaffen es, ihrem Kind altersgemäße Frustrationen und Enttäuschungen zuzumuten. Das bedeutet, dass sie ihrem Kind keinen Stein aus dem Weg räumen, den es selbst wegschaffen oder übersteigen kann. Auf diese Weise helfen sie dem Kind, zu wachsen.
– Sie haben hinreichend viel Vertrauen in ihr Kind, um ihm von klein an allmählich größer werdende Schritte in die eigene Freiheit und Verantwortlichkeit zuzugestehen. Sie können loslassen, ohne fallen zu lassen.
– Eine verlässliche, positive emotionale Bindung ist die beste Voraussetzung für eine gesunde Entwicklung überhaupt.

Im Zusammenhang mit unserem Thema Aggression bedeutet das speziell:
Die gute Eltern-Kind-Beziehung ist die unabdingbare Voraussetzung dafür, dass die angeborene konstruktive Aggressivität sich angemessen entfaltet zu Selbstbehauptung und einem annehmbaren Durchsetzungsvermögen. Sie ist Voraussetzung dafür, dass das Neugierverhalten sich zu einem erfreulichen Lern- und Forscherverhalten entwickeln kann.
Was die feindselige Aggression anbelangt, so ist die gute Eltern-Kind-Beziehung die unverzichtbare Bedingung dafür, dass das Kind durch seine einfühlsamen Eltern vor unerträglichem emotionalem Stress bewahrt wird. Das bedeutet: Anteil nehmende und achtsame Eltern spüren, wann ihrem Kind zu viel zugemutet oder zu viel abverlangt wird; sie merken, wenn es überfordert wird und können Abhilfe schaffen (s. a. Kap. „Frust" S. 82).
Außerdem ist die gute Beziehung die Bedingung dafür, dass die Eltern es schaffen, dem Kind nicht alle Steine aus dem Weg zu räumen.
Sie ist Bedingung dafür, dass die Eltern dem Kind den nötigen Halt geben, damit es seinen bösen Gefühlen wie Zorn, Ärger und Wut umzugehen lernt, Kummer und Schmerz durchzustehen vermag und sich trotz aller unvermeidbaren Widrigkeiten nicht verlassen und aufgegeben fühlt.
Die gute Eltern-Kind-Beziehung bedeutet auch, dass Streit und Meinungsverschiedenheiten ausgetragen und ausgehalten werden können, ohne dass das Kind befürchten muss, einen geliebten Menschen zu verlieren.

Es bedeutet, dass Eltern – entsprechend ihrer größeren Reife – bereit sind, sich in die Nöte des Kindes einzufühlen, und nicht umgekehrt.

Sie können Anteil nehmen am Leben ihres Kindes und auf eine Weise mit ihm sein, dass ihre Liebe dem Kind offensichtlich wird. Und sie können dennoch darauf bestehen, dass sie auch Rechte haben. Es kann passieren, dass Eltern auf zornige und abweisende Reaktionen ihrer Kinder gekränkt reagieren.

„Du bist nicht mehr meine Mama"

Mike, 5, schrie seine Mutter an: „Du bist nicht mehr meine Mama!" Er war wütend, weil sie ihm verboten hatte, einen späten Fernsehfilm anzusehen. Spontan wollte Frau Heimes kontern: „Na gut, wenn du mich nicht mehr willst, dann will ich dich auch nicht!", oder etwas ähnlich Zurückweisendes.

Damit hätte sie die Dauer der feindseligen Stimmung verlängert.

Solche gekränkten Gegenangriffe helfen dem Kind keineswegs dabei, Möglichkeiten zu entwickeln, mit der zerstörerischen Seite seiner Gefühle fertig zu werden. Sie geben der Eltern-Kind-Bindung eine negative Note und stören die Entwicklung einer positiven Beziehung. Deswegen war es sehr gut, dass Frau Heimes sich gerade noch auf die Lippen beißen konnte.

Die Phantasie benutzen

Wie können Eltern sich wappnen, damit sie sich im Ernstfall nicht allzu fest die Lippen zerbeißen? Manchmal hilft es, wenn man sich eine Situation vorstellt und in Ruhe überlegt: „Wie wäre eine solche Ablehnung für mich? Was würde ich am liebsten als Antwort hinknallen? Und was könnte ich stattdessen sagen?"

Frau Heimes hatte vor längerer Zeit einmal eine Mutter sagen hören „Okay, ich kann ja gehen. Ich brauch dich schließlich nicht." Das hatte ihr wehgetan, obwohl sie gar nichts mit der Situation zu tun hatte. Sie konnte aber auch die Kränkung der Mutter verstehen. Danach hat sie sich Gedanken gemacht, was sie wohl ihrem Kind antworten könnte, wenn es zwischen ihnen mal krachte. Das war gar nicht so einfach! Schließlich hatte sie sich einen Satz überlegt, der ihr brauchbar erschien: „Manchmal kotzt man sich an!" Damit ist alles zusammengefasst, was das Kind empfindet. Aber auch die Kränkung der Mutter ist darin untergebracht. Der Satz erleichtert durch das Aussprechen des Gefühls, und zugleich gibt er Aufschub, um nach einem Durchatmen und Besinnen je nach dem Alter des Kindes auf sein Unbehagen, seine Enttäuschung und Wut einzugehen. Und danach ist immer noch Zeit, um sich grobe Ausdrücke zu verbitten (s. „Doofe Hexe" im Kapitel Schimpfwörter S. 57).

Unablässige Harmonie wird es für Frau Rösner ebenso wenig geben wie für andere Eltern. Die notwendigen Reifungskrisen unserer Kinder wollen nicht nur irgendwie gehandhabt oder gemanagt werden, sondern sie wollen durchgestanden sein.

Das ist nicht immer einfach. Aber es lohnt sich!

Was können Eltern tun?

• Eltern sollten sich, nicht nur wenn sie zu Jähzorn neigen, gut kennen lernen und beobachten. Nur dann können sie die ersten Anzeichen erkennen, wenn der Zorn die Situation zum Entgleisen bringen will.

• Eltern können einen aufbrausenden Charakter haben oder zur Unbeherrschtheit neigen – das ist nicht verwerflich! Sie sollten jedoch damit umgehen können oder es lernen. Notfalls mit Hilfe von außen. Damit Schaden verhütet wird.

• Eltern müssen auf sich achten – auch und vor allem in Zeiten großer Anspannung, Müdigkeit und Erschöpfung. Jeder hat eigene Frühwarnzeichen, bevor er die Beherrschung und die Kontrolle verliert.

• Manchmal ist es ratsam, die Situation zu verlassen, auszusteigen aus dem beginnenden Teufelskreis. Es ist hilfreich zu sagen „Ich werde gerade sehr, sehr wütend, und das möchte ich nicht. Ich gehe jetzt für eine Weile raus, damit ich mich beruhigen kann. Dann können wir wieder miteinander reden, bloß jetzt muss ich allein sein."

• Eltern dürfen um Hilfe bitten. Es ist keine Schande, mit Schwierigkeiten nicht allein zurechtzukommen. Es ist keine Schande, um Hilfe oder Unterstützung oder Entlastung zu bitten. Es ist gut, wenn man sich Raum schafft, weil das eigene Kind einem „das Mark aussaugt" oder „den letzten Nerv tötet".

• Eltern können ein „soziales Netzwerk" schaffen. Das heißt: Die Beziehungen zu Verwandten, Freunden, Nachbarn, anderen Eltern usw. pflegen, um sich gegenseitig auszuhelfen, wenn's nötig ist. Wenn Frau Mommsen ihre Freundin bittet, mit Oliver eine Weile fortzugehen, damit sie sich ein Stündchen hinlegen kann, während das Baby auch gerade ein wenig Schlaf nachholt, ist das im Moment für Mutter und Kind das Beste. Denn was die Mutter jetzt für sich tut, das kommt auch ihren Kindern zugute!

• Eltern sollten behutsam mit sich selbst umgehen. Eltern müssen nicht nur auf ihre Kinder achten, sondern auch auf sich selbst, wenn die Kraft ausgeht. Jeder Mensch hat nur begrenzte Kräfte zur Verfügung! Wenn Eltern sich überfordern, kann nur zu leicht ein Teufelskreis in Gang kommen, der nicht wieder gut zu machenden Schaden anrichtet bis hin zu Misshandlungen durch übermüdete, überforderte oder sich selbst überfordernde Erwachsene!

• Auch bei Unsicherheiten der Eltern und Ängsten vor eigenem Versagen gilt uneingeschränkt: Es ist besser, zweimal zu oft eine Beratungsstelle in Anspruch zu nehmen als sich mit Zweifeln und Befürchtungen zu plagen und dadurch unnötig Energien zu blockieren, die viel sinnvoller den Kindern und gemeinsamen Aktivitäten zugute kämen.

Und noch ein Letztes. Eltern sind Eltern von dem Augenblick an, da sie ein Kind haben. Haben Sie einmal daran gedacht, dass Sie auch erst von diesem Augenblick an beginnen, das Eltern-Sein zu *lernen*? Das ist schwerer als Autofahren, auch wenn der Vergleich natürlich hinkt: Sie fahren schon, während Sie doch zugleich noch lernen. Das ist viel auf einmal! Und während des Fahrenlernens sitzt jemand neben Ihnen ... Wenn Sie die Fehler im Diktat Ihres Kindes ansehen, das die Lehrerin korrigiert zurückgegeben hat, erfahren Sie nichts darüber, warum Ihr Kind so viele Wörter richtig geschrieben hat, die es doch auch hätte falsch schreiben können. Darum ist in den USA seit einigen Jahren eine neue Bewegung von Forschern, Psychologen und Therapeuten im Vormarsch, die es spannender finden zu erforschen, warum manche Kinder keine Probleme haben, *obwohl* sie mit ungünstigen Startbedingungen oder unvorteilhaften Lebensumständen auskommen mussten. Denn viele Fragen nach den heilsamen Faktoren, nach den ausgleichenden Qualitäten sind noch unbeantwortet. Diese neue Forschungsrichtung nennt sich „Positive Psychologie". Sie will den Blick auf die Fähigkeiten, auf das Gelingende und die „Ressourcen", also die Vorräte an Können und Hoffnung lenken. Übrigens eine Geisteshaltung, die sich auch in Deutschland in manchen Bereichen wie z. B. der systemischen Therapie durchzusetzen beginnt (s. Brockert 2001).

So wissen wir z. B. mittlerweile, dass Kinder wesentlich bessere Entwicklungschancen haben, wenn es in ihrem Leben eine verlässliche und tragfähige Beziehung zu einem Erwachsenen gibt. Das kann eine Beziehung zu einem Lehrer sein oder zu einer lieben Nachbarin, zu Großeltern, zu den Eltern von Freunden oder auch zu einem Sozialpädagogen oder einer Psychotherapeutin. Wichtig ist, dass sie über einen langen Zeitraum besteht und dass das Kind in ihr liebevolle Zuwendung, Angenommensein und Vertrauen erlebt.

Alle Menschen, auch Kinder, auch Ihre Kinder sind nicht nur „strapazierfähig", sodass sie die nicht so gelungenen Erziehungsbemühungen der Eltern und eine ganze Menge Schwierigkeiten aushalten können, sondern sie haben zusätzlich noch einen guten Vorrat an „Selbstheilungskräften", mit denen sie ernsthaftere Beeinträchtigungen ausheilen können. Manchmal bedarf es dazu außerdem noch fachkundiger Hilfe. Mit so viel Netz und doppeltem Boden müsste es doch möglich sein, wenn nicht völlig angstfrei, so doch wenigstens gelassen und voll Zuversicht Eltern zu sein.

Bücher zum Lesen und Anschauen
mit den Kindern

In diesem Kapitel stelle ich Ihnen Bücher für große und kleine Menschen zum Thema meines Buches vor, die mir gefallen und deren Lektüre ich für bereichernd ansehe. Wenn Eltern und Kinder sie gemeinsam lesen, regt das an, sich auf die Themen Ärger, Wut und Zorn einzulassen und im Phantasie-Probehandeln damit umzugehen.

Es gehört in vielen Familien zum Schlafengeh-Ritual, einander zu berichten, was Kinder und Eltern am Tage erlebt haben, was ihnen begegnet ist, was schön oder was schlimm war.

Auch das Erzählen oder Vorlesen von Geschichten und Märchen kann noch einmal Nähe herstellen und dem ausklingenden Tag einen freundlichen Schlussakkord geben. Tagsüber sind Bücher zur stillen Selbst-Beschäftigung beliebt oder um eine ruhig-besinnliche Schmusestunde zu füllen.

Bücher haben noch einen weitergehenden Sinn. Die Geschichten, die zwischen den Einbanddeckeln auf Entdeckung warten, sind in Form gegossene Lebenserfahrungen. Ein Buch kann die in ihm festgehaltene Geschichte immer und immer wieder neu erlebbar machen. Durch das Immer-Wieder wird sie gut bekannt, vertraut und kann so zum Spiegel eigenen Erlebens oder Empfindens werden.

Louisa nervt

Louisa möchte an manchen Tagen immer und immer wieder das Märchen vom Tapferen Schneiderlein hören. Zuweilen geht das der Mutter auf die Nerven. Immer dieses Tapfere Schneiderlein! Das ist doch langweilig!

Es gibt doch auch andere Geschichten, oder? Sicher. Nur ist für Louisa jetzt das Tapfere Schneiderlein wichtig.

Louisa fühlt sich selbst auch so spillerig klein und alltäglich wie der Schneider auf seinem Tisch. Und wie lange das dauert, bis sie mal groß sein wird und alles das darf und kann, was ihr jetzt noch nicht möglich ist. Oh! es ist so schwer, klein zu sein! Auch wenn der Opa immer sagt: „Freu dich, noch brauchst du nicht zu arbeiten und Geld zu verdienen." Was weiß denn der Opa vom Kleinsein? Da ist der Tapfere Schneider ein trostreicher Kerl. Listig und schlau und pfiffig, wie der die Riesen besiegt! Der geht nicht unter, nein, der nicht! *Vielleicht, denkt Louisa, vielleicht bin ich auch ein bisschen so wie der. Wer weiß? Es müssen doch nicht alle Kleinen schwach sein! Der Schneider hat's im Kopf. Der Kopf ist wichtiger als die Größe, ha!*

Und wenn die Mutter ihr zum soundsovielten Mal dieselbe Geschichte mit den immer gleichen Bildern und den immer gleichen Worten vorliest, träumt sich Louisa in die Gewitztheit des Schneiderleins hinein, spürt, dass man vor Riesen nicht unbedingt Angst haben muss, wenn man nur schlau genug ist, und sie sammelt Bausteine der Zuversicht und des Selbstvertrauens. Immer wieder. Und noch einmal ...

Die von mir ausgewählten Bücher stellen beispielhafte Erlebnisse aus dem Kinderleben dar und bieten daher an, etwas Eigenes darin wieder zu erkennen.

Die Vorlese-Situation

Setzen Sie sich beim Vorlesen dicht zu Ihrem Kind, damit es jederzeit kuscheln oder sich in den Falten Ihres Rocks verstecken kann. Das kann wichtig sein, wenn nämlich Louisa etwas sagen möchte, aber das Aussprechen ist so schwer! Ach, es ist so schwer, dass sie gar nicht die Mama anschauen mag dabei. Sie mag lieber ungesehen sprechen wie die Gänsemagd in den Kinder- und Hausmärchen der Brüder Grimm, zu der der alte König sagt: „Wenn du mir nichts sagen willst, so klag dem Eisenofen da dein Leid." Das tut sie schließlich, der König hört zu, und alles wird gut.

Louisa darf jederzeit beim Vorlesen unterbrechen und alles sagen, was ihr einfällt zur Erzählung oder zu den Bildern. Auch werden ihre Fragen sofort beantwortet. Es geht nicht darum, dass eine Geschichte komplett und ordentlich von Anfang bis Ende fertig vorgelesen oder erzählt wird. Das ist nicht das einzige Ziel, kann aber natürlich zum Ziel werden, wenn Louisa sagt: „Mama, jetzt will ich erst mal wissen, wie das zu Ende geht." Dann ist es gut, wenn Louisas vorherige Frage „was sind eigentlich Planeten?", beantwortet ist und sie den Kopf frei hat für den Fortgang.

Es kann aber auch sein, dass Louisa vom Weg der Geschichte abzweigt: „Mama, neulich, da war im Kindergarten so ein Kuddelmuddel ... da sah das auch so aus. Und dann hat der Kalle rumgemeckert ...". Das ist nicht nur erlaubt, das ist sogar gut, denn nun kommt ein Gespräch in Gang: „Erzähl mal ..." – „Ja, und dann ...". Und können Eltern mehr wollen?

Wichtig sind das gemeinsame Hinschauen und Plaudern, das Zusammentragen der Einfälle. Das Aufrufen von Hennes' Erlebnissen und das Antippen der Gedanken an die Gefühle reichen, um die Bilder in dem Buch mit Hennes' inneren Bildern zu verknüpfen. Daran hängen sich ganze Handlungs- und Ereignisketten, Geschichten, aus denen sich letztendlich die eigene Biographie zusammensetzt.

Ruhe

Lassen Sie sich nicht allzu bald zum Weiterblättern verführen. Das Wichtige ist das Erzählen dessen, was es an Überraschendem zu entdecken gibt.

Aliki : Gefühle sind wie Farben
Verlag Beltz & Gelberg, Weinheim
32 Seiten
26,00 DM, Erscheinungsjahr 1987
ISBN: 3 407 80346 X

Alter: Ab fünf
Das Bilderbuch können Eltern gut mit Kindern ab fünf bis sieben Jahren betrachten, selbst Zehnjährige „lesen" noch gern Geschichten aus den Abbildungen, wenn das Buch ihnen als eine Art „Wörterbuch in Bildern" oder als Gesprächs-Öffner vertraut ist. Dann können sie mit dieser Hilfe etwas über sich mitteilen.

Die zehnjährige Dörte legte in schwierigen Stimmungen das Buch vor ihre Zimmertür, aufgeschlagen bei dem Bild, das ihrer Laune am nächsten kam. Wer wollte, konnte sie darauf ansprechen. Das ersparte ihr die Frage „wie war's denn heute so ...?" und langes Herumdrucksen.

Der zwölfjährige Alexander nahm gelegentlich nach einem schweren Tag das Buch zur Hand und blätterte es durch bis zu irgendeinem Bild, das jetzt gerade für ihn aktuell war. Er eröffnete das Gespräch mit dem Aufschlagen einer Seite, und dann war die Mutter dran mit einer behutsamen Frage: „Wie ist das denn, wenn *du* Angst hast? Wie war's heute, als der Zahnarzt gesagt hat, dass er bohren muss?" Oder: „Was meinst du, wie ist das wohl, wenn du morgen in deine neue Klasse kommst und keinen kennst?" Oder: „Wie ist das, wenn du in der Gruppe etwas Schönes gemacht hast und ein anderer macht es kaputt?"

Inhalt:
Einfache, originale Zeichnungen umreißen Alltagssituationen, in denen Gefühle

sichtbar werden: Vorfreude, jubelnde Freude, Langeweile, Eifersucht, Trauer – eine vielfältig-bunte Palette.

Wie Sie mit dem Buch umgehen können:
Hennes liebt es, vor dem Schlafengehen eine oder zwei Bildergeschichten auszusuchen. Mutter und Hennes beschreiben, was sie sehen.
„Der Junge kriegt ein Eis. Hmmm, das schmeckt!" Hennes läuft fast das Wasser im Mund zusammen.
„Ja, und schau mal, da läuft er mit seinem Eis ..."
„Der heult!" Hennes ist voller Mitgefühl.
„Ja, der Junge weint! Was ist da wohl passiert?"
„Da! Der läuft. Und boing! ist das Eis runtergeflogen. Kann er nicht mehr essen, nicht?"
„Nein, das kann er wohl nicht. Wie geht's dem Jungen jetzt wohl?"
„Der weint! Ganz arg!"
„Ja, und wie er weint. Ich glaube, dir ist letzten Sommer auch ein Eis runtergefallen. Weißt du noch, wie traurig du warst?"
„Da hab ich auch geweint."
„Ich glaube, da warst du auch ein bisschen wütend ... weißt du noch?"
„... auf die Olga. Die war doof. Die hat mich geschubst und deswegen ..."
Hennes könnte heute noch mit Olga schimpfen, wenn er nur daran denkt.
„Mhm, vom Schubsen ist das Eis runtergeflogen, und da warst du stinksauer!"
„Wie der Junge da. Und geweint hab ich auch so ..."
„Guck, was der Junge jetzt macht ..."
„Der fragt bestimmt die Mama, ob er ein neues Eis kriegt."

„Und?", fragt die Mutter.

„Hat er gekriegt! Da leckt er."

„Da geht's ihm jetzt aber gut!"

„Mhm. Da lacht er wieder. Und isst alles auf!"

Der zehnjährige André hat das Buch auf Mutters Schreibtisch entdeckt und blättert darin. Bei dem „Wutanfall in einem Wort" hält er inne: Ein kleines Kind sitzt mit zwei Kochlöffeln vor allerlei Töpfen und Tiegeln. Es ruft, nein, es schreit nur ein Wort: NEIN! – und haut auf die Gerätschaften.

„War ich auch mal so?", fragt er.

„Na ja ... manchmal schon." Die Mutter erinnert sich noch gut daran. „Wenn du jetzt wütend wirst, hört sich das anders an ..."

André grinst. Er hatte erst am Tag zuvor einen Riesenkrach mit seiner großen Schwester. Einen wirklichen Krach, nicht nur dieses Wettschimpfen, das Sie aus dem Kapitel über Schimpfwörter (S. 52) kennen. Da war es auch laut geworden! Jetzt sagt er der Mutter, warum das Krachmachen gut tut, wenn man so richtig fuchsteufelswild ist: „Da fühl ich mich leichter hinterher ... Sonst tät ich ja platzen!"

Die Mutter ergänzt: „In dem Lärm steck die ganze Wut ..." Und André setzt grinsend dazu: „Hast du deswegen neulich so die Tür zugeballert?"

Unten am Bildrand sitzen zwei Vögelchen, die immer mal wieder wie lebendige Fußnoten auftauchen. „Na, na!", sagen sie nur. Wie die Mutter manchmal. Als Mahnung? Als Warnung?

Andrés Wutanfall gestern glich eher dem „Wutanfall in vielen Worten" auf dem Bild davor, und das wäre mühelos ausbaufähig für den schimpfgeübten Zehn-

jährigen. Die Fußnotenvögelchen sprechen miteinander: „Stock und Steine brechen dir die Beine, aber Wörter tun dir nicht weh." – „Das denkst du vielleicht."

Damit ist die Möglichkeit eröffnet, über Schimpfen zu sprechen, das manchmal nötig ist (um Dampf abzulassen und um seinen Ärger kundzutun) und über Schimpfen, das verletzen kann.

„Wenn man nicht aufpasst ... also, da kann man schon auch mit Wörtern wehtun", weiß André.

„Kennst du das?", fragt die Mutter.

„Ja, einmal, da hat so eine blöde Ziege aus meiner Klasse ‚Zwerg' zu mir gesagt. Da war ich noch nicht so doll gewachsen wie jetzt. Da hätte ich heulen können ..."

„Mhmm" sagt die Mutter. „Als ich klein war, hat mal einer ‚Brillenschlange' zu mir gesagt. Da hab ich hinterher wirklich geweint."

„Ich kann nichts dazu, dass ich erst nicht so schnell gewachsen bin wie die anderen. Und du hast nichts dazu gekonnt, dass du eine Brille tragen musstest. Und wenn die dann so was sagen, ich weiß nicht. Das ist nicht so Klasse."

Und bei der Gelegenheit kann die Mutter durchaus noch etwas dazulernen. Sie kann erfahren, in welchen Punkten ihr Sohn sehr verletzlich und kränkbar ist, auch wenn er sich bei geschwisterlichen Schimpfkanonaden völlig cool und unbeeindruckbar gibt ...

Der Sinn des Buches

Das Buch ermöglicht es, die Verbindung von Geschehnis und Gefühl beim gemeinsamen Lesen zu erleben. Das Entstehen von Gefühlen, auch von komplexen Gefühlsmischungen ist im Buch leichter zu erkennen als im eigenen Erleben:

das Erschrecken des Jungen beim Stolpern,
sein fassungsloses Starren,
sein wütendes lautes Weinen,
die auftauchende Hoffnung,
die Freude über das neue Eis,
das Genießen,
das nunmehr vorsichtigere Laufen mit
dem Eis,
das Schwelgen und das Behagen ...
Hennes sieht an dem Jungen im Bilderbuch, wie Enttäuschung und zugleich
Wut entstehen können. Aber er sieht
auch, dass sie wieder vergehen.
Natürlich hat er so etwas bereits erlebt.
Aber es macht einen großen Unterschied,
ob die Erfahrung quasi eingekapselt in
Hennes verwahrt ist, oder ob sie sich im
Erzählen eines fremden Schicksals noch
einmal aus der Distanz beleuchten lässt.
Die Verknüpfung von Fremdem und Eigenem im Erzählen hilft dem Kind, sich
selbst besser zu verstehen.
Das Buch stellt pfiffig und knapp
Situationen dar, die leicht in feindselige
Aggression ausarten können oder schon
ausgeartet sind. Das Wiedererkennen eigener Erfahrungen ist für ein Kind beru-
higend („Ich bin nicht das einzige Kind,
das am liebsten alles zerdeppern würde
vor Wut.") Außerdem lassen sich anhand
von Geschichten leichter Lösungsmög-
lichkeiten in der Phantasie durchspielen.
Beispiel:
„Wer könnte Katrin helfen, wenn sie
Alice so furchtbar beneidet?" „Was
könnte sie wohl trösten?" – „Was, meinst
du, müsste passieren, damit der kleine
Kerl aufhören kann, NEIN! zu brüllen?"
Die komplizierte Welt der Gefühle wird
überschaubarer, und es wird leichter, mit
ihr umzugehen, denn sie wird durch das

Darüber-Reden vertrauter. Vielleicht lässt
sich der Effekt vergleichen mit dem, der
sich einstellt, wenn man in einer fremden
Umgebung eine Strecke abfährt und sie
hinterher noch einmal auf der Straßen-
karte betrachtet. Dabei wird das abgefah-
rene Straßengewirr anschaulicher und
verständlicher, und beim nächsten Mal
findet man sich leichter zurecht.

Ralf Butschkow: Das Dreckschwein
Verlag: HPT Hölder-Pichler-Tempsky
33 Seiten
25,50 DM, Erscheinungsjahr 1992
ISBN 3 70040188 4

Alter: ab dem Kindergartenalter
Dieses Bilderbuch handelt nicht von Wut
und nicht von Aggression. Trotzdem
empfehle ich es in diesem Zusammenhang Eltern mit Kindern im Alter von
5 bis 8 Jahren.

Inhalt:
Familie Saubermann ist „eine anständige
Familie. Sauber und ordentlich." Sven
Saubermann, der Sohn, stört die Ord-
nung: Er kommt mit Schmutz an den
Schuhen ins Haus; er kleckert beim
Essen auf seine Serviette; er ist eben ein
Kind. Die Mutter schrubbt ihn abends ab,
als sei er ein Ausbund an Dreckferkelei.
Sie zieht sogar Gummihandschuhe dazu
an. Als Sven unter dem Sinnspruch
„Ordnung ist das halbe Leben" im Bett
liegt, herrscht im Zimmer peinlichste
Aufgeräumtheit. Geplagte Mütter mögen
einen Augenblick seufzend von der bra-
ven Geradlinigkeit in diesem Kinder-

zimmer träumen. Aber „Sven träumt davon, endlich mal ein richtiges Dreckschwein zu sein", während der Mond ein grämliches Gesicht zieht, und der Kasper auf der Fensterbank sehr unlustig dreinschaut.

Am nächsten Morgen eine dramatische Wende: Aus Svens Schlafanzug ringelt sich ein Schweineschwänzchen, und Sven hat den Kopf und das Gesicht eines Schweins. Die Mutter schleppt ihn zum Arzt. Im Wartezimmer zeigt Sven eine ganz neue Seite: Er streckt den entgeisterten anderen Patienten die Zunge heraus! Der Arzt entpuppt sich zum Entsetzen der Mutter als unordentlicher Chaot, dessen Diagnose knapp und deutlich lautet, dass sich Sven leider in ein Dreckschwein verwandelt hat. Und weil der Leser Svens Traum kennt, weiß er, dass sich ihm ein Wunsch erfüllt hat.

Und nun lebt Sven, das Dreckschwein, seine schmutzige Seite hemmungslos aus: Er schmeißt sich in eine Dreckpfütze, sudelt durch den ach so saubermännischen Flur, verwandelt beim Essen die sonst gesittete Szenerie in eine Saubermannsche Schreckensvision, in deren Mittelpunkt das wonnige Wohlgefühl des zum lustvoll-schweinischen Leben erwachten Sven prangt. Das abendliche Bad mit Schaumgeplansche krönt den denkwürdigen Tag, an dem Sven Saubermann die Lebenslust entdeckt hat. Und als er danach im Bett liegt, übers Schweinsgesicht grinsend, herrscht der allen Müttern vertraute „Saustall" im Kinderzimmer, Kasper hängt schlapp auf der Fensterbank und der Mond – ach, der Mond hat seine Freude.

Am Tag darauf ist der Spuk vorbei. Sven hat wieder sein Menschengesicht. Nur das Ringelschwänzchen ist ihm geblieben, deutliches Zeichen seiner Wandlung: Jetzt ist er ein *richtiges* Kind, ein Kind, das nicht nur gerade gescheitelt und gesittet durch eine aufgeräumte Welt geht. Sven ist ein Kind geworden, das Zugang gefunden hat zum Leben, zu einem Leben, das lustbetont sein kann, krumm und nicht nur übersichtlich-geradlinig. Die gemäßigte Unordnung im Bad verweist auf eine elterliche Mitverwandlung in Richtung Toleranz.

Was Sie vorher wissen sollten:
Sie sollten das Buch erst einmal für sich allein lesen. Wenn Sie selbst Freude daran haben, brauchen Sie sicher keine weitere Hilfe. Es könnte aber sein, dass Sie erschrecken. Da ist der chaotische Arzt, an dessen Kittel sich einiges an sudeligen „Hygiene"vorstellungen ablesen lässt. Gewiss, wem Spritzen neben einem Gummihandschuh aus der kaputten Kitteltasche hängen, wer Pillen lässig aus der Packung umherfliegen lässt, einen Fisch im Wasserglas im Arzneischrank hält, dem ist nicht recht zu trauen. Zugleich ist dies alles jedoch in solchem Grade abstrus, dass auch kleine Kinder merken: Hier wird so maßlos übertrieben, dass Lachen erlaubt ist.

Auch die Bilder vom chaotischen Kinderzimmer und Svens verwilderten Badesitten schildern Bekanntes: Mütter wissen, wie schwierig es ist, Kindern einen Sinn für Ordnung zu vermitteln; sie hassen die Kämpfe um das wöchentliche Fußboden-frei-zum-Staubsaugen, und sie ärgern sich, wenn frisch gewaschene Kleider liegen bleiben, wo sie ausgezogen und vom Fuß geschüttelt wurden. Kinder kennen die Kämpfe um Reinlichkeit und Ordnung – wenn auch aus ihrer eigenen Sicht.

Vielleicht fürchten Sie, das Buch könne eine Aufforderung zur hemmungslosen Anarchie anstiften? Kinder nehmen die Übertreibung durchaus wahr, und spätestens mit sechs, sieben Jahren können sie sich darüber amüsieren.

Der Sinn des Buches:

Im 1. Kapitel hatte ich Ihnen die konstruktive Aggression vorgestellt, die Form der Aggression, die als vitale Grundausstattung allen Menschen innewohnt. Sie liegt, um nur ein Beispiel zu nennen, allem Neugierverhalten zugrunde und ist damit eine wichtige Voraussetzung für Lernen und Erforschen, für das Erwerben von Kenntnissen (wie etwa dem Sprechen) und von Fähigkeiten (wie etwa dem Essen mit einem Löffel oder einer Gabel, wie dem Schneiden mit einer Schere usw.).

Sie können sich vorstellen, dass die dreieinhalb Monate alte Sarah aus dem ersten Kapitel (S. 12) bei ihren Versuchen, beim Essen mitzuwirken, Sauerei fabriziert. Und sicher können Sie sich vorstellen, dass Sarah ein paar Monate nach diesen spannenden ersten Versuchen das interessante Material „Grießbrei" entdeckt und erforscht. Wenn Sarah anderthalb ist, wird sie vielleicht entdecken, dass der Inhalt ihrer vollen Windel ebenfalls ein hochinteressanter Werkstoff ist, mit dem sich ungeahnt Vieles anstellen lässt, angefangen vom Einfüllen in kleine Behältnisse oder Öffnungen von Fahrzeugen bis hin zum Vermalen mit allen zehn Fingern. Die Haferflocken-verstreuende Lena (s. S. 13) ist so ein Beispiel für hingebungsvolle Schöpferkraft.

Klar, dass ihre Mutter nicht erbaut ist von dieser Art der Kreativität! Die Mutter wird Sarah sicher ein freundlicheres Produkt anbieten für ihren Schaffenseifer. Auch wird Lenas Mutter später mit Sand, Steinchen oder Sägespänen Streubilder anfertigen. Aber, und das ist das Entscheidende, die Mütter werden Lenas Streubedürfnis oder Sarahs Schmier- und Sudeldrang nicht vollständig unterbinden und abwürgen, sondern in hygienisch unbedenkliche Bahnen lenken.

Die Haferflocken machen ein leises Geräusch in der Blechdose, wenn Lena sie schüttelt. Und oben kommt etwas wie Staub heraus! Den Staub kann sie schmecken. Er schmeckt nach Haferflocken.

Sarah wird, ist sie erst einmal vier, auf dem Weg zum Kindergarten mit ihren Gummistiefeln in Pfützen herumspringen dürfen, und der große Sandkasten mit der Wasserpumpe wird über eine lange Zeit ihr Lieblingsspielplatz sein, weil auch Dreck erfahren, ausprobiert und hautnah erlebt werden muss.

Das „Dreckschwein"-Buch handelt vom Lebenwollen der schmutzigen Seiten unserer Kinder. Das sind die genussvollen, die kreativen, manchmal frechen, die nicht so sehr gezügelten Seiten. Das Buch handelt vom Lebendigsein, es handelt von Lebenskraft, zu der ich die Aggression auch rechne, nicht zuletzt die konstruktive Aggression.

Und es handelt davon, wie sich diese ungestüme Kraft plötzlich ihren Weg bahnt, überschießend Verwirrung und Entsetzen bei der Mutter hervorruft und am Ende, wie tröstlich!, in erträglicher Dosis (als ringeliges Schweineschwänzchen!) dem Jungen erhalten bleibt.

Wie Sie mit dem Buch umgehen können:

Martin ist sechs. Er hat so lachen müssen über Sven mit dem Schweineschwanz und dem Schweinsgesicht! Er hat gut verstanden, wie wahrlich sauwohl Sven sich fühlt, als er alle guten Sitten beiseite lässt und sich mit den Ellbogen in den Spaghetti-Bolognese-Teller stützt. Und die hemmungslose Badeszene hat Martin ergötzt: Ach, wäre das schön, wenn er einmal ohne Rücksicht planschen, schäumen und manschen dürfte!

Martin empfindet seine Mama manchmal als lästige Frau Saubermann: „Du willst auch immer alles sauber haben!" „Na klar", sagt die Mutter. „Ich ärgere mich, wenn ich gerade gewischt habe und dann kommt einer mit Dreckschuhen rein. Das ist für mich so, als hätte ich alles für die Katz gemacht. Und das kann ich ja nun gar nicht ab."

„Ich zieh ja meistens meine Dreckschuhe draußen aus ..." stellt Martin klar.

„Stimmt", gibt die Mutter zu. „Meistens machst du das. Aber guck mal hier das Bild an: Magst du an so einem versauten Tisch essen?"

„Nee, nicht wirklich."

„Ich auch nicht. Jeder hat so seine Vorstellungen, wie es daheim aussehen soll ..."

„Ja. Und ich mag lieber, wenn mein Kinderzimmer so gemütlich aussieht", sagt Martin und zeigt auf das Chaos-Kinderzimmer im Bilderbuch.

„Wirklich?"

„Naja ... vielleicht nicht ganz. Sonst gehen so leicht Sachen kaputt, wenn die alle so rumfliegen."

Frau Saubermann hatte zunächst ihre Vorstellungen von Ordnung durchgesetzt, und anschließend hat Sven einmal so recht von Herzen die Sau rausgelassen. Oder besser: Die Sau war plötzlich rausgekommen. Jeder hat seine extreme Sicht der Dinge gezeigt; so wie Martin und seine Mama es mit Worten tun: Sie erzählen einander, was ihnen gefällt, wie sie sich ihre Wohlfühl-Umgebung denken. Und danach können sie über Kompromisse reden: Wie viel Unordnung und Gesudel braucht der eine und wie viel Liederlichkeit kann der andere ertragen?

Das Buch ist kein Aufruf zur Anarchie, sondern es handelt vom Grenzen setzen (s. S.136), von übertriebenen eigenen Vorstellungen der Mutter wie des Kindes. Und es handelt vom Kompromiss, den das Leben findet, als Sven nämlich das Ringelschwänzchen behält, den kleinsten Teil einer sudel-säuischen Seite. Das sind Themen, die im Umgang mit Aggression wesentlich sind. Deswegen empfehle ich „Das Dreckschwein" an dieser Stelle allen Kindern vom Kindergartenalter bis, nun ja, bis 99. Und ihren Eltern.

Maurice Sendak: Wo die wilden Kerle wohnen
Verlag: Diogenes, Zürich
39 Seiten
24,90 DM, Erscheinungsjahr 1967
ISBN 3 257 00513 X

Alter: von 4 Jahren an

Inhalt:

Die Geschichte beginnt „an dem Abend, als Max seinen Wolfspelz trug", und an Max' Gesicht sieht an, dass der Wolfspelz das Synonym für seine böse Laune ist, ja, sogar eine ziemlich fiese Laune, denn schon scheucht Max, eine Gabel in der Hand, mit boshaftem Grinsen den Hund aus der Tür. Max ist unleidlich. Als seine Mutter ihn einen wilden Kerl nennt, trumpft er auf: „Ich fress dich auf".

Max ist ohne Abendbrot in seinem Zimmer, das er als Wald phantasiert. Schließlich ist da ein Meer mit einem Schiff, und Max fährt „bis zu dem Ort, wo die wilden Kerle wohnen". Max zähmt sie „mit seinem Zaubertrick", da bekommen die wilden Kerle Angst und ernennen Max zum König der wilden Kerle. Das ist wirklich ein geniales Bild dafür, dass Max am Ort seiner imaginären Reise in sein wüstes Inneres die wilden Kerle, seine wütend-aggressiven Seiten, beherrschen lernt und sie zähmt! Er führt sie zu einem wilden Krachmacher-Tanz an, der dauert, bis Max „Schluss jetzt!", ruft und die Kerle ohne Essen ins Bett schickt.

Das ist der Wendepunkt. Max fühlt sich einsam unter den wilden Kerlen. Er möchte „dort sein, wo ihn jemand am allerliebsten" hat. Nun riecht es plötzlich von weither nach Essen! Gegen den traurigen Protest der wilden Kerle besteigt er sein Schiff.

Max segelt heim, landet nach seiner Phantasiereise in seinem Zimmer, wo das Essen steht, und es ist auch noch warm. Eine liebevoll-versöhnliche Geste der Mutter.

Der Sinn des Buches:

Max' Drohung „ich fress dich auf" entspricht dem, was Eltern von kleinen Kindern als „totwünschen" kennen. Das kleine Kind hat noch keinen Begriff vom Tod und seiner Unumkehrbarkeit wie die Erwachsenen. Totsein bedeutet für das Kind Wegsein und enthält ganz selbstverständlich das Gleich-wieder-da-Sein. Wenn Max die Mutter totwünscht, drückt er damit seinen Zorn oder seine Wut auf sie aus. Zugleich wünscht er sich selbst so mächtig, dass er, der Kleine, die Mutter, diese großmächtige Frau, überwältigen, sie aufessen kann wie ein Fischstäbchen oder ein Schnitzelchen.

In dem Aufessenwunsch steckt etwas Archaisches, das aus früheren Kulturen bekannt ist, nämlich der unausgesprochene Gedanke: „Wenn ich meinen besiegten Feind esse, wenn ich ihn mir einverleibe, dann geht seine Stärke und Macht auf mich über, so wie die Substanz seines Fleisches über die Verdauung in meinen Organismus übergeht." Sie denken vielleicht, das sei doch sehr gewagt und eine ungeheuerliche Vorstellung, Ihr kleines Engelchen sei solch aggressiver Phantasien keineswegs fähig. Seien Sie versichert: Diese Dinge stecken in jedem Menschen, mehr oder weniger verdeckt. In Märchen sind sie zu bildlichen Formeln geronnen und helfen dort, die Welt zu ordnen.

Die Vorstellung „ich, Kind, kann die Mama überwältigen", hat jedenfalls im Moment des Bestraftseins etwas Tröstendes. Ja, wenn man das Auffressen genau betrachtet, steckt darin eine verblüffende Facette: Ich kann jemanden zum Fressen gern haben, ihn auffressen mögen vor inbrünstiger Liebe. Beides, Wegmachen und Lieben, ist im Bild des Fressens untergebracht!

Herrlich, dass die Kerle nun ihrerseits Max drohen, ihn aufzufressen („wir haben dich so gern!"), schließt sich doch hier der Kreis vom Bild des Fressens, das einen wütend-destruktiven und einen liebevollen, ja, einen geradezu liebe-über-vollen, Aspekt hat.

Max tut den wilden Kerlen genau das an, was die Mutter mit ihm gemacht hat: Er ist also in der Phantasie so mächtig wie die Mutter, wenn man es genau betrachtet, sogar noch mächtiger, denn die Mutter hat ja nur Max ins Bett geschickt, aber Max hat alle die fürchterlichen Kerle unter seiner Fuchtel! Die sind nun auf so herrliche Weise fürchterlich, dass sie schon etwas Sympathisches ausstrahlen, und ich kann sie mir durchaus als Bild für die heftigen inneren Bewohner von Max' Seele vorstellen, wo sie nun eine Vorstellung geben mit Brüllen, Zähnefletschen und Krallenzeigen.

Max' Reise durch den Wald (der ein Bild für die Tiefen der menschlichen Seele ist), seine Schiffsreise zu den wilden Kerlen ist im Grunde eine Exkursion zu den eigenen inneren Kräften und eine Auseinandersetzung mit seiner Wildheit, seiner Aggression.

Wie Sie mit dem Buch umgehen können:

Mutter hatte Jule verboten, die Näharbeit auf dem Tisch anzufassen. Weil sie gleich daran weiterarbeiten wollte, hatte sie die Nadeln und Fäden nicht richtig befestigt. Dann hatte eine Nachbarin geläutet. Jule hat doch nicht dem Verlocken der Handarbeit widerstehen können und sie dabei durcheinander gebracht. Die Mutter ist fuchtig wegen der fitzeligen Mehrarbeit. Sie schickt Jule aus dem Zimmer, weil sie beim Herrichten der Arbeit allein sein möchte. „Ich habe mich so geärgert, Jule, dass ich jetzt einfach mal eine Weile allein sein möchte, sonst platzt mir der Kra-

gen. Das wäre für dich nicht schön, und für mich auch nicht."

Später, als die Handarbeit wieder gerichtet ist, geht die Mutter zu Jule ins Zimmer. „Ich hab den Krempel jetzt wieder in Ordnung gebracht. Magst du ein Buch mit mir lesen?", fragt sie. Und dann lesen sie die „wilden Kerle".

„Max muss auch eine Weile allein sein, wie du eben ..." beginnt die Mutter.

„Hmmm ..." Jule ist noch einsilbig.

„Ich glaube, der hat sich geärgert über seine Mama. Weil sie ihn bestraft hat."

„Naja. Der war ja aber auch frech", räumt Jule ein.

„Du meinst, da hat er die Strafe verdient?" „Ja!" Da ist Jule sich sicher. „Aber ohne Essen – das ist schon doof."

„Finde ich auch. Deswegen kann er sich ja auch über die Mutter ärgern ... Obwohl die Mutter auch irgendwie Recht hat."

„Du hast mich aber nicht richtig bestraft, nicht?"

„Nein. Ich wollte bloß eine Weile alleine sein, damit ich nicht explodiere. Dann mag ich mich nämlich selber gar nicht leiden."

„Das ist ja auch blöd. Das weiß ich nämlich noch, wie das mal war!" Jule spielt auf einen Wutanfall der Mutter an, der noch nicht lange zurückliegt. „Da mochte ich dich auch nicht leiden."

„Vielleicht bist du auch mit deinen Gedanken irgendwohin unterwegs gewesen vorhin."

„Stimmt! Weißt du, wo ich war? Ich hab Musik gehört. Und dann hab ich mir vorgestellt, dass ich selber so Musik mache."

„Und dass du dann durch die Gegend fährst und auftrittst?", fragt die Mutter nach, die sich gut in Jule hineinversetzen kann.

„Ja. Und dann kommst du und guckst zu.“

„Und dann bewundere ich dich, wie toll du das machst, dass alle dich beklatschen?“

„Genau!“ Jule fühlt sich verstanden.

„Und dann bist du stolz auf mich, was?“

„Klar, Schatz! Klar bin ich stolz auf dich. Auch ohne großen Auftritt!“

Max hat die Reise angetreten in der Situation des Bestraften. Die notwendige Rückkehr in die Realität tritt Max gereift an: Er hat sich mit seiner Wilden-Kerle-Seite auseinander gesetzt. Jule hat die Mutter in ihrem Zorn vorbeugend allein gelassen. Sie war sauer über den Rausschmiss, auch wenn der eigentlich kein richtiger Rausschmiss war. Jule hat sich auf eine Phantasiereise in die Zukunft begeben, wenn sie einmal groß und berühmt sein wird und die Mutter sie als Star auf der Bühne bewundert. Jule hat sich in die tröstliche Gewissheit geflüchtet, dass auch sie einmal erwachsen, mächtig und tüchtig sein wird und dass sie dann den Beifall der Menschen spüren und den Stolz der Mutter empfangen wird. Das Buch hat am Ende der Phantasiereise, nachdem die Mutter sich beruhigt hatte und beide bereit waren für ein neues Miteinander, die Rolle des Gesprächs-Stifters gespielt und damit der Sicherung der Beziehung gedient.

Die „Wilden Kerle“ waren bei ihrem ersten Erscheinen heftig umstritten; vielleicht war es zu wenig brav und zeigte zu deutlich Max' „böse“ Phantasien. Inzwischen ist das Buch ein Klassiker, und es dürfte schon etliche Eltern geben, die selbst, als Kinder 68er-Eltern, mit den wilden Kerlen groß geworden sind. Diesen Klassiker wünsche ich uneinge-

schränkt jedem Kind von 4 Jahren an. Den Eltern wünsche ich das Buch auch – weil es eine Lektion in Kinderpsychologie ist. Und noch dazu eine köstliche.

Hiawyn Oram, Satoshi Kitamura:
Der wütende Willi
Verlag : Verlag an der Ruhr, Mülheim
19,80 DM, 26 Seiten
Erscheinungsjahr 1993
ISBN 3 86072 111 9

Alter:

Ich empfehle dieses Buch als Gesprächsgrundlage ab 3 bis 4 Jahre – allerdings unter der Voraussetzung, dass moralinsaures Pädagogisieren ausgeschlossen wird. Humor hingegen ist nicht nur erlaubt, sondern von Vorteil.

Inhalt:

Willi wollte aufbleiben und einen Wildwestfilm ansehen, aber seine Mutter fand es schon zu spät und schickte ihn ins Bett. Willi droht ihr „Dann werde ich wütend“, und weil seine Mutter sich davon nicht beeindrucken lässt, wird Willi wütend. Das Hochkommen dieser Wut ist trefflich im Bild festgehalten: Wie die Wut gewitterwolkengleich „mit Donner, Blitz und Hagel zerplatzt“, wie sie sich aus dem Haus ausbreitet über die Straße, die Stadt und schließlich die Welt, wie sie schließlich Zerstörung hinterlässt, wie sie sich in eine „Explosion des ganzen Weltalls“, sodass schließlich Sonne und Mond, alle Sterne, Willis Land und Stadt, seine Straße, sein Haus und sein Zimmer nur noch Trümmer im All sind. Zuletzt sitzt Willi auf seinem Bett auf einem Trümmerstück im Weltall und weiß nicht mehr, warum er eigentlich so wütend war.

Der Sinn des Buches:
Mutter, Vater, Großvater und Großmutter sagen Willi bei jeder erneuten Steigerung seiner Wut „es reicht". Aber es reicht eben doch noch nicht, und Willi steigert sich weiter in Rage. Es wird deutlich, wie sehr Willi sich in seinem Ingrimm von den Erwachsenen entfernt, sie voller Gedanken-Raserei in die phantasierte Zerstörung hineinstrudelt. Verwüstungsmüde schläft Willi am Ende ein. Er wirbelt in seinem Bett durchs All, begleitet von der Katze, die friedlich auf seiner Bettdecke schläft.

Eine vertrauensvolle Beziehung, eine liebevolle Bezogenheit steht nicht im Vordergrund dieses Buches, jedoch bleibt immerhin die Katze durch alle Verheerungen erschrocken, aber treu, bei Willi. Die Erwachsenen finden lediglich, dass „es reicht" mit dem Wütendsein. Sie dringen jedoch nicht zu Willi durch, können ihn nicht mehr erreichen. Aber es wird klar, dass und wie Willi sich mit seiner Wut isoliert, wie er sich hinauskatapultiert aus der Realität seines Kinderzimmer-Alltags, und wie er in der Phantasie seine Rache-Raserei austobt.

Das sind Bilder, die Kinder mit heftiger Wut-Erfahrung nachvollziehen können. Und sie sind hilfreich, um das wütende Gefühl des Explodierens auszudrücken, das Gleich-in-die-Luft-gehen. Es sind Bilder, die die Weisheit unserer Sprache längst eingefangen hat, Bilder, die so eindrucksvoll sind wie im Märchen der Brüder Grimm, als Rumpelstilzchen vor Zorn mit dem Fuß so fest auf die Erde stieß, „dass es bis an den Leib hinein-

fuhr" – dann riss es sich selbst mitten entzwei.

Die Bilder helfen, eigene feindselige, destruktive Visionen in Worte zu fassen – freilich nicht während eines solchen Ausbruchs, sondern danach, wenn der Zornausbruch verebbt und die Wut abgearbeitet ist.

Das Formulieren der Zerstörungsphantasien und Rachegelüste, das Sprechen darüber, was sie wünschen, dass passieren möge – oder was sie befürchten, dass geschehen könnte! – kann Kindern helfen, die emotionalen Ausbrüche zu verarbeiten. Und natürlich ist es wichtig zu erfahren, dass es für diese schrecklichen Gefühle Wörter gibt, dass man sie benennen, miteinander besprechen und damit auch teilen kann. Was einen Namen hat, ängstigt nicht mehr so sehr.

Wie Sie mit dem Buch umgehen können:
„Den könnt ich ... den könnt ich ... umbringen könnt ich den!" Die sonst so sanfte Sybille knurrt das voller Inbrunst. Sie meint den Jungen, der ihr beim Fangenspielen mehr oder weniger aus Versehen ein Bein gestellt hat, und nun ist von den neuen Lieblingssandalen ein Riemchen gefatzt. „Dem reiß ich auch mal was ab!" Die Mutter fragt lieber nicht nach, was Sybille dem armen Kerl abreißen will. Sie lässt dem Strom der Rachephantasien seinen Lauf und hört nur zu.

Das Reden hilft dabei, zu unterscheiden zwischen dem, was Kinder sich lediglich vorstellen und sich ausmalen, und dem, was real geschieht. Für Sybille mit ihren acht Jahren ist es leicht, Phantasie und Realität voneinander zu trennen. Der

dreijährige Olaf ist noch in einem Alter, in dem Ängste auftauchen können, dass Gedanken und Wünsche auf magische Weise Realität werden könnten. Wenn Olaf jemanden tot-wünscht, braucht er immer noch Mutters Schlusssatz: „Und hinterher soll er noch lebendig sein!"
Weil Sybilles Mutter Humor hat und Musik liebt, legt sie später eine CD auf und singt mit:
„Erst geköpft, dann gehangen.
Dann gespießt auf heiße Stangen,
dann verbrannt, dann gebunden.
Und getaucht, zuletzt geschunden ..."
Osmins herrliche Bass-Arie aus Mozarts „Entführung aus dem Serail" übertreibt die Zerstörung und Vernichtung so herrlich ironisch, dass sie dadurch alle Bedrohlichkeit verliert. Das können auch Kinder begreifen.
Ihre wilden Gedanken und ungezähmten Phantasien haben schon längst Vorgänger. Sogar klassische!

Hiawyn Oram, Tony Ross: Die zweite Prinzessin
Verlag: Carlsen , Hamburg
23 Seiten
22 DM, Erscheinungsjahr 1994
ISBN 3 551 51512 3
Bei Redaktionsschluss im Buchhandel nicht erhältlich. Fragen Sie in der Stadtbücherei danach!

Inhalt:
Es waren einmal zwei Prinzessinnen, die Erste Prinzessin und die Zweite Prinzessin. Die Erste Prinzessin war sehr gerne die Erste, aber der Zweiten Prinzessin gefiel es überhaupt nicht, die Zweite zu

sein. So beginnt die Geschichte, bei der offen bleibt, wer älter ist oder jünger und woher wohl die Eifersucht der Zweiten Prinzessin kommt. Sie ist einfach da, und die Zweite Prinzessin leidet. Schon auf dem Buchumschlag sitzt sie, die Krone neben sich gelegt, den Kopf zwischen die Knie gesteckt, im drohenden Dunkelblau einer nahenden Katastrophe.
Die Zweite Prinzessin sucht Auswege aus ihrer misslichen Lage. Sie möchte – wer könnte das nicht nachfühlen! – die Erste Prinzessin loswerden. Sie bittet den Grauen Wolf, die Erste Prinzessin aufzufressen. Der aber tut so etwas nicht. Auch der Braune Bär, den sie um Hilfe angeht, will nicht mitmachen und will die Erste Prinzessin nicht heiraten.
Die Köchin jedoch ist bereit, der Zweiten Prinzessin die Erste vom Hals zu schaffen – aber nur gegen eine Belohnung: Sie will die Juwelen der Königin.
Als die Zweite Prinzessin gerade im Schlafzimmer ihrer Mutter die königlichen Juwelen eingesteckt hat, wird sie erwischt und abgeführt in den Thronsaal, wo der König das Verhör beginnt: „Was hast du mir zu sagen?" Die Zweite Prinzessin *kann* natürlich unter keinen Umständen sagen, was sie mit den Juwelen vorhatte! Ihr Gewissen malt ihr Schreckensbilder von den Strafen, die ihr drohen, wenn herauskommt, was sie vorhatte.
Die Königin hat schließlich eine Idee, wie sie herauskriegen könnte, was eigentlich los ist, ohne dass die Prinzessin es gestehen muss: Sie rät. Ob die Zweite Prinzessin die Juwelen polieren wollte? Oder „König und Königin" damit spielen? Oder vielleicht eintauschen gegen etwas, das sie unbedingt haben möchte?

Das kommt der Wahrheit sehr nahe, und jetzt kann die Zweite Prinzessin endlich weinen. Sie flüstert, dass sie auch einmal Erste sein möchte. Dann kommt der schönste Absatz in der Geschichte: *Zu ihrer großen Überraschung stürzte der Himmel nicht ein, und die Welt ging auch nicht unter. Stattdessen seufzte die Königin nur erleichtert, und der König sagte: „Gut, dass wir das jetzt wissen. Nun lauf und hilf deiner Mutter, alle Juwelen wieder ordentlich wegzuräumen."* Und sie beschließen, dass künftig die Zweite Prinzessin montags, mittwochs und freitags Erste Prinzessin sein soll und die Erste am Dienstag, Donnerstag und Samstag. *Und am Sonntag sind wir alle Erste.*

Der Sinn des Buches:
Die alltägliche Geschichte der Geschwisterrivalität, vom normalen Wahnsinn der Eifersucht, von unterdrückter Wut, Rachegedanken und vom Tot-Wünschen, dem Kinder noch so nahe sind. Denn tot bedeutet für sie so viel wie weg und aus dem Weg: Wer tot und weg ist, bedroht nicht mehr die eigene Position nah am Herzen der Eltern. Wer tot ist, schmälert nicht mehr die eigene Bedeutung im Familien-Kosmos. Wenn der Störenfried tot ist, ist die Seelenruhe wieder hergestellt. Zumindest ist das die kindliche Vorstellung.
Es kann Kinder entlasten, wenn sie in einer Geschichte ihre eigenen Kümmernisse und deren Lösungs-Phantasien gestaltet sehen. Die Geschichte bildet keine Realität ab, sie malt vielmehr Bilder, die mit ihren märchenhaften Zügen kindliche Erfahrungen und Gedanken beschreiben. Jedes Kind *weiß*, dass hier

nicht etwa „in echt" zum Anheuern eines Killers oder zum Diebstahl aufgerufen wird! Ein Problem – „ich will nicht mehr Zweite sein" – wird in Gedanken durchgespielt – bis hin zu den Gewissensqualen und noch weiter bis zur Hilfe der Eltern, nachdem sie die Not des Kindes erkannt haben.

Umgang mit dem Buch:
Simone hat einen kleinen Bruder – und das heftige Gefühl, dass der ihr alles nimmt, was ihr Leben lebenswert macht. Zumindest glaubt sie das: „Der kriegt seinen Luftballon nach dem Kinderfest heil bis nach Hause – und ich nicht!" Immer geht es ihm besser als ihr: „Mein Meerschweinchen kann man streicheln. Aber sein Kanarienvogel kann singen!" Alles, was dem kleinen Bruder gelingt, scheint ihm nur deswegen zu gelingen, damit sie sich noch schlechter fühlen muss: „Die Tür von seinem Zimmer knallt viel lauter als die bei mir! Und jetzt tut mir auch noch mein Kopf weh davon!!" Natürlich hat sie sich handgreiflich gegen den lästigen Eindringling gewehrt. Aber auch das hat nichts als den Kummer einer moralischen Niederlage gebracht: „Der lässt sich von mir verprügeln – und heult nicht mal!!"
Die Weg-mit-dem!!-Wünsche treten nur wenig verhüllt in Erscheinung: „Ich musste schon die Mandeln rauskriegen. Der soll auch mal weg!"
Was sich vordergründig lustig anhört, offenbart der Mutter jedoch Simones Schmerz über die konkurrierende Gegenwart des kleinen Bruders. Doch selbst das aufrichtigste „ja, mein Spatz, das ist wirklich Mist, wenn's so ungerecht zu-

geht!", ist nur ein Gerede in Simones Ohren. So holt die Mutter an einem Abend das Buch von der Zweiten Prinzessin ans Bett und liest es vor. Sie sprechen dabei nicht etwa über Simone, nein, sie sprechen über die arme Prinzessin, wie es der geht. Warum die wohl so sauer auf die Erste ist?

„Ha!! weil die es immer viel besser hat!"

„Tatsächlich?", fragt die Mutter nach.

„Klar! Die ist immer die Erste! Die ist immer die Beste!" Simones Empörung ist deutlich.

„Mhm", die Mutter muss nicht lange überlegen: „Vermutlich denken alle, die Erste ist die Schönste. Und alle gucken die Erste zuerst an."

„Ja! Und die kriegt die größten Geschenke!"

„Und wahrscheinlich", wagt sich die Mutter vor, „wahrscheinlich geht der Ersten nie ein Luftballon auf dem Heimweg kaputt."

„Nee. Nie!" Da ist sich Simone sicher.

„Kann man ja schon verstehen, dass die Zweite die Erste weghaben will ..." Die Mutter bietet das Thema vorsichtig an.

„Ja, nicht? Dann wäre ja die Zweite die Erste. Dann wäre die auch mal die Beste." Simones Stimme klingt befriedigt bei der Vorstellung.

„Aber das ist ja gar nicht so leicht, die Erste loszuwerden. Da will ja keiner mitmachen", sagt die Mutter. „Der Wolf will sie nicht fressen ..."

„Und der Bär ... der will die auch nicht haben." Simones Stimme klingt nach Aussichtslosigkeit. Es steckt aber auch ein kleiner Triumph darin: „Der findet die ja vielleicht auch so blöde!"

„Da könnte sich die Zweite ein bisschen drüber freuen. Weil der Bär ja genauso denkt wie sie!" Die Mutter bestätigt Simones Wahrnehmung. Und weil Mutter und Tochter ja nur über die Prinzessinnen reden und nicht etwa über eine bestimmte große Schwester mit einem bestimmten kleinen Bruder, kann Simone ihre Gefühle zeigen, ohne sich bloßzustellen.

„Aber weg soll sie trotzdem!", sagt Simone mit der Inbrunst ihrer eigenen Not.

„Da hat sie ja ganz wüste Vorstellungen, was die Köchin mit der Ersten machen könnte ..." sagt die Mutter.

„Verdampfen lassen ...", da muss Simone richtig ein bisschen kichern. „Einen Auflauf draus machen!"

„Naja – hast du schon mal gehört, wenn ich gesagt hab ,den hab ich aber gefressen!', weil mich der geärgert hat?" Die Mutter gibt damit zu verstehen, dass ihr solche Gedanken nicht fremd sind.

Simone muss lachen: „Dann könnten ja alle mittags Erste-Prinzessinnen-Auflauf essen ... Wie der wohl schmeckt!"

Das war keine Frage sondern eher ein Zweifel, ob das wohl überhaupt schmecken könnte. Die Mutter greift den Zweifel auf. „Wenn ich mir die Köchin so angucke ... wie die da rumfuhrwerkt ... Stell dir mal vor, die wäre bei uns in der Küche ..."

„Nee, so'ne Köchin wollen wir nicht. die schmeißt ja die Pfannkuchen an die Decke! Von der esse ich nix!" Das war eine ganz entschiedene Absage. „Und guck mal – da hat die Katze einen Pfannkuchen auf den Kopf gekriegt! Iiiih! So'n Ferkel!"

Nun ist die Köchin zu einer ein wenig zweifelhaften Figur geworden.

„Ganz schön habgierig", stellt die Mutter fest. „Alle Juwelen ...!"

„Guck mal – die hält sich die Lauch-zwiebeln an die Ohren wie Ohrringe!" Simone lacht über den Anblick.

„Vor lauter Vorfreude, was?", sagt die Mutter. „Und die Zweite Prinzessin guckt sich das an ... ob die das lustig findet?"

„Ich weiß nicht", meint Simone. „Wie die guckt! So komisch. mit dem Finger im Mund ..."

„Mir fällt da was auf", sagt die Mutter. „Auf der Seite vorher ist die Prinzessin ganz blass. richtig weiß. Und hier, guck mal, hier ist sie auf einmal rot im Gesicht ..."

Die Mutter erklärt nichts, sie weist nur Simone auf etwas hin, das ihr aufgefallen ist.

„Vielleicht hat die Prinzessin jetzt ir-gendwie ... Schiss", vermutet Simone.

„Könnte sein", bestätigt die Mutter. „Aber sie geht trotzdem ins Schlaf-zimmer ihrer Mutter. Sie kann wohl nicht mehr zurück."

„Wieso eigentlich?" Das versteht Simone nicht.

„Wenn sie jetzt sagen würde ‚wir lassen das lieber', dann könnte ja vielleicht die Köchin petzen gehen. Die könnte ja zum König gehen und sagen: ‚Wissen Sie ei-gentlich, was Ihre saubere Tochter woll-te?'" Simone denkt über das Petzen nach: „Au, das wäre aber mistig!"

„Das findet die Prinzessin sicher auch. Jetzt denkt sie vielleicht: ‚Ich muss die Juwelen holen, dann schafft die Köchin die Erste Prinzessin weg. Und dann hält die Köchin den Mund, weil sie ja dann die Juwelen hat.'" Sie schauen weiter die Bilder an.

„Das ist richtig spannend, wie die Prin-zessin sich da reinschleicht ..." Simone hält die Luft an.

„Und hier – da steht sie wie ein großer Gewinner", sagt die Mutter. „Hat sich die Juwelen selber umgehängt und hält sich die Schüssel hoch über den Kopf. ‚We are the champions', könnte sie jetzt singen."

„Und dann kommen sie alle rein ..." Si-mone spürt richtig den Schrecken.

„Ja. Jetzt wird sie erwischt. Und wie die alle gucken – Zofen, Hofdamen ..."

„Die fallen ja alle auf einen Haufen!", sagt Simone.

„So viele! Auch noch die Leibwachen und der Oberkammerherr ... und dann kommt noch der König! – Wie's jetzt wohl der Prinzessin geht?"

„Guck mal, wie die guckt!" Simone be-achtet ganz genau das Gesicht der Prin-zessin, die vom König abgeführt wird: „Die hat einen Schrecken gekriegt!"

„Ich glaub auch", bestätigt die Mutter. „Guck nur, wie sie jetzt im Thronsaal sitzt! So klein auf dem Riesenstuhl! Und der König ist auch so groß ..."

„Da hat sie aber richtig Schiss." Das sieht Simone auf den ersten Blick. „Und der Vater will jetzt wissen, was sie da eigent-lich wollte, mit den ganzen Juwelen ... Der wartet jetzt, dass die was sagt."

„Meinst du, sie sagt was?"

„Bestimmt nicht", da ist Simone sich sicher. „Das kann sie nicht sagen. Das ist zu schlimm."

„Mhm", die Mutter kann das auch verste-hen. „Sag mal, wenn du der König wärst oder die Königin, was würdest du denn da machen?"

„Vielleicht wär ich wütend. Weil die mich ja beklaut hätte. Das darf man doch gar nicht!" Simone kaut auf der Unter-lippe. „Aber vielleicht täte die mir auch leid. Weil sie ja doch mein Kind wär. Und weil sie so dolle Angst hat."

„Das hast du auf dem nächsten Bild gesehen, ja? Wo sie sich vorstellt, was die jetzt vielleicht mit ihr machen könnten ..."

„Iiih, ja. Guck bloß: die Hand abhacken! Oder rausschmeißen aus dem Schloss. Dass sie weggehen muss. Für immer ... Das würd ich auch nicht wollen ..." Simone ist voller Mitleid mit der Prinzessin.

„Glaubst du denn, dass die beiden ihr Kind wirklich rausschmeißen würden? Oder die Hand abhacken?" Der Mutter wird ganz mulmig, wenn sie denkt, Simone könne so etwas glauben.

„Nee ... nicht wirklich", beschwichtigt Simone sie. „Aber die Prinzessin hat eben so Schiss."

„Ich glaub, die hat ein schlechtes Gewissen", meint die Mutter. „Und das weiß die Königin auch. Und sie weiß, dass die Prinzessin sich jetzt schämt. Deswegen fängt sie an zu raten."

„Damit die Prinzessin das nicht selber sagen muss?" Simone fragt das zwar, aber sie spürt sehr gut, dass das stimmt. Und tief innen ist sie dankbar dafür dass die Königin rät und die Prinzessin nicht alles sagen muss. Sie weiß nur zu gut, wie fürchterlich einen das quält, wenn man eine Missetat aussprechen muss!

„Schau – jetzt hat's die Königin fast ganz geraten. Sie will gar nicht genau wissen, was die Prinzessin sich alles gedacht hat ... das mit dem Verdampfen oder mit dem Auflauf muss die Prinzessin ihr gar nicht erzählen ..."

„Nee, das wär ja auch noch mal schlimmer ..." Simone spürt, dass es der Prinzessin gut tut, ein paar Sachen nicht auszusprechen zu müssen. „Die schämt sich ja so schon halb tot!" „Ja, sie schämt sich so sehr, dass sie sich am liebsten verstecken möchte und gar nicht mehr da sein."

„Aber sie kann ja auch nicht weg. Der Papa und die Mama, die haben die doch lieb und passen bestimmt auf sie auf!" Simone ist die Geschichte so nahe gegangen, dass sie für einen Satz aus König und Königin in der Geschichte sehr persönliche Figuren macht, nämlich Papa und Mama. Die Mutter ist klug genug, sie nicht darauf anzusprechen.

„Ja, die haben ihr Kind bestimmt sehr lieb", sagt die Mutter. „Deswegen sind sie auch froh, als sie wissen, was die Prinzessin für Kummer hat. Das ist doch sonst schrecklich, wenn das Kind Kummer hat, und die Eltern wissen das nicht mal."

Simone denkt darüber nach und stellt fest: „Dann können sie ja nicht helfen, wenn sie's gar nicht wissen."

„Eben. Jetzt können sie das aufteilen mit dem Erste-Prinzessin-Sein. Das ist dann gerecht", meint die Mutter.

Simone seufzt. „Aber Mama", sie zögert.

„An manchen Sachen können Eltern gar nichts ändern."

„Was meinst du denn damit?" Die Mutter ist gespannt, was Simone noch durch den Kopf geht.

„Naja ... wenn die eine Glück hat mit irgendwas. Und die andere gar nicht. Da können Eltern ja auch nichts ändern!"

„Ach so ... Du meinst, wenn der Luftballon von der einen Prinzessin platzt und der von der anderen Prinzessin bleibt heil – ?" Das ist sehr nahe an Simones Realität, und die Mutter ist sich nicht sicher, ob sie damit nicht zu weit gegangen ist.

Simone nickt stumm mit dem Kopf.

„Manchmal hab ich immer Pech!", fährt es lich aus ihr raus. „Und der gar nicht." Die Mutter weiß sehr gut, dass der kleine Bruder gemeint ist.

Sie nimmt Simone in den Arm und wiegt sie sacht. „Ja, manchmal hast du viel Pech. Und das ist grässlich. Und wenn jemand anderes gerade Glück hat, dann ist das noch viel schlimmer ...‟
Simone schnieft.
„Dann darf man auch weinen, wenn es ganz schlimm ist‟, bestätigt die Mutter die Tränen, die schon auf dem Weg in die Augen sind.
Sie schweigen eine Weile.
„Kleine Brüder sind Scheiße.‟ Der Satz kommt aus Simones tiefstem Herzen. Die Mutter ist erschrocken. Aber sie ist auch erleichtert, weil Simone ihre Wahrheit so unverblümt ausgesprochen hat. Das ist immerhin ein Zeichen von Vertrauen!
„Ja ...‟ antwortet sie zögernd. „Manchmal musst du dich wirklich sehr ärgern. Und dann sieht es tatsächlich so aus. als ob immer nur du Pech hättest. Dann denkst du vielleicht auch, dass du es allein besser hättest ... wenn du die Erste und Einzige sein könntest ...‟
Die Mutter kann mit dem Buch keinen Schmerz wegmachen. Aber Bücher können Anlass sein, über einen Schmerz zu sprechen. Sie spricht mit Simone über die Prinzessin und *deren* Kummer. Sie meint dabei aber immer auch Simone und *deren* Kummer. Sie baut ihrer Tochter mit dem Buch eine Brücke, damit sie unverschlüsselt etwas von sich selbst preisgeben kann. Und die Mutter zeigt ihr, dass sie sie versteht und nicht alleinlässt. Sie kann dem Mädchen über das Buch vermitteln: „Es gibt Eifersucht, es gibt Rachegedanken, es gibt schreckliche Gefühle – aber: Wir können mit ihnen fertig werden. Wenn wir nicht alleingelassen sind.‟

Hermann Schulz, Wiebke Oeser:
Sein erster Fisch
Verlag: Peter Hammer, Wuppertal
32 Seiten
26,80 DM, Erscheinungsjahr 2000
ISBN 3 87294852 0

Alter: für Kinder ab 5 Jahren

Inhalt:
Raul und seine Eltern besuchen den Großvater an einem Wochenende am Meer. Während die Eltern am Strand liegen, gehen der kleine Junge und der alte Mann angeln. Sie besorgen sich einen Eimer für die erhoffte Beute, sammeln Würmer und kleine Krebse als Köder und nehmen auch ein Messer mit. Und dann wird es Ernst: Raul lernt von seinem Großvater das Angeln: das Festmachen des Köders, das Auswerfen und Einholen der Angel. Er lernt die Technik, und er lernt, dass er Geduld braucht, denn „ein guter Angler überlässt dem Fisch den richtigen Zeitpunkt.‟
Schließlich hat Raul einen wunderschönen großen Fisch an der Angel. Während er ihn vom Haken löst, schauen die Gäste im Restaurant hinter ihnen gespannt zu. Doch als dann der Fisch zappelnd auf den Brettern des Bootsstegs liegt, melden sich die Gäste lautstark und entrüstet: das sei ja Tierquälerei, sie sollen den Fisch wieder ins Wasser werfen. Raul ist verunsichert: Was soll er tun? Der Großvater bleibt gelassen. „Es ist dein Fisch‟, sagt er ruhig. Raul steht der Schweiß auf der Stirn, sein Blick wandert zwischen den aufgebrachten Zuschauern und dem Fisch hin und her.
Der Großvater hält ihm das Messer hin und sagt: „Wenn du ihn töten willst, dann

tu es sofort." Und: „Du hast ihn gefangen und du trägst die Verantwortung für den Fisch. Hör nicht auf das, was die Leute rufen."
Raul entscheidet sich und tötet den Fisch, Tränen in den Augen. Die Restaurantgäste sind empört. Der Großvater legt ihm den Arm um die Schulter und sagt: „Hör nicht auf sie. Du hast alles richtig gemacht." Raul beruhigt sich nur langsam. Er is traurig, wenn er an seinen Fisch denkt, aber auch ein bisschen stolz. Die Gäste im Hintergrund empörten sich weiter.

Der Sinn des Buches:
Das Buch schildert, wie Raul das Handwerk des Tötens erlernt. Ich kann verstehen, wenn Mütter im ersten Moment erschrecken über die schlichte Deutlichkeit, in der dies geschieht. Ist Töten nicht die schlimmste, die böseste Aggression? Darf man das einem fünfjährigen Kind zumuten? Kann ihm das nicht schaden? Das Buch selbst gibt die Antwort, wenn auch zwischen den Zeilen.
Alle Menschen essen, sonst würden sie sterben. Menschen essen nicht nur Gemüse und Obst, Getreide und Kartoffeln. Sie essen Schnitzel, Lachsfilets oder Hacksteaks, Kinder essen Fischstäbchen, Fleischwurst und Pizza, auf der Schinkenstreifen oder Thunfischstücke liegen, Muscheln oder Krabben. Wir essen, wenn's geht, mit Genuss, und das ist auch gut so. Dabei vergessen wir jedoch allzu leicht, dass wir für unsere Ernährung unter anderem auf Tiere angewiesen sind, Mit-Lebewesen, mit denen wir verantwortungsvoll umgehen wollen. Das Töten der Tiere übernehmen Schlachthöfe oder Metzger. Es spielt sich also weit weg

von unserem Leben ab, anders als ich es noch als Kind auf einem Bauernhof erlebt habe, wo ein Kälbchen im Stall großgezogen und dann geschlachtet wurde. Wir aßen davon, ohne Grausen, ohne Reue, denn das Kälbchen hatte ein kurzes, aber gutes und freundliches Leben gehabt. Die Dinge waren so geordnet, und sie waren in Ordnung.
Raul lernt eine wichtige Lektion. Er lernt, dass er den Fisch fangen kann, mit der Freude am Angeln, an seiner eigenen Geschicklichkeit dabei und mit der Freude am Beutemachen. Er muss den Fisch zwar nicht zum unmittelbaren Stillen eines Hungers töten, doch geht es um's Grundsätzliche: Töten, weil wir Menschen Nahrung brauchen. Raul trägt die Verantwortung für den Fisch, es ist *sein* Fisch und *er* muss entscheiden, was er tun will. Wenn er entscheidet, dass er seinen Fisch tötet, dann, so lehrt ihn der Großvater, muss er es schnell tun, damit der Fisch nicht lange leidet. Dadurch lernt Raul, dass er ein Nahrungstier töten darf, dass er es jedoch im Bewusstsein seiner Verantwortung für die Schöpfung tun soll.
Und die Menschen, die „Tierquälerei" rufen? Sie lügen. Sie lügen, weil sie doch selbst im Fischrestaurant beim Essen sitzen – sie haben nur nicht selbst getötet, sondern töten lassen. Sie haben die Verantwortung abgegeben – genießen aber dennoch den Vorteil, den Genuss, den sie vom Tod der Fische haben. Den Tod der Fische haben sie verdrängt.

Wie Sie mit dem Buch umgehen können:
Die fünfjährige Cilly kommt hungrig aus dem Kindergarten. „Was gibt's denn heu-

te?", fragt sie in Richtung Küche. „Das riecht so lecker!"

„Gegrillte Hähnchenschlegel" sagt die Mutter.

„Was sind das: Schlegel?", fragt Cilly.

„Das sind Hühnerbeine", erklärt die Mutter.

„Echte Beine?" Cilly scheint zu zweifeln.

„Richtig von einem echten Huhn abgemacht?"

Irgendetwas in Cillys Stimme macht, dass die Mutter sich unbehaglich fühlt. Sie sucht nach einer Antwort, die nach Möglichkeit weitere Fragen verhindert. Sie möchte ihr kleines Mädchen nicht beunruhigen. Und blutige Realität – das muss doch nicht gerade jetzt sein, vor dem Essen!

„Sag mal, Mama: Von einem echten Huhn?", insistiert Cilly.

„Ja", gibt die Mutter widerstrebend zu. „Aber das lebt nicht mehr", hängt sie noch dran. Und dann kommt glücklicherweise der achtjährige Heiko nach Hause.

„Ich hab einen Mordshunger", ruft er schon im Flur.

„Na, dann komm mal schnell rein", sagt die Mutter. „Wir können gleich essen."

Cilly begrüßt ihren Bruder, und die Mutter ist froh, dass Cilly die Hühnerbeine vergessen hat. Doch da hat sie sich getäuscht. Als sie nämlich, jeder mit einem Schlegelchen in der Hand, genüsslich an den Knöchelchen nagen, fängt Cilly an: „Weißt du was, Heiko? Das hier sind echte Beine von richtigen Hühnern!"

„Na und?" Heiko bleibt ungerührt.

„Wie macht man die eigentlich ab?", fragt sie.

Heiko zuckt die Schultern. Er isst. da kann er keine Fragen seiner kleinen Schwester brauchen.

„Mama, sag mal: Wie macht man die Beine ab?", will Cilly wissen.

Die Mutter fühlt sich unbehaglich. „Musst du das unbedingt jetzt beim Essen wissen?" Sie hat das Gefühl, dass sie bei Tisch nicht in der richtigen Stimmung ist. Jetzt hat Heiko den Knochen auf die Seite gelegt. Er sagt: „Na wie wohl – abgehackt natürlich!"

Cilly blickt unsicher von Heiko zur Mutter. Die Mutter holt tief Luft, sucht nach einer Formulierung, aber Heiko kommt ihr zuvor: „Haste noch nie Papas Beil in der Garage gesehen? Da nimmste so'n Huhn, hältst es fest und zack! – Kopf ab." Er führt eine Pantomime auf dem Tisch auf. „Und noch mal zack! und zack!, und dann sind die zwei Beiner ab."

Das reicht der Mutter. Sie sagt: „Also, Heiko, das heißt Beine und nicht Beiner. Und außerdem will ich jetzt in Ruhe fertig essen. Wenn wir nachher abgeräumt haben, dann können wir meinetwegen über Schlachten reden."

Sie hat natürlich schon längst gewusst, dass das Thema Schlachten und das Essen von Tieren irgendwann aufkommen würde. Bisher hat sie es aber immer geschafft, sich darum herum zu mogeln. Sie weiß zwar, dass sie ihren Kindern die Realität zumuten darf.

Realität, in Ruhe erklärt, ist niemals so verhängnisvoll wie vages Verschleiern. Das würde lediglich dazu führen, dass die Kinder sich mit den übelsten Phantasien plagen müssten. Das weiß sie – aber das Thema Schlachten ist ihr doch etwas zu blutig!

An diesem Tag isst sie sehr langsam und denkt nach. Sie ist sich nicht sicher, ob sie den Kindern richtig antworten kann auf ihre Fragen. Aber was ist schon richtig?

Wichtig ist, dass sie aufrichtig sagt, was sie denkt. Und wenn sie unschlüssig ist und noch nicht weiß, *was* sie wirklich denkt, kann sie doch zumindest *das* ihren Kindern sagen. Auch wenn das manchmal sehr schwer fällt, weil Mütter oft meinen, sie müssten alles wissen oder zu allem eine durchdachte Meinung haben. „Ich möchte noch darüber nachdenken", sagt sie den Kindern nach dem Essen. „Dann reden wir drüber. Versprochen!"

Zu Cillys letztem Geburtstag hatte eine Tante das Bilderbuch „Sein erster Fisch" geschickt. Die Mutter hatte es erst einmal in ihren Schrank gepackt. Das Thema wollte sie lieber noch eine Weile vor sich her schieben. Nun scheint jedenfalls der Augenblick gekommen, um das Buch als Hilfe hervorzuholen.

Beim Aufräumen in der Küche erinnert sich die Mutter daran, dass sie als Kind Ferien bei ihrer Oma auf einem Bauernhof gemacht hat. Außerdem fällt ihr ein, wie ihre Mutter früher auf dem Markt Fische gekauft und daheim ausgenommen hat. Sie denkt daran, wie gern sie Rogen isst oder geräucherte Forellenfilets. Oder Heringstopf mit Pellkartoffeln. Oder eben, wie heute, gegrillte Hähnchenschlegel.

„Merkwürdig", denkt sie, „irgendwie kommt das Essen in meinen Gedanken nur aus einem Laden oder vom Metzger. Ich denke nie daran, was der Schlegel früher war. Eigentlich merkwürdig – ich hab's doch als Kind gewusst!"

Am Nachmittag gibt sie sich einen Ruck: „Kommt, ihr zwei. Ich möchte ein Buch mit euch anschauen. Und dann reden wir über Hühnerbeine."

Sie setzen sich aufs Sofa, die Mutter liest vor. Cilly kriegt große Augen, als sie hört, dass Raul dem Fisch den Kopf abschneidet. „Iiii", sagt sie. „Das tät ich nicht!"

Heiko gibt sich stark und sagt: „Ein Messer! Geil, ey! Der Frank in meiner Klasse, der hat auch eins, sooo groß! Der kann noch viel größere Köpfe abschneiden damit!"

„Mach mal halblang", dämpft die Mutter ihn. „Frank schneidet sicher keine Köpfe ab. Höchstens vom Löwenzahn Und übrigens: du kriegst erst dann ein Messer, wenn du mit Papa geübt hast, wie man damit umgeht." Und zu Cilly gewandt: „Cilly, was ist ‚Iiii'? Findest du das eklig?"

„Ich weiß nicht ... ein bisschen schon. Der blutet doch bestimmt, der Fisch!"

„Ja", bestätigt die Mutter, „der blutet sicher. Ekelst du dich davor?"

„Ein bisschen ... so ganz echtes Blut ... nicht bloß Marmelade, wie im Film ... oder Ketchup ..."

Cilly denkt nach. Dann sagt sie: „Der würde doch sicher lieber wieder ins Wasser gehen statt tot zu sein. Schwimmen. Und zu seinen Freunden!"

Heiko ist ernst geworden. „Ich find den Raul gemein. Und der Großvater ist komisch. Ehrlich – dass der den Raul das einfach machen lässt ... dass der dem auch noch das Messer gibt und zuguckt!"

„Habt ihr Mitleid mit dem Fisch?", fragt die Mutter. – „Klar", sagt Cilly. „Ich wär doch auch nicht gern tot und auf irgendwem seinem Teller! Du vielleicht?"

„Ich werd' auch nicht gern gefressen", gibt Heiko zu. „Und schon gar nicht von dir", sagt er in Cillys Richtung.

„Wir brauchen etwas zu essen, damit wir leben können", sagt die Mutter.

„Och, das wissen wir doch alles schon längst! Das erzählst du uns immer, wenn wir den blöden Blumenkohl nicht essen wollen", sagt Heiko.

„Oder wenn ich Eis statt Mittagessen will", ergänzt Cilly altklug. „Dann erklärst du uns immer so gesunde Sachen."

„Und jetzt sag ich's halt noch mal." Die Mutter lässt sich nicht beirren. „Wir brauchen nicht nur Gemüse und Obst und Kartoffeln und Getreide. Wir brauchen auch Sachen, die nur im Fleisch oder im Fisch drin sind. Das können wir uns nachher noch anderswo angucken, wenn ihr das genauer wissen wollt. Wichtig ist jedenfalls, dass wir auch Fleisch und Fisch brauchen."

„Und deswegen essen wir Tiere", sagt Heiko. „Mann, der Frieder sagt immer, ich hätte eine Leichenscheibe auf dem Brot, wenn du mir Schinken aufs Pausenbrot gepackt hast!"

Die Mutter seufzt. Die Ausdrucksweise gefällt ihr nicht. „Aber vielleicht", denkt sie, „drückt er das so krass aus, weil ihm die Sache unangenehm ist. Das Wissen, dass wir Tiere essen oder Teile von Tieren." Sie weiß: Es ist bei Kindern nicht anders als bei Erwachsenen: Grobheit oder betont forsches Auftreten verdeckt oft genug Unsicherheit und Beklommenheit. Cilly meint: „Lebende Tiere kann man doch auch gar nicht essen."

„Stimmt", sagt die Mutter. Und sie hofft, dass Heiko sich heute die Geschichte verkneift, wie ein Mann im Film einen lebendigen Fisch aus dem Aquarium verschluckt hat. „Deswegen müssen Menschen die Tiere schlachten, von denen sie etwas essen wollen. – Denkt mal dran, was die Katze macht."

„Ich hab neulich gesehen, wie die Miez von nebenan 'ne Maus angeschleppt hat", erzählt Heiko. „Erst hat sie damit gespielt. Und dann hat sie sie kaputt gemacht und gefressen."

„Die könnte doch auch Katzenfutter fressen", meint Cilly.

„Da ist auch Fleisch von Tieren drin", sagt die Mutter. „Nur nicht von Mäusen. Irgendwelches Fleisch oder Fisch muss auch für Katzen sein. Oder für Hunde."

„Wir sind aber doch keine Katzen und Hunde. Wir sind gar keine Tiere", protestiert Cilly gegen einen Gedanken, den die Mutter noch gar nicht ausgesprochen hat.

„Menschen sind schon auch ein bisschen wie Tiere", sagt die Mutter. „Menschen kommen klein auf die Welt, sie müssen wachsen und erwachsen werden. Sie müssen essen und trinken und aufs Klo wie Tiere auch."

„Ein Fisch auf'm Klo!" Heiko prustet los.

„Oh Heiko! Kriegst du deine albernen fünf Minuten? – Schau, viele Tiere fressen nicht nur Pflanzen oder Körner, sondern andere Tiere. Igel fressen Schnecken. Bussarde oder Füchse fressen Mäuse. Regenwürmer werden von Vögeln gefressen. Die größeren Tiere ernähren sich von den kleineren."

„Und wer frisst uns?", fragt Cilly.

„Am Ende, wenn wir tot sind, fressen uns Bakterien oder Würmer", sagt die Mutter. „Dann können wir wieder zu Erde werden."

„So wie im Komposthaufen?", fragt Heiko.

„Ja, so ähnlich", sagt die Mutter.

„Aber dass der Raul ein Messer nimmt und dem Fisch den Kopf abschneidet ..." Cilly lässt das keine Ruhe.

„Er hat ja den Fisch gefangen", überlegt Heiko. „Das ist seiner, hat der Großvater gesagt. Und da muss er entscheiden, was er machen will. Wenn er ihn nachher essen will, muss er ihn ja wohl totmachen."

„Er könnte ihn doch auch einfach liegen lassen, dann stirbt er von selbst", sagt Cilly. „Dann muss Raul nicht mit dem Messer ran!"

„Da würde der Fisch auch sterben. Aber er würde langsam ersticken, Cilly", gibt die Mutter zu bedenken. „Das wäre eine Quälerei für den Fisch."

„Hat der Großvater *das* gemeint, als er das mit der Verantwortung gesagt hat?" Heiko ist ernst geworden.

„Ich denke, ja", meint die Mutter. „Wenn wir denn schon Tiere essen, weil wir sie zum Essen brauchen, dann müssen wir wenigstens zusehen, dass die Tiere nicht unnötig leiden."

„Hast du mal selber ein Tier totgemacht, außer Mücken totschlagen?", möchte Heiko wissen.

„Zum Essen, meinst du? – Nein", sagt die Mutter. „Aber ich war als kleines Mädchen auf dem Bauernhof bei meiner Oma. Und die hat manchmal für den Sonntag ein Huhn vom Hof geholt. Sie hat es erst gefüttert und hat freundlich mit ihm geredet. Und dann hat sie es ganz schnell gepackt, mit einem Griff, und hat ihm den Kopf abgehackt. Ich habe ihr nachher geholfen, die Federn rauszureißen."

„Tut das denn nicht dem Huhn weh?", will Cilly wissen.

„Nee, du Dussel" sagt Heiko. „Einem toten Huhn ist das doch völlig wurscht!"

„Ach ja ... stimmt", sagt Cilly ganz in Gedanken. „Und dann hast du das echt gegessen?"

„Ja, wir haben alle davon gegessen", erzählt die Mutter. „Die Oma konnte so tolle Sachen aus einem Huhn kochen, unheimlich lecker!"

„Na weißt du", entrüstet sich Heiko. „Erst totmachen und sich dann noch freuen – ?"

„Ich glaub, ich weiß, was du meinst, Heiko: Ob das fies ist, wenn man Freude am Essen hat, wo doch das Huhn dafür sterben musste, ja?"

„Ja. Das arme Huhn! – Und der arme Fisch ..."

„Mhm", die Mutter kann das verstehen. „Das Tier musste sterben. Das war traurig für das Huhn oder für den Fisch. Das ist die eine Seite von der Geschichte. Es gibt aber auch eine andere Seite: Wir brauchen das Fleisch vom Huhn oder vom Fisch. Und so ein Huhn, fertig gekocht und mit leckerer Sauce ... oder der Fisch ... denk mal, wie gern ihr Fischstäbchen esst! Das schmeckt richtig gut. Darüber darf man sich freuen. Niemand muss deswegen ein schlechtes Gewissen haben."

„Sonst muss man aber wegen Totmachen immer ein schlechtes Gewissen haben", sagt Cilly. „Mörder oder so Leute! Weil die böse sind"

„Stimmt", gibt die Mutter zu. Aber sie hat das Gefühl, dass da noch ein Problem steckt.

Dann fällt ihr etwas ein: „Sagt mal – macht es einen Unterschied, ob einer ein Huhn tötet zum Essen – oder ob Raul einen Fisch tötet?"

„Irgendwie schon", meint Heiko. Und Cilly sagt: „Einen Fisch kann ich nicht streicheln ... Und ein Huhn, das ist vielleicht mehr wie ein Hund ..."

Heiko lacht los, aber die Mutter bremst ihn: „Lass mal, Heiko. Ich glaube, da ist was dran. Ein Fisch aus dem Meer – den kennt keiner. Da gibt's so viele. Der ist zufällig an die Angel gekommen."

„Aus Dummheit", vermutet Heiko.

„Das weiß ich ja nun nicht", meint die Mutter. „Jedenfalls, ein Huhn, auf dem Bauernhof – mit dem lebt man zusammen. Das hat vielleicht einen Namen. Berta oder so. Das gehört dann fast schon zur Familie. Meinst du das, Cilly?"

„Ja." Cilly nickt. „Sag ich doch: Das Huhn ist wie ein Hund!"

„Du tillst", sagt Heiko, aber dann räumt er ein: „Irgendwie ist das schon so ähnlich. Der Raul, der hat den Fisch geangelt. Und der Großvater sagt, das ist jetzt sein Fisch. Dann ist der auch ein bisschen ... ich weiß nicht ... wie ein Hund."

Die Mutter hilft ihm: „Der Fisch ist jetzt *Rauls* Fisch und nicht mehr irgendeiner von hunderttausend Fischen im Meer?"

„Ja – ich glaub so ungefähr."

„Mhmm", die Mutter weiß jetzt, in welche Richtung die Gedanken der Kinder gehen. „Es ist Rauls Fisch, so wie es damals Omas Huhn war. Ein Tier, zu dem jemand eine Beziehung hat."

„Was ist das: Beziehung?", will Cilly wissen.

„Puuh", sagt die Mutter. „Das ist aber mal schwer! – Also, das ist, wenn du jemand kennst, mit dem zu tun hast, vielleicht ist es dein Freund oder der geht mit dir in dieselbe Klasse. Dann ist das kein Fremder mehr, wenn du eine Beziehung zu dem hast." Besser kann's die Mutter nicht erklären. Cilly hat's trotzdem verstanden.

Die Mutter denkt an eine Freundin, die Vegetarierin ist und die gute Gründe dafür hat, kein Fleisch oder Fisch zu essen. Und sie denkt daran, dass sie selbst beides gern isst, wenn auch nicht jeden Tag.

Sie sagt: „Wisst ihr, das muss jeder für sich entscheiden, ob er Fleisch essen möchte. Oder Fisch. Oder keins von beidem."

„Du und Papa, ihr habt gesagt, dass wir Sachen von Tieren essen wollen?", will Cilly wissen.

„Ja", sagt die Mutter. „Aber wir wollen nicht, dass Tiere unseretwegen leiden müssen. Deswegen essen wir nicht jeden Tag Fleisch oder Fisch. Und wir kaufen nach Möglichkeit da ein, wo wir wissen, dass die Tiere nicht endlos lang rumgefahren werden zum Schlachten oder qualvoll sterben müssen."

„Tot ist aber doch tot", wendet Heiko ein. „Und tot ist immer schlimm."

„Mhmm", macht die Mutter nachdenklich. „Aber denk mal: Alles, was lebt, muss sterben. Tot ist doch auch ... was Normales, oder?"

„Ja ... irgendwie schon. Aber wenn der Fisch nicht mehr schwimmen darf oder wenn ein Huhn nicht mehr rumlaufen kann – dann ist das doch blöd für die!" – „Und wenn der Fisch vorher ein schönes Leben gehabt hat ... oder das Huhn?" Die Mutter fragt nicht wirklich die Kinder, sie fragt auch in sich selbst hinein. Dann sagt sie: „Ich weiß keine endgültige Antwort auf alle Fragen. Für mich selbst ist noch so vieles offen! Und dann gibt es Fragen, über die man immer und immer wieder nachdenken muss ..."

„Hat dir deine Mama das denn nicht beigebracht, was richtig ist?", will Cilly wissen.

„Viele Sachen hat sie mir beigebracht, Schatz", sagt die Mutter. „Aber alles, wirklich alles – das kann niemand seinen Kindern beibringen. – Jedenfalls", kommt die Mutter noch einmal auf das Buch zurück, „ich finde es nicht in Ordnung, dass die Leute im Restaurant Fisch essen – und auf Raul schimpfen. Denn die Fische bei denen auf dem Teller sind ja auch mal lebendig gewesen und dann getötet worden."

„Stimmt", wendet Heiko ein, „aber die Leute haben die Fische nicht totgemacht!"

„Du meinst, wenn die Leute den Fischen nicht selber den Kopf abgeschnitten haben, dann haben sie auch nichts mit deren Tod zu tun?"

„Ja. Der Raul, der hat den Fisch selber totgemacht, das ist was anderes."

„Findest du, dass das Selber-Totmachen schlimmer ist, als wenn du einen Fisch isst, der von jemand anders totgemacht worden ist?"

Heiko zögert. „Irgendwie ja", sagt er schließlich.

„Jemand anderes hat das Töten *anstelle* der Leute im Restaurant erledigt. Die Leute bezahlen ja dafür, dass jemand den Fisch erst gefangen und dann getötet und gekocht hat."

„Hm", sagt Heiko.

„Ich glaub, wir können das nicht alles auf einen Sitz verstehen", schließt die Mutter vorerst das Kapitel ab. Sie weiß, dass manche Fragen immer wieder neu beantwortet werden müssen. Die Frage nach dem Recht des Menschen, Tiere zu töten, gehört sicher dazu.

Ihr fällt ein, dass sie einmal von einem Volk gelesen hat, dessen Angehörige sich bei dem Tier, das sie erlegt haben, entschuldigen. Vielleicht könnten sie auch darüber einmal miteinander nachdenken. Damit das Töten nicht gedankenlos als Notwendigkeit hingenommen wird. Und damit es nicht einfach vergessen und ausgeblendet wird.

Kirsten Boie: Nicht Chicago.
Nicht hier.
Verlag: Oetinger, Hamburg
16,80 DM, 120 Seiten
Erscheinungsjahr 1999
ISBN 3 7891 3131 8

Alter: ab 12 Jahre

Inhalt:

Niklas, seine Schwester Svenja und die Eltern – eine normale Familie, ein normaler Alltag, und doch braut sich Unheil zusammen, denn Karl kommt in Niklas' Klasse. Karl, der absolut cool und unberührbar auftritt und Niklas einerseits beeindruckt, andererseits jedoch etwas an sich hat, das sich irgendwie unheimlich anfühlt. Die Klassenlehrerin bemüht sich um Integration des Neuen und fördert partnerschaftlichen Arbeitsstil. So kommt Karl zum Hausaufgabenmachen zu Niklas. Dort steckt er einfach eine CD ein, die noch dazu Svenja gehört. Beim nächsten Besuch leiht Niklas ihm unter Druck das CD-ROM-Laufwerk von Vaters Computer. Und nun wird deutlich, dass etwas in Gang gekommen ist, das den Namen Terror zu Recht verdient.

Niklas kriegt mit seinem Vater großen Ärger, als der das Laufwerk vermisst. Und als Karl behauptet, Niklas habe ihm das Laufwerk verkauft, ist der Vater ratlos: Was ist in Niklas gefahren? Lügt er? Aber warum?

Niklas fühlt sich in einer ausweglosen Situation: Er ist nicht völlig unschuldig, gerät dadurch jedoch immer tiefer in die Isolation, überzeugt, dass niemand ihm glauben wird. Tatsächlich scheint auch stets alles gegen ihn zu sprechen. Sogar die Lehrerin beklagt Niklas' irrationale

Abneigung gegen Karl. Der übt immer stärkeren Druck aus, tyrannisiert Niklas, schlägt ihn zusammen, geht dabei jedoch dermaßen geschickt vor, dass es niemals Beweise gibt für seine kaltblütigen Taten. Es dauert lang, bis die Familie Niklas glaubt und sich hinter ihn stellt.
Zu einer Anzeige bei der Polizei reicht es niemals. Selbst tagelanger Telefonterror ist schwer zu beweisen. So ist das Ende der Geschichte denn auch kein happy end.

Der Sinn des Buches:
Der Plot ist nicht irreal, nicht an den Haaren herbeigezogen, sondern er ist von der (hässlichen) Wirklichkeit abgeschrieben. Das offene Ende, unbefriedigend für Harmonieverfechter, lässt Raum für eigene Überlegungen, wie es in der Lebensrealität weitergehen könnte und welche Handlungsspielräume die Leser sehen.

Umgang mit dem Buch:
Die Mutter hat das Buch selbst gelesen, bevor sie es dem zwölfjährigen Ole gegeben hat. Sie ist gespannt, wie er wohl Karl findet – zweifellos kann er für manchen Jungen faszinierend sein. Auch Elf-, Zwölfjährige sind in der Lage, ihre emotionalen Reaktionen auf Karl zu beobachten, und so fragt sie einfach drauflos: „Wir findest du eigentlich den Karl?"
„Och", sagt Ole, „zuerst find ich den eigentlich nicht so schlecht, irgendwie."
„Was gefällt dir an ihm?" Sie fragt interessiert, nicht etwa entrüstet.
„Na, der ist echt cool. Wie der mit der Lehrerin redet ... also, der spricht gar nicht richtig mit ihr. Der bringt die irgendwie ... durcheinander."
„Ich glaub, das tätest du auch mal gerne, was?"

„Ja, klar. Der macht ja eigentlich nichts wirklich Schlimmes. Der ist bloß irgendwie ... stärker als die." „Das wäre schön, wenn du auch mal das Gefühl haben könntest, stärker zu sein ... wo du doch sonst immer machen musst, was die Lehrer sagen ..."
„Ja, schon ...", gibt Ole zu. Die Mutter versteht das gut. Ihre eigene Schulzeit ist noch nicht so lange her, dass sie sich nicht mehr daran erinnern könnte, wie ohnmächtig wütend sie manchmal auf einen bestimmten Lehrer war.
„Und wann, findest du, wird der Karl unangenehm?"
„Also, wie der was wegnimmt und so tut, als sei das gar nicht so ..."
„Kannst du dir vorstellen wie das wäre, wenn dir das passieren würde?"
„Da wär ich sauer. Ich könnte ja nichts machen. Und irgendwie wär das auch Mist, weil ich ja dann auch was angestellt hätte, und das käme raus, wenn ich den verpfeifen täte. Der Niklas traut sich das ja auch nicht."
„Und wenn du dann so ganz arg sauer wärst?"
„Vielleicht, wenn es ganz schlimm ist, würd ich mir den schnappen, den Karl."
„Und dann?"
„Mann, dem tät ich die Fresse polieren. Oder ich tät mich bei denen reinschleichen und dann würde ich dem mal was klauen. Dass der mal Ärger kriegt ..."
„Dann tätest du ja auch etwas, das nicht Recht wäre ..."
„Schon. Aber ich hätte immer noch mehr Recht als Karl. Weil ich das ja dann getan hätte, *nachdem* der mich beklaut hat. Der hat ja zuerst Scheiß gebaut!"
„Das klingt so, als ob das Unrecht kleiner wird, wenn ein anderer vorher Unrecht

getan hat!" „Ich weiß nicht ... ja, schon, irgendwie. Aber ein bisschen auch nicht." Ole denkt nach. Dann sagt er: „Also, dann würd ich ihn vielleicht lieber zusammenschlagen. Hat der doch selber Schuld!"

„Du meinst, du kriegst dann so etwas wie mildernde Umstände?"

„Ja. Hoffentlich ..."

„So ganz sicher bist du dir aber nicht, oder?"

„Nee, nicht wirklich."

„Kannst du sagen, wo du da Zweifel hast?"

„Na ja – also irgendwie ... ist das ja auch keine Lösung. Zusammenschlagen ..."

„Wieso meinst du eigentlich, dass das keine Lösung ist?"

„Och ... Erst macht der Kerl mir was. Dann schlag ich den zusammen. Und dann muss der doch wieder mir was machen – das kann er ja wahrscheinlich nicht einfach stehen lassen. Und dann geht das nachher immer so weiter ..."

Betroffen stellt Ole fest, dass von der Bestürzung zur phantasierten feindseligen Aggression ein viel kleinerer Schritt liegt, als es uns allen lieb ist. Das jedoch zu wissen, ist ein Stück Selbsterkenntnis, das sich als außerordentlich bedeutungsvoll erweisen kann.

Annika Thor: Ich hätte Nein sagen können
Verlag: Beltz
ISBN 3 40778411 2
9,90 DM, 159 Seiten
Erschienen 2000

Alter: ab 11 Jahre

Inhalt:
Als Nora nach den Ferien und überstandenen Windpocken wieder in die Schule kommt, muss sie gekränkt feststellen, dass ihre beste Freundin Sabina sich mittlerweile mit Fanny zusammengetan hat. Nora steht plötzlich draußen, sie gehört nicht mehr wirklich zu Sabina in der ausschließlichen Zweierbeziehung, sie gehört aber auch nicht zu der Clique. Die „unmögliche" Karin, die Letzte in der Hackordnung der Klasse, nähert sich Nora, sucht Anschluss und bietet sich zu Hilfsleistungen an. Im Bestreben, auf irgendeine Weise wieder den Fuß reinzukriegen und dazuzugehören, lässt Nora sich verführen, auf üble Weise Karin auf einer Klassenfete eins reinzuwürgen. Zwar ist Nora sich dessen bewusst, dass sie sich fies benimmt, aber in ihrer eigenen Not schiebt sie Bedenken beiseite und macht beim Mobbing mit, um nicht selbst auf die unterste Ebene der Hierarchie abzurutschen.

Der Sinn des Buches:
Der alltägliche Terror unter Freunden wird in seinen Zusammenhängen und Bedingtheiten dargestellt. Der Wunsch, nicht ausgeschlossen zu sein, kein fünftes Rad am Wagen, sondern beliebt und begehrt, erweist sich als Triebkraft für das Ausschließen und Quälen eines Schwachen.

Das Buch zeichnet die ganz normalen sozialen Bedingungen der Protagonistin wie auch der anderen Kinder mit großem Gespür und so echt, dass allenthalben genügend Möglichkeiten zur Identifikation gegeben sind. Wenn beim Sprechen über die Geschichte vermieden wird, mit dem erhobenen Zeigefinger zu fuchteln, bietet sich viel Gelegenheit, dass Elf-, Zwölfjährige eigenes Erleben ausdrücken können. Vielleicht sprechen sie nicht unbedingt mit den eigenen Eltern über das, was sie bewegt. Aber der Hintergrund ihrer Erfahrungen kann ja auch im Gespräch über Nora, Sabina und die anderen anklingen, ohne dass allzu Intimes ans Licht gezerrt werden muss.

Umgang mit dem Buch:
„Ich hab das Buch gern gelesen", beginnt die Mutter „Und du?"
„Mhmm. Ist spannend", meint Gitte.
„Am Anfang, da hab ich richtig Mitleid mit Nora gekriegt ..."
„Das war ja auch blöde, dass der die Freundin einfach weg ist." Gitte kann das verstehen. Sie hat auch einmal eine Freundin verloren.
„Ich hab mir überlegt, was die Sabina eigentlich für'n Mädchen ist. Ob die nett ist. Ob ich die leiden mag."
„Also, erst dachte ich, die ist 'ne blöde", meint Gitte. „Und wieso haut die Nora nicht einfach ab, wenn die sich 'ne andere Freundin genommen hat!"
„Und nachher hast du was anderes gedacht?" fragt die Mutter.
„Ja ... die Nora konnte sich vielleicht keine andere Freundin nehmen."
„Wieso meinst du?"
„Na, wenn die doch schon alle aufgeteilt sind in der Klasse?" Gitte kennt das aus ihrer Klasse, da gibt es auch kleine Cliquen. „Da weiß doch jeder, wer zu wem gehört. Da war ja bloß noch die Karin frei. Und die ist doch echt das Allerletzte."
Die Ausdrucksweise geht der Mutter gegen den Strich, und so übersetzt sie: „Du meinst, die ist unbeliebt, die mag keiner."
Gitte nickt.

„Und deswegen ist die die Letzte, mit der man gut Freund ein kann?", fragt die Mutter.
„Ja, so ähnlich. Wenn einer doofe Freunde hat, dann sehen die anderen einen doch auch für doof an. So was will doch echt keiner!"
Es geht im Gespräch nicht primär darum, eine moralisch saubere Handlungsanweisung für die Protagonistin zu erarbeiten! Unsere Kinder haben tief innen sehr wohl ein Gefühl für das, was „richtig" ist. Wichtiger ist, die Motive der Romanfiguren herauszufinden und auszusprechen, weil das Benennen der Handlungs-Motive das Verständnis dafür fördert, wie das Verhalten zustande kommt. Es reicht nicht, zu wissen, was „richtig und gut" ist, wenn man nicht zugleich weiß, wie schwer es manchmal sein kann, aus eigener Verstricktheit etwas Richtiges zu tun. Und weil es so oft vorkommt, dass wir oder unsere Kinder etwas Falsches tun, etwas, dessen wir uns hinterher schämen, könnten wir zumindest verstehen, an welcher Stelle wir gestrauchelt sind und warum.
„Ich glaube, Nora schämt sich entsetzlich," vermutet Gitte.
„Meinst du, sie könnte jetzt noch irgendetwas tun? Etwas wieder gutmachen?"
„Ich weiß nicht ..." Gitte zweifelt. „Ich glaube nicht, dass Karins Mutter noch mit ihr spricht. Und Karin bestimmt nicht."
„Wie könnte das Buch wohl weitergehen?", fragt die Mutter. „Was meinst du?"
„Tja, vielleicht in drei Jahren oder so. Wenn Nora und Karin sich irgendwo treffen? Dann reden sie vielleicht einfach miteinander."

„Über das, was da passiert ist?"

„Nee! Einfach so, erst mal. Vielleicht dass sie dann was finden, was sie mal zusammen machen mögen ..."

Die Mutter überlegt, wie Gitte das wohl meint: „Meinst du so eine Art vorsichtigen Neu-Anfang?"

„Ja, so ähnlich. Dass die sich erst mal neu kennen lernen ... und dann können sie ja gucken, was sie dann machen. Ob sie was miteinander zu tun haben wollen ..."

Wir sollten nicht so tun, als gebe es für jedes Problem eine passende, saubere Lösung. Das stimmt nur für Muster-Aufsätze, nicht jedoch für Beziehungs-geschichten, die das Leben schreibt.

Gregie de Maeyer, Koen Vanmechelen: Juul
Aus dem Niederländischen von Mirjam Pressler
Anrich-Verlag
ISBN 3 89106983 9
24,80 DM, 29 S., Erscheinungsjahr 1997

Alter: ab Kindergartenalter möglich

„Juul", von Koen Vanmechelen geschaffen ist eine Holzfigur, dreidimensional wie ein realer Mensch, greifbarer und dichter als jede Zeichnung, und doch entfernt genug, damit die Leser die schwer zu ertragende Geschichte aushalten können. Gregie de Maeyer hat sie aufgeschrieben in klaren, einfachen Worten. Figur wie Sprache sind reduziert auf das Wesentliche, konzentriert-eindringlich nisten sie sich ein. Sie lassen nicht los und erschüttern.

Inhalt:

Juul hatte Locken. Rote Locken. Kupferdraht! Das riefen die anderen ihm nach: „Kupferdraht! Du hast Scheiße im Haar! Rote Scheiße!" Deshalb hat Juul die Schere genommen. Locke um Locke hat er sich abgeschnitten. Die Geschichte beginnt mit Juuls rotem Haar, seiner sichtbaren Individualität, und dem bösen Spott der anderen, ihrer Ablehnung. Juuls Antwort darauf besteht im Bemühen, den Erwartungen zu entsprechen, sich dem Bild der anderen anzupassen: Er schneidet sich die Locken ab. Doch damit ist nichts gewonnen: „Juul hatte einen kahlen Kopf. „Billardkugel! Murmel! Eierkopf!", riefen sie ihm nach.

Die Verfolgung war noch nicht zu Ende. Juul war noch immer nicht so, wie die anderen ihn – vielleicht – hätten akzeptieren wollen. Er hat sich die Augen aus den Höhlen gedrückt, sie flogen auf den Boden, ohne zu rollen. Seine Anpassungsbemühungen gingen weiter, er reduzierte seinen geschundenen Körper bis es nicht weiter ging: Juul hatte am Ende nur noch seinen Rumpf; und alle riefen: „Wie Schade, dass der Rumpf da ist. Sonst könnten wir mit dem Kopf Fußball spielen." Gemeinsam zogen sie an Juul, bis sich der Kopf vom Rumpf löste. Aber es war schwer, mit Juuls Kopf Fußball zu spielen. Juul sprang nicht richtig.

Keiner der erbarmungslosen Peiniger kümmerte sich mehr um Juul; einzig Noortje erbarmt sich dieser geschundenen Gestalt: Sie bringt, was von Juul übrig ist, heim, gibt ihm einen Ort, an dem er sein kann, wie er nun einmal (geworden) ist. Sie ist die Erste, die nach ihm fragt: „Was ist denn mit dir passiert?" Und weil er nicht mehr sprechen kann, schiebt sie ihm einen Stift in den Mund. Juul beginnt, seine Geschichte aufzuschreiben: „Juul hatte Locken. Rote Locken. Kupferdraht! ..." Wenn man so will, beginnt hier die Geschichte einer Therapie.

Sinn des Buchs:

Der Verlag legt ein Beiblatt in das Buch, das den von Ratlosigkeit oder Schrecken gepackten Leser bei der Hand nimmt, ihm Zusammenhänge erklärt und die Frage „Was kann man tun?", zu beantworten versucht.

Der Hilfs-Text sieht und beschreibt „das Opfer" und „die Täter", „die aus der Herabsetzung eines anderen Stärke ableiten. Eine Stärke, die es ihnen vielleicht ermöglicht, die Führung in der Gruppe zu übernehmen. Oder wenigstens aufzufallen oder Anerkennung zu bekommen. Und die so lange weitermachen werden, wie sich ihnen niemand in den Weg stellt." Dieser Zusatztext verweist auf die Allgegenwart seelischen Quälens von der Schule bis zum Mobbing am Arbeitsplatz und auf die Bandbreite vom spielerisch-zärtlichen Necken übers Spotten, Belästigen, Triezen, Schikanieren bis hin zur psychischen Misshandlung.

Das Buch erreicht die Seele der Leser ohne Umschweife. Das Gefühl des Ausgestoßenseins, des Nicht-Richtig-seins, der Beschämung und die quälenden Versuche, Eigenes aufzugeben um endlich gemocht zu werden – all das ist sofort präsent durch die eindringlichen Bilder; Kind wie Erwachsener können sich darin wieder finden. Auch dann, wenn keiner von ihnen derart Schweres erlebt und erlitten hat. Und sie können vielleicht

auch ihre ureigene Geschichte aufzuschreiben oder zu erzählen beginnen.

Umgang mit dem Buch:

Theo kommt kummervoll aus der Schule. Erst mag er gar nichts erzählen. Dann druckst er herum, und die Mutter erfährt: Die anderen haben ihn nicht mitspielen lassen wollen. Sie dringt nicht weiter in ihn, erst einmal brütet er vor sich hin. Aber wenigstens mag er essen. Später am Nachmittag fragt sie ihn, ob er mit ihr ein Buch ansehen mag. Das mag Theo.
„Was meinst du, wie es Juul geht?"
„Schlecht!" Am Tonfall hört die Mutter, dass es Theo auch nicht glücklich zumute ist.
„Ich glaub auch. Der fühlt sich nicht wohl in seiner Haut."
„Nee. Mit den roten Haaren!"
„Den anderen gefällt gar nichts an ihm."
„Nee. Die wollen ihn ganz anders haben."
„Kann man denn jemand passend machen für die anderen?"
„Der Juul probiert das ja ..."
„Und?"
„Geht nicht. Der tut sich bloß so arg weh. Und dann geht er kaputt davon."
„Weißt du, was ich ganz gut finde?", fragt die Mutter.
„Nee. Was denn?"
„Dass da die Noortje ist."
„Weil die Juul hilft, nicht?" Theo weiß aus eigener Erfahrung ganz gut, wie wichtig das ist, jemand zu haben, der einem helfen kann.
„Genau. Jetzt kann er seine Geschichte aufschreiben. Und das hilft ihm bestimmt. Wenn ich Kummer hab, dann hilft mir das auch, wenn ich das jemand erzählen kann." Die Mutter zeigt Theo,

dass auch sie Kummer haben oder traurig sein kann. „Oder ich schreib es in einem Brief an jemand."

„Wieso eigentlich?" Das interessiert Theo.

„Ich glaube, dann fühle ich mich nicht mehr so allein mit dem, was mich gerade traurig macht."

„Was denn zum Beispiel?" Dass eine Mama wirklich Kummer haben kann, kann Theo sich nicht so ganz vorstellen. Mamas sind doch groß und stark!

„Ach ... als du noch ganz klein warst, da ist die Oma gestorben. Meine Mama. Da war ich sehr traurig. Es hat mir geholfen, dass ich darüber mit dem Papa reden konnte. Und dass ich meiner Freundin schreiben konnte, wie schlimm das alles ist."

„Aber vom Reden geht das doch nicht wieder richtig", wendet Theo ein.

„Du meinst, vom Reden wird die Oma nicht wieder lebendig?" Theo nickt. „Und davon geht der Arm vom Juul auch nicht wieder dran und diese Sachen?"

„Mhmm." Theo nickt wieder.

„Ja, das stimmt. Aber es ist dann leichter auszuhalten."

Theo denkt nach und sagt schließlich: „So wie bei mir, wenn ich Angst vorm Zahnarzt habe oder so was. Wenn ich das dann *sagen* kann, dem Papa und dem Opa und dem Zahnarzt ... dann ist es nicht mehr so schrecklich ... jedenfalls fast ..."

„Ja, so ungefähr."

Theo druckst herum. „Weißt du was?", rückt er heraus. „Der Till, der war heute ganz blöde."

„Was hat er denn gemacht?", fragt die Mutter teilnahmsvoll.

„Der hat gesagt, ich darf nicht mitspielen auf dem Pausenhof. Ich wär zu langsam."

„Das ist aber auch schlimm, wenn das einer so einfach sagt! Vielleicht hast du dich dann auch so verkehrt gefühlt wie der Juul ..."

„Ja. Der ist aber auch doof, der Till ..."

„Hmmm ..."

Juul ist ein Ausgestoßener. Weit schlimmer, als es Theo heute in der Schule war. Und über ihn kommt Theos Redefluss in Gang.

Schon Kinder im Kindergartenalter können das Buch ansehen, aber Mutter oder Vater sollten unbedingt bei ihrem Kind sein und es im Arm halten, wenn es das mag. Traurige oder erschütternde Geschichten dürfen Eltern ihren Kindern nicht vorenthalten, sie sollten ihnen jedoch durch ihre Gegenwart die tröstliche Gewissheit geben, dass sie sich nicht verloren fühlen auf einer Welt, der sie sich manchmal nicht gewachsen fühlen.

Anhang 2
Zitierte Literatur

Biebricher, Helga / Speichert, Horst: Montessori für Eltern, Reinbek 1999

Brockert, Siegfried: Positive Psychologie, Kreuz Verlag, Stuttgart, März 2001

Brüder Grimm: Kinder- und Hausmärchen

Deißler, Hans-Herber: Sinn und Unsinn der Strafe, Freiburg im Breisgau 1981)

Dreikurs, Rudolf / Grey, Loren: Kinder lernen aus den Folgen – Wie man sich Schimpfen und Strafen sparen kann. Herder Verlag Freiburg im Breisgau 1973

Lichtenberg, J. D.: Motivational-funktionale Systeme als psychische Strukturen. In: Forum der Psychoanalyse, Bd. 7 1991

Nöstlinger, Christine: Anna und die Wut. Dachs-Verlag 1995

Parens, Henri: The Development of Aggression. In: Early Childhood. Aronson, New York 1979

Portmann, Rosemarie: Spiele zum Umgang mit Aggressionen. Don Bosco Verlag 1995. In: Manfred Cierpka (Hrsg.): Kinder mit aggressivem Verhalten. Ein Praxismanual für die praktische Arbeit in Schulen, Kindergärten und Beratungsstellen. Hogrefe Verlag 1999

Prekop, Jirina: Hättest du mich festgehalten ..., Grundlagen und Anwendung der Festhalte-Therapie. Kösel 1986

Rogge, Jan-Uwe: Kinder brauchen Grenzen, Reinbek 1992

Stern, Daniel N.: Die Lebenserfahrung des Säuglings, Stuttgart 1992

Register der Geschichten

Register